DICCIONARIO
DE COMPETENCIAS
LA TRILOGÍA

Tomo 1

Coordinación
de la serie Martha Alles
Gabriela Scalamandré

Diseño de tapa
Juan Pablo Olivieri

MARTHA ALICIA ALLES

DICCIONARIO
DE COMPETENCIAS
LA TRILOGÍA

Tomo 1

**Las 60 competencias más utilizadas
en Gestión por competencias**

GRANICA

ARGENTINA - ESPAÑA - MÉXICO - CHILE - URUGUAY

ARGENTINA
Ediciones Granica S.A.
Lavalle 1634 3° G / C1048AAN Buenos Aires, Argentina
Tel.: +54 (11) 4374-1456 - Fax: +54 (11) 4373-0669
granica.ar@granicaeditor.com
atencionaempresas@granicaeditor.com

MÉXICO
Ediciones Granica México S.A. de C.V.
Valle de Bravo N° 21 El Mirador Naucalpan Edo. de Méx.
53050 Estado de México - México
Tel.: +52 (55) 5360-1010 - Fax: +52 (55) 5360-1100
granica.mx@granicaeditor.com

URUGUAY
granica.uy@granicaeditor.com
Tel.: +598 (2) 4133038

CHILE
granica.cl@granicaeditor.com
Tel.: +56 2 8107455

ESPAÑA
granica.es@granicaeditor.com
Tel.: +34 (93) 635 4120

www.granicaeditor.com

ISBN 978-950-641-872-4

Hecho el depósito que marca la ley 11.723

Impreso en Argentina. *Printed in Argentina*

Alles, Martha Alicia
    Diccionario de competencias: las 60 competencias más utilizadas en
gestión por competencias / Martha Alicia Alles. - 2ª edición especial. -
Ciudad Autónoma de Buenos Aires: Granica, 2015.
    264 p.; 23 x 17 cm. - (Trilogía; 1)

    ISBN 978-950-641-872-4

    1. Recursos Humanos. I. Título.
    CDD 658.3

Índice

Introducción

Esta es una nueva obra preparada en base a un enfoque diferente de la metodología en Gestión por competencias.

Gestión por competencias. El diccionario fue la predecesora y, tanto su primera edición como la segunda, fueron preparadas con el propósito de presentar al lector una gama muy amplia de definiciones y opciones de competencias, a tal punto que se incluyeron varias definiciones de un mismo concepto y otras de escasa difusión, que completaban el panorama de posibilidades. A la luz de la experiencia de todos estos años, de cientos de modelos llevados a la práctica, se ha preparado esta nueva obra con un enfoque diferente.

En esta ocasión he elegido las competencias más utilizadas en este momento, preferidas por las empresas para alcanzar sus estrategias de cara al futuro, analizando y pensando cómo deberían ser los integrantes de cada una de ellas para lograr metas y objetivos en 10 años, en 20 años…

Un modelo de competencias siempre se piensa y diseña de cara al futuro. El pasado ya transcurrió; por lo tanto, las organizaciones deben prepararse para enfrentar el futuro, que es incierto, difícil, competitivo, globalizado, entre otras características que hoy se pueden prever de algún modo más otras aún desconocidas. Este es el reto a asumir por los especialistas en esta materia y por todos en general: cómo diseñar métodos de trabajo para que todos los integrantes de una organización, en su conjunto, respetando los valores y políticas organizacionales, trabajen mancomunadamente para alcanzar los referidos objetivos.

Este nuevo enfoque dio como resultado una obra cien por ciento diferente a las versiones anteriores.

No es un capricho de autor; los textos de management –como es el caso de la obra que usted tiene en sus manos– son objetos vivos, que tienen su propia independencia, y es obligación de su autor interpretar los cambios, analizarlos, y reescribir los textos para brindarlos nuevamente al lector. El presente libro quizá –no lo sé aún– tenga nuevas transformaciones y en un número "x" de años surja una nueva versión, o también podría ocurrir que sea esta la edición definitiva.

La Gestión por competencias no es un tema nuevo; en lo personal trabajo con esta metodología desde hace unos veinte años; sin embargo, entre los primeros años y hoy se ha producido un cambio muy profundo, en especial, en la forma de encarar su puesta en práctica.

Esta nueva obra se ha preparado con un doble propósito: presentar nuevos conceptos sumamente requeridos en este momento y, además, ofrecer una selección de las competencias más utilizadas en la actualidad.

Las competencias se presentan en tres grupos:

1. Competencias cardinales.

2. Competencias específicas gerenciales.

3. Competencias específicas por área.

Los conceptos pueden cambiar de grupo o categoría. Por ejemplo, la competencia cardinal *Ética y sencillez* podría ser considerada como específica por área, y la competencia específica por área *Desarrollo de personas* podría ser considerada como cardinal. La presente obra es un libro y debe ser tomada como tal.

Cómo utilizar esta obra

Las competencias cardinales, específicas gerenciales y específicas por área no necesariamente deben utilizarse con la clasificación aquí expuesta, también pueden usarse de otro modo, por ejemplo: *Iniciativa*, que se ha incluido como cardinal, podría ser una específica para un área en particular, y *Dinamismo y energía* podría definirse como una competencia cardinal.

Presentación de la obra

Usted tiene en sus manos una de las obras que integran la *Trilogía*. En esta ocasión nos hemos planteado una nueva versión de las tres obras para adaptarlas a las nuevas realidades. Además, el uso intensivo de la metodología en empresas clientes en todos los países hispanoparlantes nos ha dado una visión regional relevante, y nos ha permitido relacionarnos con organizaciones que plantean sus estrategias a 10 años, 20 años, lo que ha implicado posicionarnos de cara al futuro todo el tiempo. Esto nos impulsa a mirar la temática de Recursos Humanos desde otra perspectiva, a visualizar sus posibles problemáticas y cómo afrontarlas.

Frente a esta realidad y estos retos, presentamos una nueva versión de las tres obras, ya que están directamente relacionadas entre sí. Los aspectos más relevantes son:

- Selección de las 60 competencias más utilizadas en el siglo XXI, es decir, en las nuevas implementaciones y en la revisión de modelos definidos con anterioridad. En la selección realizada se incluyen conceptos que representan la estrategia a futuro de las organizaciones hispanoparlantes, que, además, reflejan en esta estrategia sus necesidades de cambio organizacional.

- Se han incorporado nuevos conceptos, como: *Responsabilidad personal, Compromiso con la rentabilidad* y *Respeto,* entre muchos otros.

- Nueva apertura en grados y nuevas definiciones para las competencias publicadas en las primeras ediciones, y otras totalmente nuevas.

- Nuevos capítulos y/o temáticas relacionadas con Gestión por competencias.

  ○ Las buenas prácticas en Recursos Humanos. Incluye un glosario de términos.

  ○ Cómo explicarle al número 1 por qué implantar Gestión por competencias.

  ○ La *Trilogía*. Los tres diccionarios de Gestión por competencias. Su aplicación práctica.

  ○ Diccionario de competencias. Cómo utilizarlo.

Tres anexos complementan la obra. En el primero de ellos, *Cómo tratan la temática de competencias otros autores,* se presentan, a modo de estado del arte, los autores que han tratado la temática desde diferentes vertientes.

Se ha tratado Gestión por competencias en una serie de libros previos. En la sección titulada *Libros de Martha Alles relacionados con Gestión por competencias* se explica el tratamiento de la temática en la obra de la autora. En el apartado titulado *Herramientas de la Metodología Martha Alles International para Gestión por competencias* se describen las herramientas diseñadas para poner en práctica los diferentes temas relacionados con Gestión por competencias.

Las 60 competencias más utilizadas en el siglo XXI

Para la confección de esta obra hemos considerado unas competencias como cardinales y otras como específicas; sin embargo, es muy importante destacar que cualquiera de ellas puede ser considerada en una categoría u otra, según se requiera.

Las competencias seleccionadas como ejemplos de cardinales para la preparación de esta obra son:

1. *Adaptabilidad a los cambios del entorno*

2. *Compromiso*

3. *Compromiso con la calidad de trabajo*

4. *Compromiso con la rentabilidad*

5. *Conciencia organizacional*

6. *Ética*

7. *Ética y sencillez*

8. *Flexibilidad y adaptación*

9. *Fortaleza*

10. *Iniciativa*

11. *Innovación y creatividad*

12. *Integridad*

13. *Justicia*

14. *Perseverancia en la consecución de objetivos*

15. *Prudencia*

16. *Respeto*

17. *Responsabilidad personal*

18. *Responsabilidad social*

19. *Sencillez*

20. *Temple*

Las competencias seleccionadas como ejemplos de específicas geren-ciales para la preparación de esta obra son:

21. *Conducción de personas*

22. *Dirección de equipos de trabajo*

23. *Empowerment*

24. *Entrenador*

25. *Entrepreneurial*

26. *Liderar con el ejemplo*

27. *Liderazgo*

28. *Liderazgo ejecutivo (capacidad para ser líder de líderes)*

29. *Liderazgo para el cambio*

30. *Visión estratégica*

Las competencias seleccionadas como ejemplos de específicas por área para la preparación de esta obra son:

31. *Adaptabilidad - Flexibilidad*

32. *Calidad y mejora continua*

33. *Capacidad de planificación y organización*

34. *Cierre de acuerdos*

Los comportamientos relacionados con estas competencias los podrá encontrar en la obra *Diccionario de comportamientos. La Trilogía. Tomo 2.*

Las preguntas para explorar las 60 competencias mencionadas precedentemente podrá hallarlas en *Diccionario de preguntas. La Trilogía. Tomo 3.*

PARA TODOS LOS LECTORES

Disponible en formato digital un Anexo donde se ha realizado un análisis detallado de libros y subsistemas que complementa las temáticas abordadas en esta obra.

PARA PROFESORES

La *Trilogía* está compuesta por tres obras relacionadas entre sí:

❖ *Diccionario de competencias*

❖ *Diccionario de comportamientos*

❖ *Diccionario de preguntas*

Para una mejor explicación de la aplicación práctica de la *Trilogía* hemos preparado:

→ Casos prácticos y/o ejercicios para una mejor comprensión de los temas tratados.

→ Material de apoyo para el dictado de clases.

Los profesores que hayan adoptado esta obra para sus cursos, tanto de grado como de posgrado, pueden solicitar de manera gratuita las obras:

• *Trilogía. CASOS PRÁCTICOS*

• *Trilogía. CLASES*

Únicamente disponibles en formato digital en *www.marthaalles.com*

Las buenas prácticas en Recursos Humanos. Gestión por competencias

Si bien la metodología de Gestión por competencias posee una fuerte base teórica, lo que se expondrá en esta obra está avalado, además, por las buenas prácticas profesionales y el trabajo de campo de nuestra firma consultora.

Durante todos estos años he sido –y sigo siendo– una lectora incansable de la bibliografía técnica disponible sobre competencias. Como complemento de este trabajo, he preparado el Anexo I: *Cómo tratan la temática de competencias otros autores,* en el cual, a modo de estado del arte, se presentan aquellos autores que han tratado el tema, desde diferentes vertientes. Como se podrá apreciar allí, la Gestión por competencias no es una moda, sino un método sólido con muchos años de vigencia que, como es lógico, ha sufrido cambios y transformaciones, para adaptarse a las realidades del contexto, y ha evolucionado –básicamente– en sus detalles y aplicaciones.

Si bien la metodología que se expondrá es la que surge tanto de mis investigaciones y trabajo profesional como de la labor del equipo que conforma nuestra firma, no representa una opinión más de un autor, sino que es el fruto de la experiencia, de ver resultados positivos en empresas y organizaciones a lo largo de toda Latinoamérica.

Por lo tanto, la Gestión por competencias, así como los aspectos más salientes de la metodología que se va a describir a continuación, conforman las buenas prácticas en materia de Recursos Humanos.

La Metodología de Gestión por competencias de Martha Alles International

Nuestra firma consultora ha desarrollado una metodología para la puesta en marcha de modelos de competencias, basada en dos grandes pilares: la teoría preexistente y la experiencia profesional –ya mencionada–

trabajando con este método, el cual ha sufrido algunas transformaciones a través del tiempo. Esto implica haber tenido la oportunidad de realizar un sinnúmero de implantaciones de sistemas de competencias, conocer muchos modelos en organizaciones de todo tipo en países diversos, ajustar modelos diseñados por otros, buscar soluciones a distintos problemas, etcétera.

Conocer muchos modelos diferentes, además de los propios, brinda un panorama muy amplio. La riqueza del conocimiento en materia de competencias se obtiene no sólo por conocer buenos métodos de trabajo, sino también por haber hecho la experiencia con otros que no han sido satisfactorios. Se aprende mucho al observar qué procesos no han dado resultado. Si bien un dicho popular afirma que el hombre es el único animal que tropieza dos veces con la misma piedra, en la actividad profesional tratamos de que esto no ocurra.

Definición de *competencias* para Martha Alles International

En varias partes de la obra el lector encontrará definiciones de algunos términos; además, podrá hallar un *Glosario* al final de este mismo capítulo. La inclusión de las definiciones cumple un doble propósito: clarificar el significado de ciertos términos, para los que no estén familiarizados con ellos, y, al mismo tiempo, fijar nuestra posición respecto de aquellos casos en que puedan existir diversas interpretaciones o corrientes relacionadas con ellos. En consecuencia, estas palabras serán utilizadas a lo largo de toda la obra con el significado que les atribuimos en las correspondientes definiciones.

Existen diferentes acepciones del concepto de *competencia;* en nuestro trabajo se utilizará la que incluimos a continuación.

> **Competencia.** Competencia hace referencia a las características de personalidad, devenidas en comportamientos, que generan un desempeño exitoso en un puesto de trabajo.

> **Modelo de competencias.** Conjunto de procesos relacionados con las personas que integran la organización y que tienen como propósito alinearlas en pos de los objetivos organizacionales o empresariales.

Si bien los modelos de management en relación con competencias hacen referencia, en todos los casos, a las denominadas *competencias conductuales,* existen autores y profesionales del área de Recursos Humanos que confunden la temática englobando bajo el nombre de *competencias* tanto a estas como a los conocimientos. Si bien puede decirse que los conocimientos son competencias técnicas y las competencias conductuales son competencias de gestión –en obras anteriores hemos mencionado esta cuestión–, cuando queramos referirnos a conocimientos usaremos sólo este término (conocimientos), a los efectos de no confundir al lector, en especial al que no es un especialista del área, al cual también dirigimos nuestro trabajo.

Conocimiento. Conjunto de saberes ordenados sobre un tema en particular, materia o disciplina.

Modelo de conocimientos. Conjunto de procesos relacionados con las personas que integran la organización y que permiten definir los conocimientos necesarios para los diferentes puestos.

Ejemplos de conocimientos y competencias:

Conocimientos	Competencias
Informática (por ejemplo, un software)	Iniciativa - Autonomía
Contabilidad financiera	Orientación al cliente interno y externo
Impuestos	Colaboración
Leyes laborales	Comunicación eficaz
Cálculo matemático	Trabajo en equipo
Idiomas	Liderazgo

Tanto los conocimientos como las competencias son necesarios para realizar cualquier tipo de trabajo. Sin embargo, la relación entre ellos es diferente.

Los conocimientos constituyen la base del desempeño; sin los conocimientos necesarios no será posible llevar adelante el puesto o la tarea asignada. No obstante, el desempeño exitoso se obtiene a partir de poseer las competencias necesarias para dicha función.

Relación entre conocimientos y competencias

Competencias

Conocimientos

Competencias: generan un comportamiento exitoso

Conocimientos: son necesarios y constituyen la base del desempeño

Veamos un ejemplo: si se está realizando una selección, lo más sencillo será evaluar los conocimientos de la persona que se postula, los cuales –por otra parte– suelen ser excluyentes en los procesos de búsqueda; por lo tanto, se sugiere comenzar la evaluación *por lo más fácil de medir y que es, a su vez, excluyente: los conocimientos requeridos*. De este modo los candidatos que posean los conocimientos excluyentes serán evaluados a continuación en sus competencias o características más profundas.

Las competencias difieren según la especialidad y el nivel de los colaboradores dentro de la organización. En ocasiones, una misma competencia, por ejemplo *Liderazgo*, puede ser requerida para jóvenes profesionales y, al mismo tiempo, para los máximos ejecutivos, pero tener diferente importancia (que se indica mediante el *grado requerido*) entre ambos niveles. También podría ocurrir que una competencia sea definida como requerida para niveles iniciales y no incluirse en los niveles de dirección.

Comenzando por el principio

Para la implantación de modelos de competencias existen diversos caminos, algunos ya dejados de lado al ser superados por nuevas tendencias. Si bien, en los primeros tiempos, para la definición de competencias se partía del estudio de ciertos referentes dentro de la organización, esto fue dejado de lado al comprobarse que se transfería a los modelos no sólo las virtudes de estos referentes, sino también algunas características no convenientes. Asimismo, el sentido común indicó otros cambios, tales como la simplificación de las definiciones de modelos, para asegurar su puesta en marcha y posterior vigencia. El lector encontrará en el Anexo I el marco teórico utilizado.

Para definir un modelo de competencias se parte, en todos los casos, de la información estratégica de la organización: su misión y visión, y todo el material disponible en relación con la estrategia. Este punto de partida puede darse en función de la información disponible o bien redefiniendo todos estos aspectos, para asegurarse de que se trabajará con información actualizada.

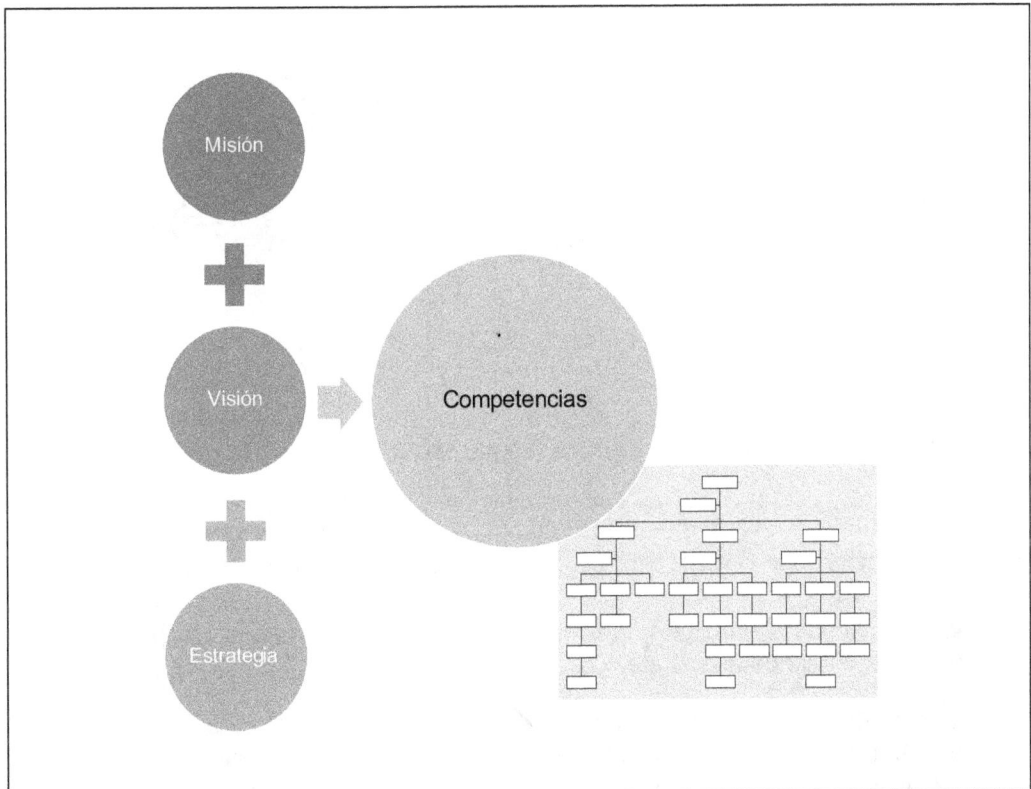

Las competencias se definen en función de la *misión,* la *visión* y la *estrategia* de la organización. Aunque no se defina un modelo de competencias, el mero sentido común indica que para alcanzar los objetivos estratégicos será necesario que las personas que integran la organización, tanto directivos como colaboradores de todos los niveles, posean ciertas características. Estas se denominan *competencias* en la aplicación de esta metodología.

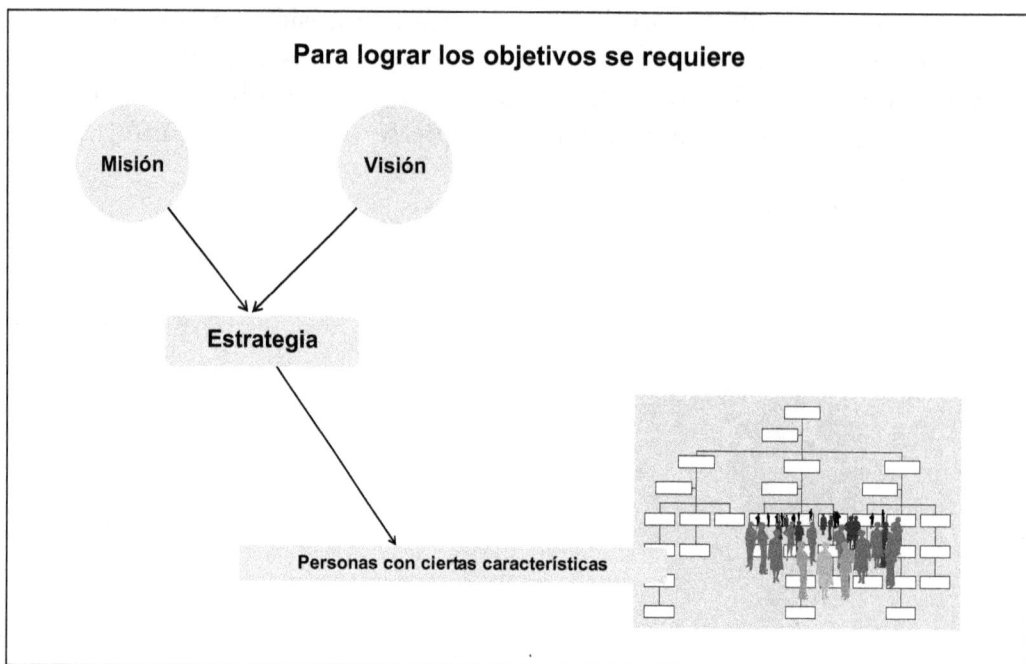

Para lograr los objetivos se requiere

Misión

Visión

Estrategia

Personas con ciertas características

Cómo incorporar valores a la cultura organizacional

Las organizaciones definen, además, sus valores. Estos pueden ser incorporados al modelo de competencias o ser tratados por separado.

Valores. Aquellos principios que representan el sentir de la organización, sus objetivos y prioridades estratégicas.

Modelo de valores. Conjunto de procesos relacionados con las personas que integran la organización y que permiten incorporar a los subsistemas de Recursos Humanos los valores organizacionales.

Una de las preocupaciones de muchos directivos de empresas es cómo llevar los valores organizacionales a la práctica, a la gestión.

La clave está en cómo transformar esos valores en herramentales prácticos, para que dejen de ser sólo conceptos a los cuales "se adhiere", y se conviertan, además, en verdaderos indicadores de gestión.

En la sección dedicada a las competencias cardinales el lector podrá encontrar ciertos conceptos que también pueden ser considerados valores, tratados aquí como competencias. Ejemplos: *Ética, Fortaleza, Prudencia, Temple,* sólo por citar algunos.

Si se desea el tratamiento por separado de los valores, implementando para ello un *modelo de valores,* se sugiere operacionalizarlos a través de su incorporación a los subsistemas de Recursos Humanos, en especial, a los procesos de Selección, Desempeño y Desarrollo. La idea se expresa en el gráfico siguiente.

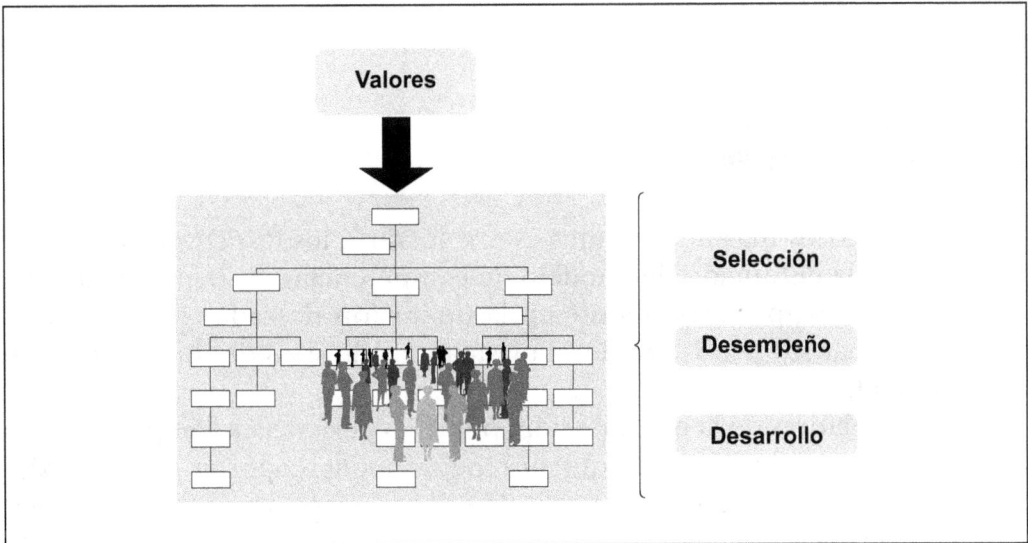

En los últimos años las organizaciones han comenzado a preocuparse por los temas éticos, al menos en una mayor proporción que antes, producto de ciertos escándalos financieros donde quedó en evidencia que los valores personales, tales como la ética y la integridad, no se relacionan sólo con la esfera individual o con la vida privada, sino que, por el contrario, los comportamientos no éticos de un directivo, por ejemplo, pueden provocar la quiebra de la organización en donde se desempeña.

Ahora bien, la mera confección de *códigos de ética,* aunque es necesaria, no resulta suficiente. Definir *Ética* como valor organizacional tampoco lo es. Desde nuestra perspectiva, la ética debe tomar la forma de una competencia, para que las personas sean seleccionadas según comportamientos éticos y, una vez que ya pertenezcan a la organización, sean evaluadas en su desempeño considerando los aspectos éticos como una competencia más. Por último, los planes de desarrollo deben trabajar, también, sobre la ética para reforzar los comportamientos adecuados en las personas.

Como se vio en párrafos anteriores, otra opción es diseñar un *modelo de valores* por separado para lograr que estos lleguen a todos los subsistemas de Recursos Humanos y sean utilizados, realmente, en la práctica organizacional.

El rol de los directivos en la definición del modelo de competencias

Uno de los pasos más importantes es involucrar a los directivos de la organización en la definición del modelo de competencias. Este involucramiento implica participar activamente en la definición de cada competencia y, luego, aprobar los textos donde se plasman las diversas definiciones, en su versión final.

Los directores de la organización, por su experiencia y compenetración en el negocio o actividad, son quienes mejor pueden aportar las ideas básicas para construir el modelo. A partir de estos conceptos será luego el experto quien llevará estas ideas al formato de competencias y, de ese modo, construirá un modelo que no sólo sea aplicable, sino que, por sobre todo, permita alcanzar la mencionada estrategia organizacional.

La participación de los altos ejecutivos es imprescindible en la definición de las competencias cardinales y específicas gerenciales. Luego, para las restantes, será conveniente incluir –además– a los niveles siguientes (por ejemplo, los directores de área y sus segundos niveles).

La Metodología de Martha Alles International

Trilogía

Diccionario de competencias

Diccionario de comportamientos

Diccionario de preguntas

Talleres de reflexión con la máxima conducción y directores de área

Definición de competencias cardinales y específicas

Descriptivos de puestos por competencias

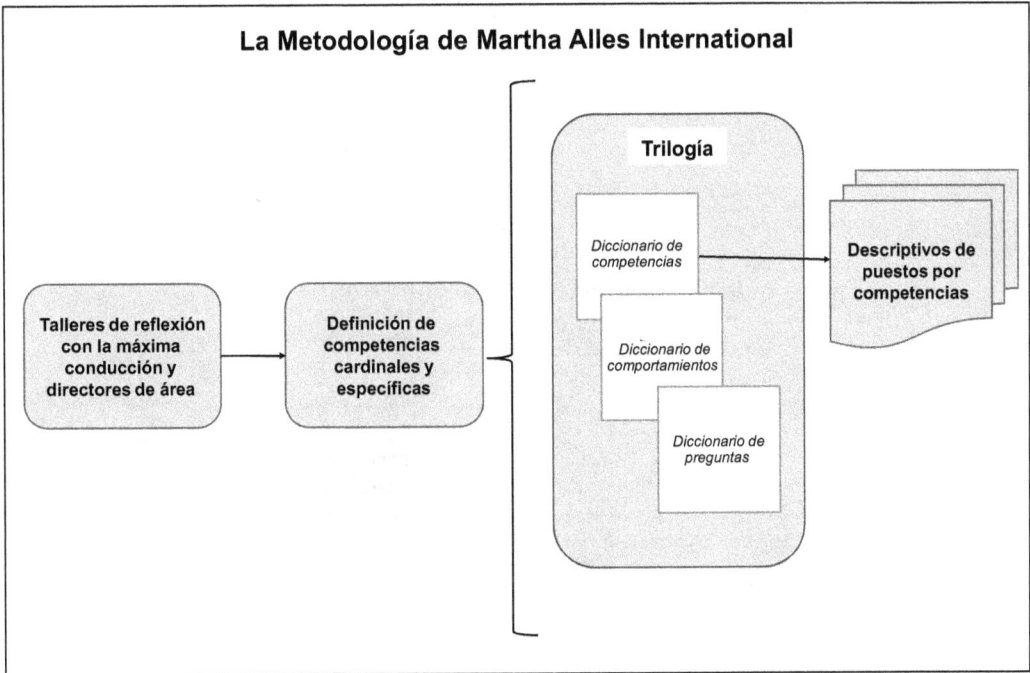

Definiciones

Competencia cardinal. Competencia aplicable a todos los integrantes de la organización. Las competencias cardinales representan su esencia y permiten alcanzar la visión organizacional.

Competencia específica. Competencia aplicable a colectivos específicos, por ejemplo, un área de la organización o un cierto nivel, como el gerencial.

Como se desprende del gráfico siguiente, un modelo de competencias está conformado por diferentes conjuntos de competencias.

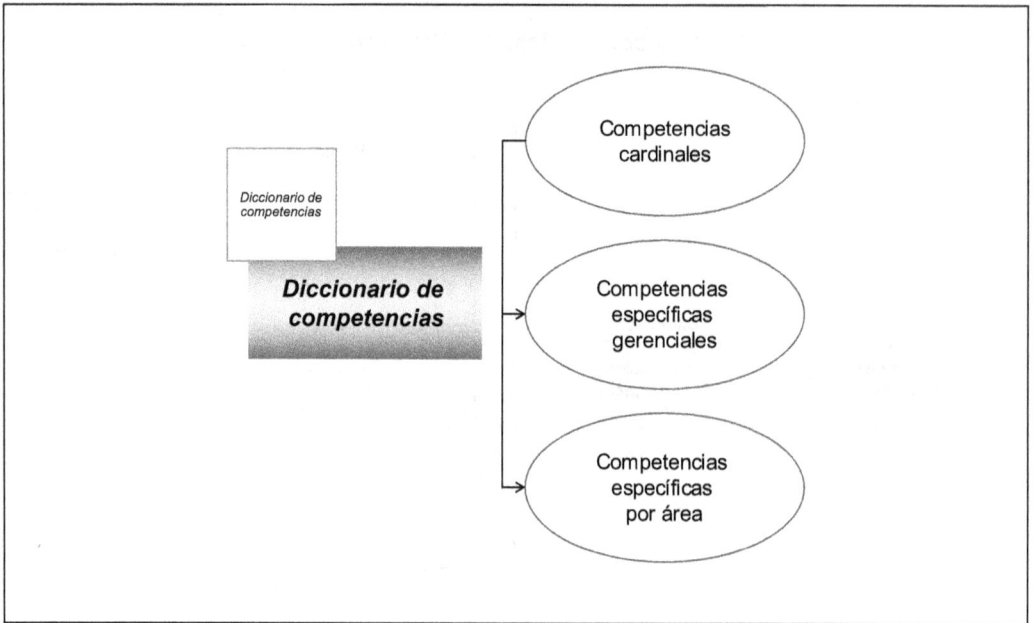

En los párrafos siguientes daremos una breve explicación de cada uno de los grupos que integran el modelo de competencias.

Cómo elegir los diferentes conceptos que conformarán el modelo de competencias

Una vez más, es importante considerar que los modelos se definen a medida de cada organización, por lo cual lo que usted tiene en sus manos es sólo un libro, no un modelo de competencias.

Otros aspectos que deben tenerse en cuenta son la claridad de los conceptos, el correcto uso del idioma y, además, que muchos de ellos se relacionan con otros y en ciertos casos se solapan entre sí. Veamos un ejemplo.

Interrelación de conceptos

Comunicación eficaz

Liderazgo

Trabajo en equipo

Aun sin analizar las definiciones de estas tres competencias, es fácil deducir que no será posible trabajar en equipo sin una comunicación eficaz ni se podrá poseer liderazgo sin ella.

Del mismo modo, un líder fomentará el trabajo en equipo y la comunicación eficaz y una persona que posea comunicación eficaz será mejor líder o trabajador en equipo.

En otras definiciones más complejas se da la misma situación, lo que debe analizarse en cada caso, evitando la duplicidad de conceptos dentro de un modelo de competencias.

Las competencias cardinales

Estas competencias hacen referencia a lo principal o fundamental en el ámbito de la organización; usualmente representan valores y ciertas características que diferencian a una organización de otras y reflejan aquello necesario para alcanzar la estrategia. Otros autores les dan otras denominaciones, como *core competences*, generales o corporativas.

Por su naturaleza, las competencias cardinales les serán requeridas a todos los colaboradores que integran la organización.

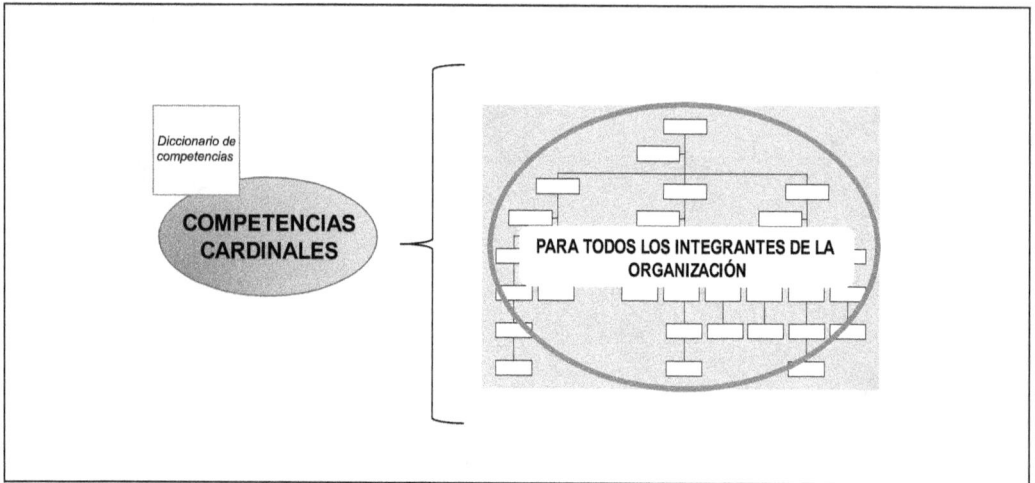

Las competencias específicas gerenciales

Las competencias específicas, como surge de su definición, se relacionan con ciertos colectivos o grupos de personas. En el caso de las específicas gerenciales se refieren –como su nombre lo indica–, a las que son necesarias en todos aquellos que tienen a su cargo a otras personas, es decir, que son jefes de otros.

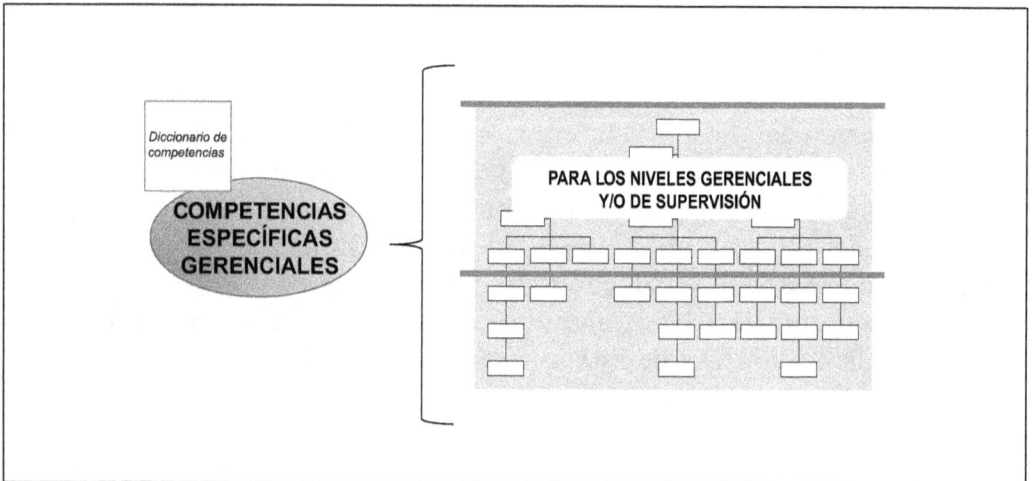

Las competencias específicas por área

Por último, las competencias específicas por área, al igual que las competencias específicas gerenciales, se relacionan con ciertos colectivos o grupos de personas. En este caso se trata –como su nombre lo indica– de aquellas competencias que serán requeridas a los que trabajen en un área en particular, por ejemplo, Producción o Finanzas.

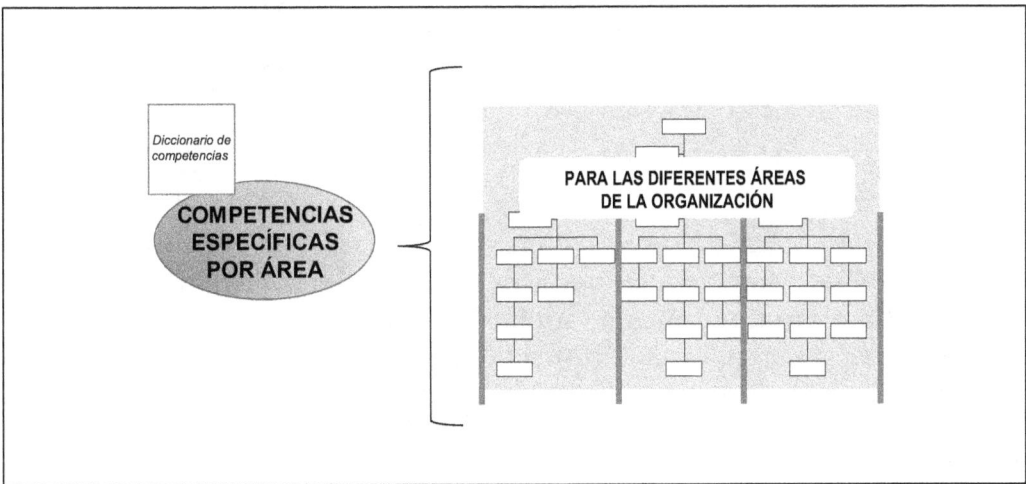

Una vez que se han definido las competencias cardinales, específicas gerenciales y específicas por área, se conforma el *Diccionario de competencias,* y en base a este se procede a realizar el paso siguiente: determinar las competencias y grados necesarios para cada puesto de trabajo.

Definición de competencias específicas por procesos

En algunas organizaciones se diseñan métodos de trabajo por procesos. En el caso de que se lo considere necesario podría reemplazarse la definición de competencias específicas por área, por la definición de competencias específicas por procesos. La idea se grafica a continuación.

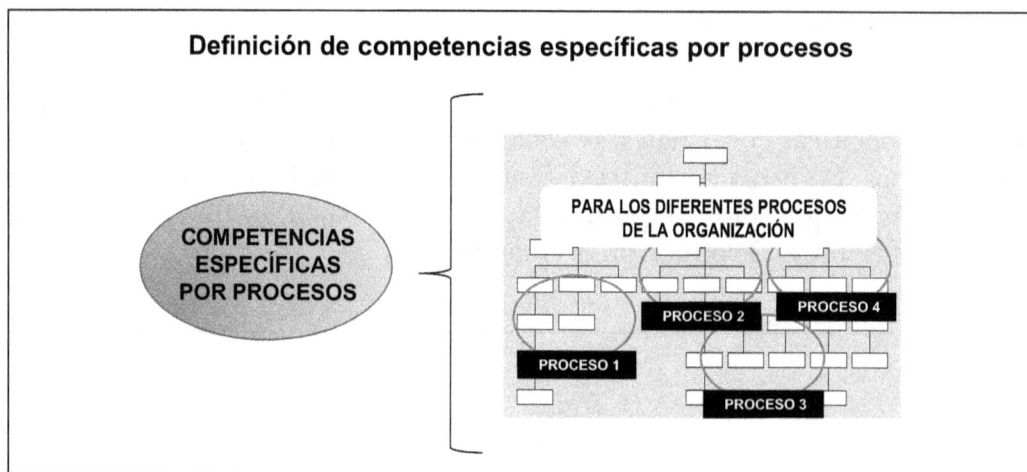

Definición de competencias específicas por procesos

Para la preparación de la *Trilogía* se le ha dado mayor protagonismo a la definición de competencias por área, dado que es la de mayor aplicación práctica. En obras anteriores he utilizado la denominación *familias de puestos* y es quizá la más adecuada respecto de este tema. Estas familias podrán ser definidas por:

- Área.
- Proceso.
- Combinando área y proceso.
- Etcétera.

En resumen, se deberán buscar aquellas familias de puestos con características similares para, de ese modo, definir las competencias que les serán requeridas de manera conjunta.

Armado del modelo

La etapa inicial para la implantación de un modelo de competencias se compone de los talleres de reflexión con la máxima conducción y la definición de cuáles competencias conformarán el modelo, tal como se ha explicado hasta aquí. Retomando un gráfico que se expuso en páginas anteriores, luego de esta etapa inicial se preparan los diccionarios donde se refleja el modelo: la *Trilogía*.

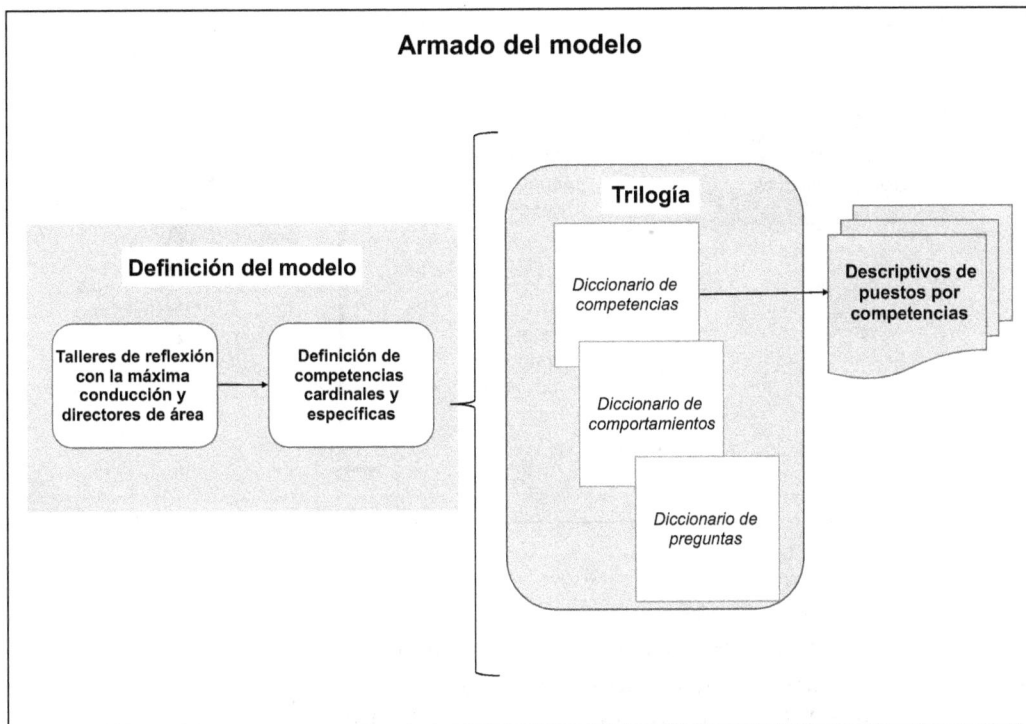

Armado del modelo

Definición del modelo

- Talleres de reflexión con la máxima conducción y directores de área
- Definición de competencias cardinales y específicas

Trilogía

- Diccionario de competencias
- Diccionario de comportamientos
- Diccionario de preguntas

Descriptivos de puestos por competencias

Es decir, se define el modelo, a continuación se prepara el *Diccionario de competencias,* luego los ejemplos de comportamientos, compilados en un documento que se denomina *Diccionario de comportamientos,* que también es a medida de cada organización.

Para la confección del *Diccionario de competencias,* estas se abren en cuatro grados o niveles. La mencionada apertura se realiza del mismo modo para todas las competencias del modelo. Nuestra sugerencia es emplear una escala de cuatro grados; si se optara por una cantidad de grados diferentes, se deberá respetar la coherencia dentro del modelo.

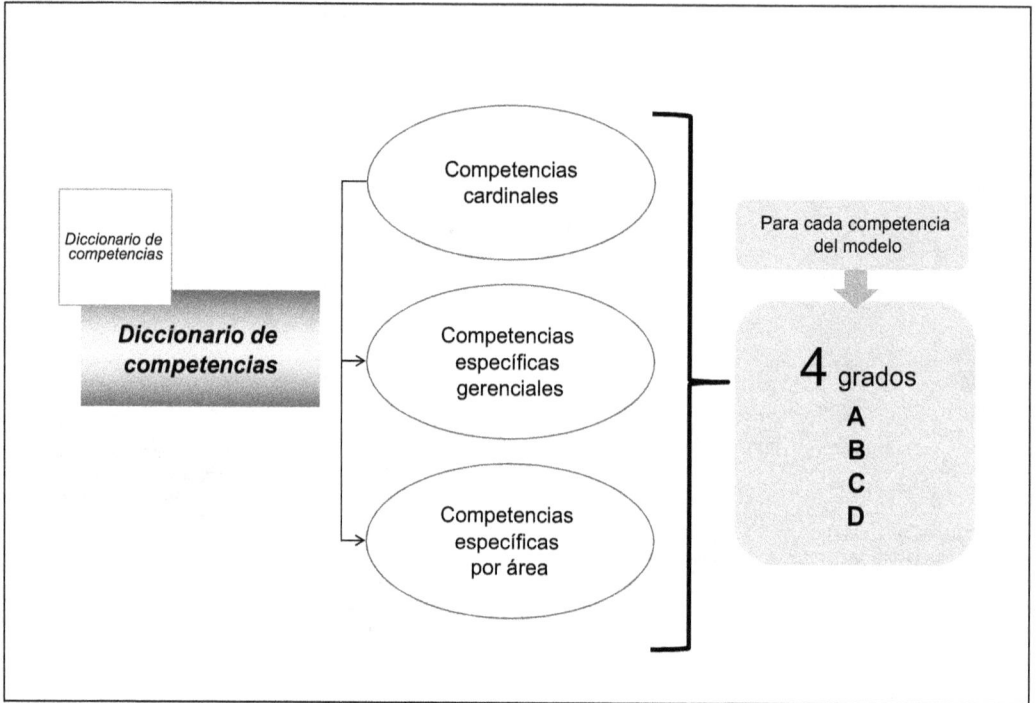

A continuación se expone un ejemplo de una competencia abierta en cuatro grados. Como puede apreciarse, la competencia se presenta con nombre y definición general, así como la definición correspondiente a cada uno de los niveles establecidos (A,B,C,D) (ver gráfico en la página siguiente).

Colaboración

Capacidad para brindar apoyo a los otros (pares, superiores y colaboradores), responder a sus necesidades y requerimientos, y solucionar sus problemas o dudas, aunque las mismas no hayan sido manifestadas expresamente. Implica actuar como facilitador para el logro de los objetivos, a fin de crear relaciones basadas en la confianza.

A

Capacidad para brindar apoyo y ayuda a los otros (pares, superiores y colaboradores), responder a sus necesidades y requerimientos, mediante iniciativas anticipadoras y espontáneas, a fin de facilitar la resolución de problemas o dudas aunque las mismas no hayan sido manifestadas expresamente. Capacidad para apoyar decididamente a otras personas y para difundir formas de relación basadas en la confianza. Capacidad para promover el espíritu de colaboración en toda la organización y constituirse en un facilitador para el logro de los objetivos planteados. Capacidad para implementar mecanismos organizacionales tendientes a fomentar la cooperación interdepartamental como instrumento para la consecución de los objetivos comunes.

B

Capacidad para brindar ayuda y colaboración a las personas de su área y de otros sectores de la organización relacionados, mostrar interés por sus necesidades aunque las mismas no hayan sido manifestadas expresamente, y apoyarlas en el cumplimiento de sus objetivos. Capacidad para crear relaciones de confianza. Capacidad para utilizar los mecanismos organizacionales que promuevan la cooperación interdepartamental, y para proponer mejoras respecto de ellos.

C

Capacidad para apoyar y colaborar activamente con los integrantes de su propia área mediante una clara predisposición a ayudar a otros, incluso antes de que hayan manifestado expresamente la necesidad de colaboración. Capacidad para escuchar los requerimientos de los demás y para ayudarlos en el cumplimiento de sus objetivos, sin descuidar los propios.

D

Capacidad para cooperar y brindar soporte a las personas de su entorno cuando se lo solicitan, y tener en cuenta las necesidades de los demás.

Nota: El grado D indica que la competencia está desarrollada en un nivel mínimo.

Definiciones

Comportamiento. Aquello que una persona hace (acción física) o dice (discurso). Sinónimo: conducta.

Comportamiento observable. Aquel comportamiento que puede ser visto (acción física) u oído (en un discurso).

En el gráfico siguiente se muestra un ejemplo de definición de una competencia y los comportamientos asociados. En todos los casos será necesaria, además, la definición de aquellos comportamientos por los cuales se evidencia que la competencia no está desarrollada. La idea expresada se podrá encontrar con mayor detalle en el capítulo *La Trilogía: los tres diccionarios en Gestión por competencias. Su aplicación práctica.*

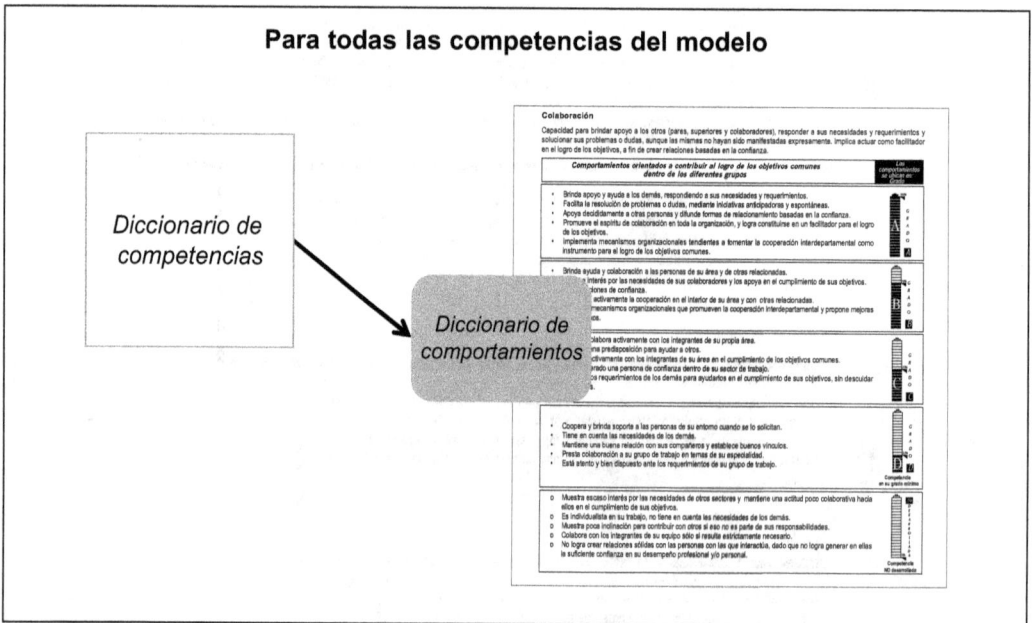

Para todas las competencias del modelo

Diccionario de competencias

Diccionario de comportamientos

Colaboración

Capacidad para brindar apoyo a los otros (pares, superiores y colaboradores), responder a sus necesidades y requerimientos y solucionar sus problemas o dudas, aunque las mismas no hayan sido manifestadas expresamente. Implica actuar como facilitador en el logro de los objetivos, a fin de crear relaciones basadas en la confianza.

Comportamientos orientados a contribuir al logro de los objetivos comunes dentro de los diferentes grupos

- Brinda apoyo y ayuda a los demás, respondiendo a sus necesidades y requerimientos.
- Facilita la resolución de problemas o dudas, mediante iniciativas anticipadoras y espontáneas.
- Apoya decididamente a otras personas y difunde formas de relacionamiento basadas en la confianza.
- Promueve el espíritu de colaboración en toda la organización, y logra constituirse en un facilitador para el logro de los objetivos.
- Implementa mecanismos organizacionales tendientes a fomentar la cooperación interdepartamental como instrumento para el logro de los objetivos comunes.

- Brinda ayuda y colaboración a las personas de su área y de otras relacionadas.
- ...interés por las necesidades de sus colaboradores y los apoya en el cumplimiento de sus objetivos.
- ...ciones de confianza.
- ...activamente la cooperación en el interior de su área y con otras relacionadas.
- ...mecanismos organizacionales que promueven la cooperación interdepartamental y propone mejoras ...ica.

- ...olabora activamente con los integrantes de su propia área.
- ...ene predisposición para ayudar a otros.
- ...activamente con los integrantes de su área en el cumplimiento de los objetivos comunes.
- ...grado una persona de confianza dentro de su sector de trabajo.
- ...s requerimientos de los demás para ayudarlos en el cumplimiento de sus objetivos, sin descuidar ...

- Coopera y brinda soporte a las personas de su entorno cuando se lo solicitan.
- Tiene en cuenta las necesidades de los demás.
- Mantiene una buena relación con sus compañeros y establece buenos vínculos.
- Presta colaboración a su grupo de trabajo en temas de su especialidad.
- Está atento y bien dispuesto ante los requerimientos de su grupo de trabajo.

- Muestra escaso interés por las necesidades de otros sectores y mantiene una actitud poco colaborativa hacia ellos en el cumplimiento de sus objetivos.
- Es individualista en su trabajo, no tiene en cuenta las necesidades de los demás.
- Muestra poca inclinación para contribuir con otros si eso no es parte de sus responsabilidades.
- Colabora con los integrantes de su equipo sólo si resulta estrictamente necesario.
- No logra crear relaciones sólidas con las personas con las que interactúa, dado que no logra generar en ellas la suficiente confianza en su desempeño profesional y/o personal.

Algunas organizaciones preparan un único documento, mezclando los conceptos de competencias y comportamientos. En nuestra metodología se confeccionan dos documentos por separado: el *Diccionario de competencias,* con la definición y apertura en grados de cada una de las que integran el modelo, y el *Diccionario de comportamientos.* En este último se preparan, como mínimo, cinco ejemplos de comportamientos por cada grado. Estos ejemplos son conductas observables que se utilizan para detectar y medir las competencias.

La existencia de dos documentos por separado se fundamenta en lo siguiente:

- Las competencias definen las características de personalidad (capacidad para hacer las cosas de una determinada manera) que un puesto requiere para ser desempeñado exitosamente o con una *perfor-*

mance superior; por ello en los descriptivos de puestos se indican las competencias así como las otras capacidades (en primera instancia, conocimientos) que los puestos requieren: estudios formales, conocimientos especiales, experiencia requerida, etcétera.

- Los comportamientos son indicadores que permiten la medición de las competencias.

El *Diccionario de comportamientos* será el documento que usará tanto el especialista de RRHH como el cliente interno para evaluar competencias en los distintos subsistemas de Recursos Humanos. Utilizando un lenguaje simple podríamos decir que los comportamientos observables son los indicadores a utilizar para evaluar o medir competencias. El lector encontrará una explicación más detallada sobre este diccionario y su utilización en la obra *Diccionario de comportamientos. La Trilogía. Tomo 2.*

Para todas las competencias del modelo, también se prepara el *Diccionario de preguntas* y de este modo se completa la *Trilogía*.

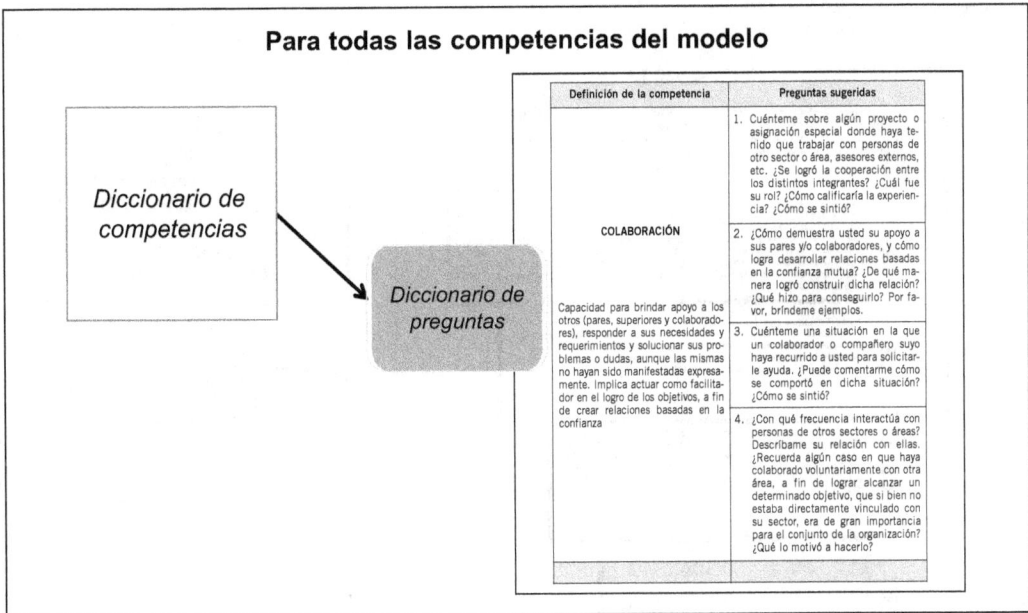

Para todas las competencias del modelo

Definición de la competencia	Preguntas sugeridas
COLABORACIÓN Capacidad para brindar apoyo a los otros (pares, superiores y colaboradores), responder a sus necesidades y requerimientos y solucionar sus problemas o dudas, aunque las mismas no hayan sido manifestadas expresamente. Implica actuar como facilitador en el logro de los objetivos, a fin de crear relaciones basadas en la confianza	1. Cuénteme sobre algún proyecto o asignación especial donde haya tenido que trabajar con personas de otro sector o área, asesores externos, etc. ¿Se logró la cooperación entre los distintos integrantes? ¿Cuál fue su rol? ¿Cómo calificaría la experiencia? ¿Cómo se sintió? 2. ¿Cómo demuestra usted su apoyo a sus pares y/o colaboradores, y cómo logra desarrollar relaciones basadas en la confianza mutua? ¿De qué manera logró construir dicha relación? ¿Qué hizo para conseguirlo? Por favor, bríndeme ejemplos. 3. Cuénteme una situación en la que un colaborador o compañero suyo haya recurrido a usted para solicitarle ayuda. ¿Puede comentarme cómo se comportó en dicha situación? ¿Cómo se sintió? 4. ¿Con qué frecuencia interactúa con personas de otros sectores o áreas? Descríbame su relación con ellas. ¿Recuerda algún caso en que haya colaborado voluntariamente con otra área, a fin de lograr alcanzar un determinado objetivo, que si bien no estaba directamente vinculado con su sector, era de gran importancia para el conjunto de la organización? ¿Qué lo motivó a hacerlo?

Diccionario de competencias → **Diccionario de preguntas**

Las preguntas diseñadas deberán permitir evaluar competencias en el transcurso de una entrevista. El lector encontrará una explicación más detallada sobre este diccionario y su utilización en la obra *Diccionario de preguntas. La Trilogía. Tomo 3.*

El armado final del modelo se completa con la asignación de competencias a los diversos puestos de la organización.

La asignación de competencias a puestos

La asignación de competencias a puestos se hace a partir del *Diccionario de competencias.* En los *Descriptivos de puestos,* las competencias se indican con su nombre y grado o nivel. La definición de las competencias, así como su apertura en grados, se encuentran en el documento denominado *Diccionario de competencias,* confeccionado a medida de cada organización.

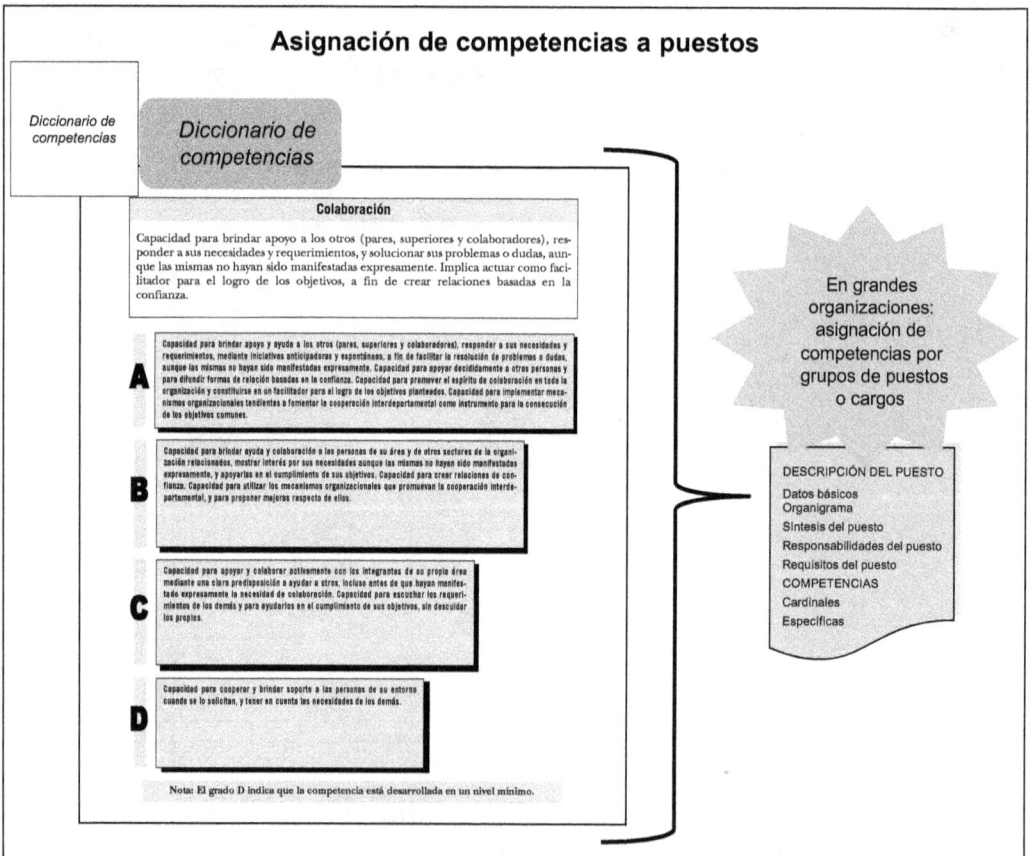

Es importante remarcar cómo se define cada competencia, ya que con frecuencia hay organizaciones que, como producto de incorrectas definiciones del modelo, trabajan de manera equivocada. Si los distintos niveles se definen sólo con una palabra (por ejemplo, "grado A como un nivel excelente de la competencia"), sin una definición del grado y sin los ejemplos de comportamientos observables, no se dispone realmente de un modelo de competencias.

Para todos aquellos que no estén familiarizados con estos temas, queremos precisar una vez más qué es una competencia y la importancia de su apertura en grados.

En una primera instancia, y frente a una pregunta concreta, cualquier futuro jefe le dirá que *desea que su colaborador posea la máxima iniciativa, o iniciativa elevada o en alto grado.* Frente a una repregunta sobre el grado de decisión que, por ejemplo, el vendedor posee, casi con certeza le responderá que deberá tener iniciativa "dentro de las pautas", es decir, cumpliendo las directivas recibidas. Por lo tanto, la iniciativa tiene un límite de referencia, es decir, un grado definido de la misma que –generalmente– no coincide con la primera descripción.

Una vez que se han descrito las competencias junto con sus grados, se realiza la asignación de competencias a puestos. Como es fácil apreciar, el análisis realizado en párrafos anteriores será definitorio en esta instancia.

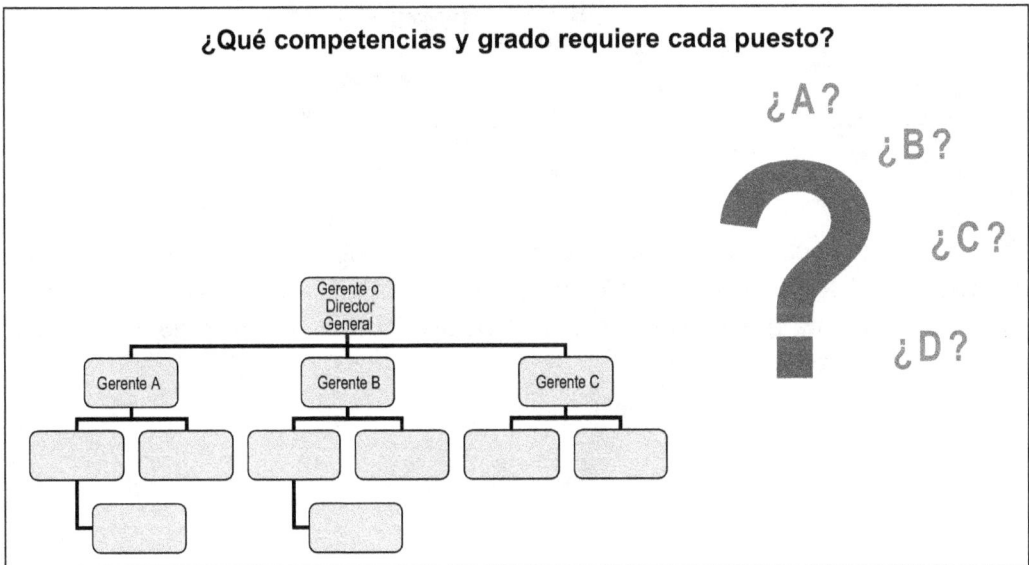

¿Qué competencias y grado requiere cada puesto?

Si se hubiese optado por la definición de competencias específicas por área o por procesos, estas deberán asignarse, en todos los casos, a los puestos, y para ello se deberá consignarlas en los *Descriptivos de puestos*.

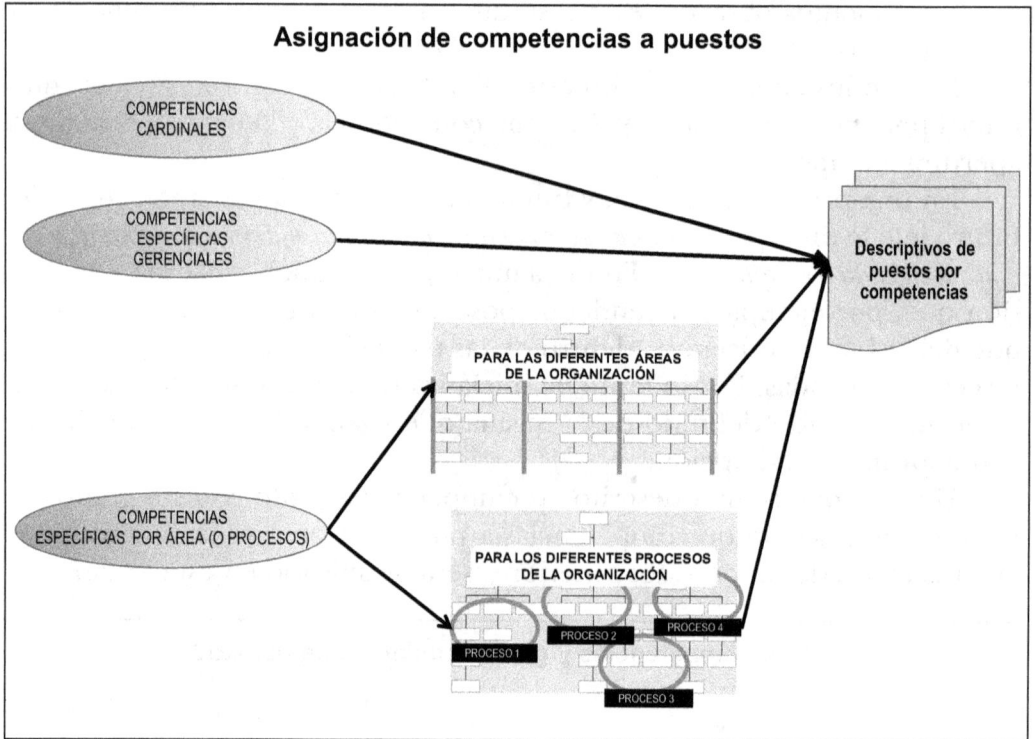

A continuación se expone un ejemplo de asignación de competencias a puestos. El lector encontrará una explicación más detallada respecto de este tema en esta misma obra, en el capítulo titulado *Diccionario de competencias. Cómo utilizarlo.*

Competencias asignadas a un puesto

DESCRIPCIÓN DEL PUESTO

Datos básicos
Organigrama

Síntesis del puesto

Responsabilidades del puesto

Requisitos del puesto

COMPETENCIAS

Cardinales

Específicas

ÁREA DE RECURSOS HUMANOS

PUESTO: GERENTE DE RRHH

Competencias cardinales	A	B	C	D
Calidad y mejora continua	X			
Colaboración	X			
Competencias específicas gerenciales				
Conducción de personas		X		
Competencias específicas área RRHH				
Aprendizaje continuo		X		
Capacidad para entender a los demás	X			
Credibilidad técnica	X			

Nota: Sólo se consignan 6 competencias para la presentación del tema en un gráfico

Cuando se implanta un modelo de competencias, los distintos subsistemas de Recursos Humanos resultan afectados, y se relacionan con él.

Gestión de Recursos Humanos por Competencias

GESTIÓN INTEGRAL POR COMPETENCIAS

Atracción, selección e incorporación

Análisis y descripción de puestos

Desarrollo y planes de sucesión

DIRECCIÓN ESTRATÉGICA DE RECURSOS HUMANOS

Remuneraciones y beneficios

Formación

Evaluación de desempeño

Modelo de competencias.
Armado e implantación

La implantación del modelo requiere ciertos pasos iniciales, a los cuales hemos dedicado las páginas precedentes. El armado del modelo comienza por la definición de competencias, junto con su apertura en grados, y a continuación se asignan estas competencias (con sus correspondientes grados) a los diferentes puestos.

En resumen se podría decir que los pasos iniciales son:

1. Definición de competencias, en base a la misión, la visión y la estrategia de la organización. Se sugiere considerar, además, los valores organizacionales.

2. Preparar diccionarios *(Trilogía)*.

3. Asignar competencias a puestos.

4. Inventario. Determinación de brechas.

Una vez que se han cumplimentado estos pasos, se sugiere hacer un relevamiento del grado de desarrollo de competencias de todos los colaboradores de la organización. A este paso lo denominamos *Inventario*. Su propósito es determinar, por comparación (el inventario *versus* las competencias asignadas a cada puesto), las brechas existentes entre lo requerido y lo real. Para el *Inventario* se utilizan las *Fichas de evaluación* (ver Anexo III, *Herramientas de la Metodología Martha Alles International para Gestión por competencias)*.

Esta determinación de brechas se realiza con un único propósito: diseñar acciones de desarrollo a la mayor brevedad posible.

Pasos iniciales

Definir competencias
En base a misión, visión y estrategia
1

MODELO DE COMPETENCIAS

Preparar diccionarios
Trilogía
2

TRILOGÍA → ASIGNACIÓN A PUESTOS → INVENTARIO

Diccionario de competencias

Asignar competencias a puestos
3

Diccionario de comportamientos

Diccionario de preguntas

Inventario
Determinación de brechas
4

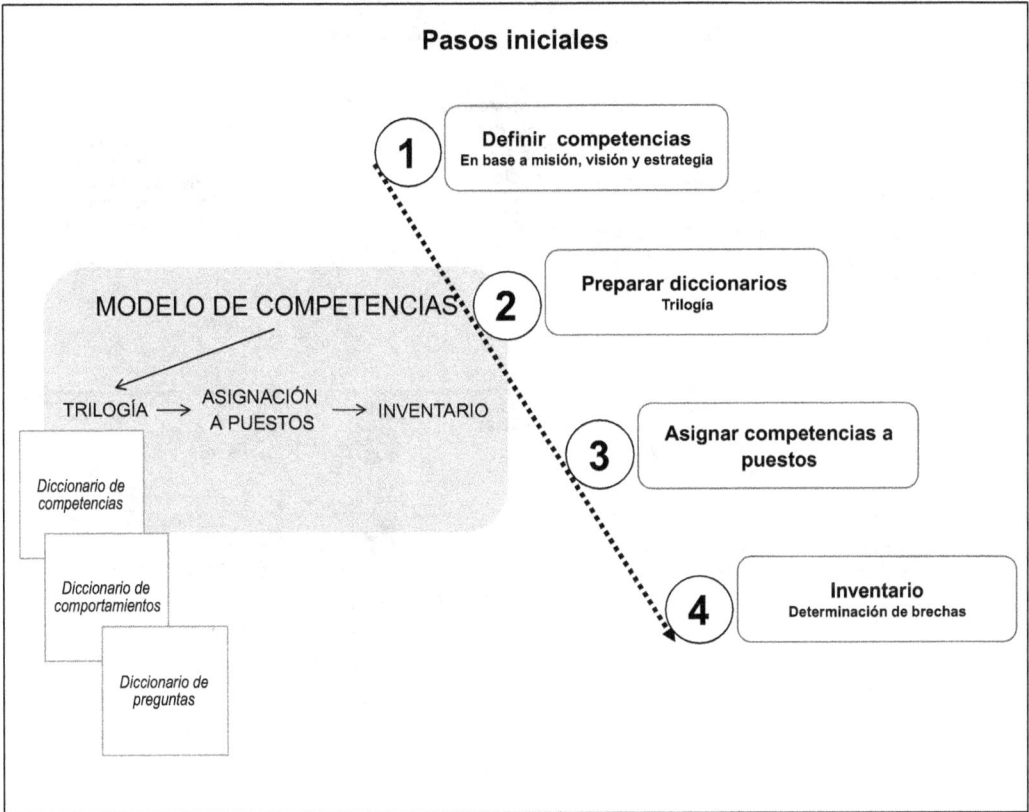

Para que se comprenda adecuadamente la importancia de este paso (determinación de brechas al inicio de la implantación del modelo), sugerimos al lector tomar en cuenta el gráfico de la página siguiente.

Sobre la izquierda del gráfico se ven los pasos iniciales para el armado del modelo. Una vez finalizadas dichas instancias, y de manera inmediata, es posible comenzar con las acciones de desarrollo de competencias a fin de achicar o reducir las brechas determinadas en el paso 4, *Inventario* (ver gráfico *Pasos iniciales*).

Luego de armado el modelo, este puede ser utilizado en la evaluación del desempeño, cuyos resultados estarán disponibles al final del período evaluado (en este supuesto, luego de 12 meses). Una vez finalizado el proceso de evaluación, se estará en condiciones de realizar acciones de desarrollo de competencias basadas en el resultado obtenido.

Determinación de brechas al inicio

Inicio del proceso de
evaluación del desempeño.
Resultados al final del
ejercicio

Resultado de las
evaluaciones del
desempeño en los
primeros meses del
segundo año a partir
de la puesta en
marcha del modelo

MODELO DE COMPETENCIAS

TRILOGÍA → ASIGNACIÓN A PUESTOS → INVENTARIO

0 — Año 1 —

12 — Año 2 —

Acciones de desarrollo al inicio
de Gestión por competencias

Acciones de
desarrollo después de la
evaluación del desempeño

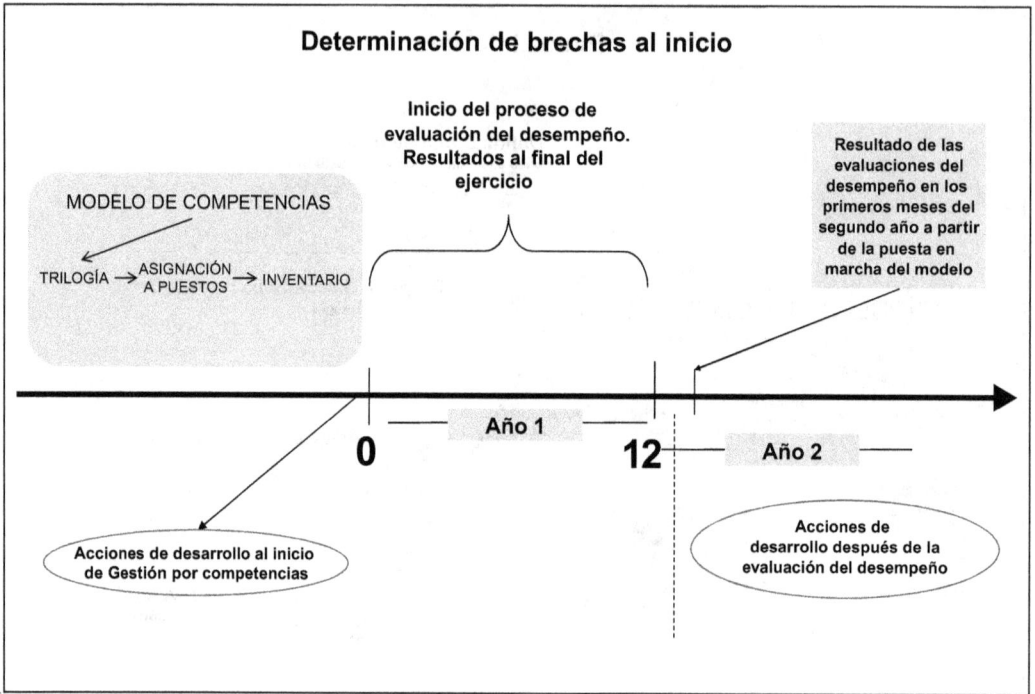

Aplicación del modelo

Cuando el modelo de Gestión por competencias está funcionando, uno de los pilares –como se verá a continuación– es Selección; es decir que, a través de diversos métodos, se debe lograr que no ingresen a la organización personas que no posean las competencias necesarias y en el grado requerido, según el modelo de competencias y el puesto de trabajo a ocupar. Por lo tanto, los nuevos colaboradores serán seleccionados en función del modelo de competencias.

Además, el desempeño se evaluará en función del modelo de competencias, así como las acciones de formación y desarrollo relacionadas deberán definirse teniéndolo como guía. Veamos el gráfico siguiente.

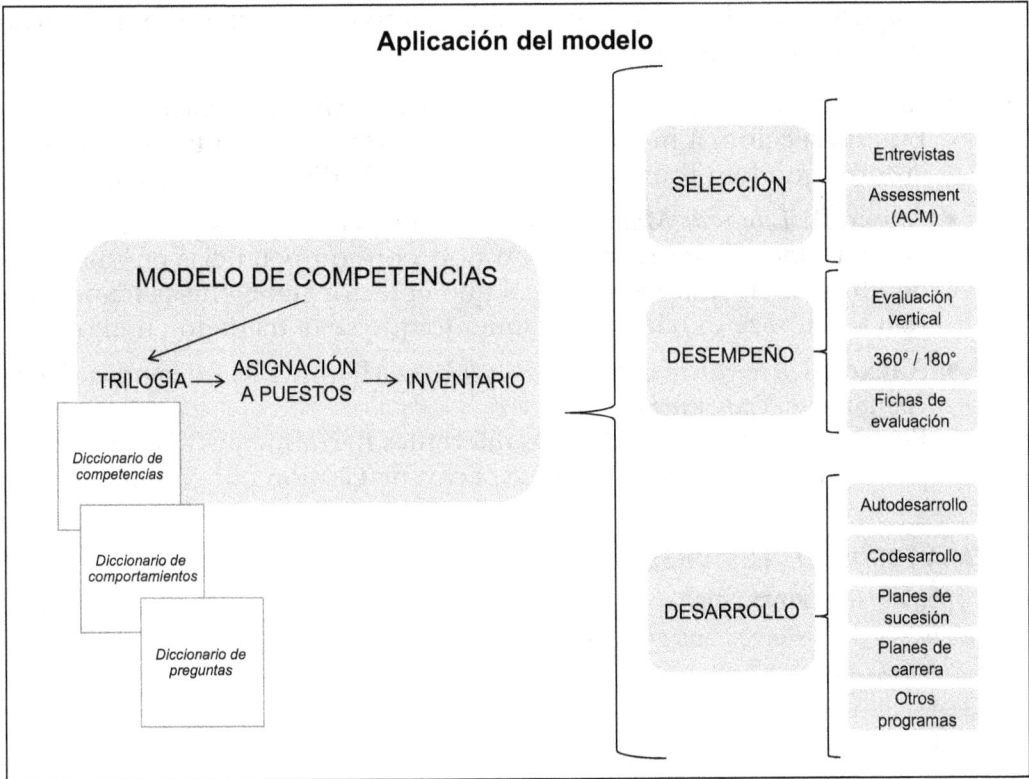

Aplicación del modelo

MODELO DE COMPETENCIAS

TRILOGÍA → ASIGNACIÓN A PUESTOS → INVENTARIO

Diccionario de competencias

Diccionario de comportamientos

Diccionario de preguntas

SELECCIÓN
- Entrevistas
- Assessment (ACM)

DESEMPEÑO
- Evaluación vertical
- 360° / 180°
- Fichas de evaluación

DESARROLLO
- Autodesarrollo
- Codesarrollo
- Planes de sucesión
- Planes de carrera
- Otros programas

Una vez que se completó el armado del modelo de competencias, se observa que los tres grandes pilares de su implementación son Selección, Desempeño y Desarrollo. En cada uno de ellos se pueden mencionar los principales temas relacionados.

- *Selección.* Entrevistas y *Assessment Center Method.*

- *Desempeño.* Evaluación vertical, evaluaciones de 360° y 180°, fichas de evaluación y diagnósticos circulares.

- *Desarrollo.* Autodesarrollo, codesarrollo, planes de sucesión, planes de carrera, otros programas.

Sólo hemos mencionado algunos de los aspectos más relevantes en relación con competencias; no son los únicos.

Le sugerimos al lector, como complemento de este capítulo, la lectura de los tres anexos siguientes:

- Anexo I. *Cómo tratan la temática de competencias otros autores*
  En esta sección, a modo de estado del arte, se presentan los diversos autores que han tratado la temática, desde diferentes vertientes.

- Anexo II. *Libros de Martha Alles relacionados con Gestión por competencias*
  Se ha tratado la temática de Gestión por competencias en una serie de libros de la autora previos al que el lector tiene en sus manos. En esta sección se explica el tratamiento que se le ha dado en ellos.

- Anexo III. *Herramientas de la Metodología Martha Alles International para Gestión por competencias*
  En esta sección se describen las diferentes herramientas diseñadas para poner en práctica los distintos aspectos de Gestión por competencias.

PARA TODOS LOS LECTORES

Disponible en formato digital un Anexo donde se ha realizado un análisis detallado de libros y subsistemas que complementa las temáticas abordadas en esta obra.

PARA PROFESORES

La *Trilogía* está compuesta por tres obras relacionadas entre sí:

❖ *Diccionario de competencias*
❖ *Diccionario de comportamientos*
❖ *Diccionario de preguntas*

Para una mejor explicación de la aplicación práctica de la *Trilogía* hemos preparado:

→ Casos prácticos y/o ejercicios para una mejor comprensión de los temas tratados.
→ Material de apoyo para el dictado de clases.

Los profesores que hayan adoptado esta obra para sus cursos, tanto de grado como de posgrado, pueden solicitar de manera gratuita las obras:

- *Trilogía.* CASOS PRÁCTICOS
- *Trilogía.* CLASES

Únicamente disponibles en formato digital en *www.marthaalles.com*

Glosario de términos de Gestión por competencias

El glosario de términos que se incluye a continuación está tomado de la obra *Diccionario de términos de Recursos Humanos.*

Assessment Center Method (ACM)	Método o herramienta situacional para evaluar competencias mediante el cual, a través de la administración de casos y ejercicios, se plantea a los participantes la resolución práctica de situaciones conflictivas similares a las que deberán enfrentar en sus puestos de trabajo.
Autodesarrollo	Acciones que realiza una persona, por su propia iniciativa, para mejorar.
Autodesarrollo dentro del trabajo	Acciones que realiza una persona, por su propia iniciativa, para mejorar dentro del ámbito laboral y en relación con su puesto de trabajo.
Autodesarrollo dirigido	La organización ofrece a su personal una serie de "ideas" para el autodesarrollo de competencias y/o conocimientos. Usualmente se realiza a través de las guías de desarrollo que se difunden en la intranet de la organización.
Autodesarrollo fuera del trabajo	Acciones que realiza una persona, por su propia iniciativa, para mejorar fuera del ámbito laboral y sin relación alguna ni con su puesto de trabajo ni con actividades laborales.
Behavioral Event Interview (BEI) **Entrevista por eventos conductuales o Entrevista por incidentes críticos**	Entrevista estructurada que evalúa competencias en profundidad explorando los incidentes críticos y los comportamientos de cada persona.
Brecha	Distancia entre lo requerido y la evaluación de la persona. El término se aplica en relación con los diferentes tipos de capacidades.
Capacidades	El término incluye conocimientos, competencias y experiencia.

Cargo	Ver *Puesto*.
Carrera	Camino que una persona recorre en el ámbito de una organización y que contempla los intereses de ambas partes, empleado-empleador, en una relación ganar-ganar.
Carrera como especialista	Documento organizacional que describe esta modalidad de carrera organizacional, sus diferentes niveles o estratos, sus relaciones con otros niveles de la misma organización, así como sus principales responsabilidades y funciones. Señala y destaca la importancia de los especialistas en el ámbito de una organización ofreciendo a estos oportunidades de crecimiento a través de la profundización de sus puestos de trabajo. Los distintos niveles o estratos de la carrera como especialista se relacionan con la escala de remuneraciones de la organización.
Carrera gerencial	Documento organizacional que describe los distintos niveles o estratos organizacionales, sus relaciones, principales responsabilidades y funciones. Señala un camino a seguir y permite que una persona vaya recorriéndolo ascendiendo hacia la Dirección de la organización. Los distintos niveles o estratos de la carrera gerencial se relacionan con la escala de remuneraciones de la organización.
Cliente externo	Organización o personas que adquiere/n los productos o servicios de la organización oferente. Por extensión se utiliza para denominar a aquellos que reciben un determinado servicio brindado por una ONG, entidad de bien público de cualquier tipo, un organismo del Estado, etcétera.
Cliente interno	Áreas o personas de la misma organización que interactúan con la propia, puede ser en rol de cliente interno estrictamente dicho, recibiendo un producto o servicio, o bien ser un proveedor.

Codesarrollo	Acciones concretas que de manera conjunta realiza el sujeto que asiste a una actividad de formación guiado por un instructor para el desarrollo de sus competencias y/o conocimientos. El codesarrollo implica un ciclo: 1) taller de codesarrollo; 2) seguimiento; 3) segundo taller de codesarrollo.
Codesarrollo, Taller de	Ver *Taller de codesarrollo.*
Competencia	Hace referencia a las características de personalidad, devenidas en comportamientos, que generan un desempeño exitoso en un puesto de trabajo.
Competencia cardinal	Competencia aplicable a todos los integrantes de la organización. Las competencias cardinales representan su esencia y permiten alcanzar la visión organizacional.
Competencia específica	Competencia aplicable a colectivos específicos, por ejemplo, un área de la organización o un cierto nivel, como el gerencial.
Comportamiento	Aquello que una persona hace (acción física) o dice (discurso). Sinónimo: conducta.
Comportamiento observable	Ver *Comportamiento.* Aquel comportamiento que puede ser visto (acción física) u oído (en un discurso).
Conducta	Ver *Comportamiento.*
Conducta observable	Ver *Comportamiento observable.*
Conocimiento	Conjunto de saberes ordenados sobre un tema en particular, materia o disciplina.
Cultura	Conjunto de supuestos, convicciones, valores y normas que comparten los miembros de una organización.
Desarrollo	Acción de hacer crecer algo, por ejemplo, una competencia o un conocimiento.

Desarrollo de competencias	Acciones tendientes a alcanzar el grado de madurez o perfección deseado en función del puesto de trabajo que la persona ocupa en el presente o se prevé que ocupará más adelante.
Desarrollo de conocimientos	Acciones tendientes a acrecentar un conocimiento, usualmente a través de su utilización (puesta en práctica).
Descripción de puestos	Acción de analizar y describir los diferentes puestos de la organización.
Descriptivo del cargo	Ver *Descriptivo del puesto.*
Descriptivo del puesto	Documento interno donde se consignan las principales responsabilidades y tareas de un puesto de trabajo. Adicionalmente se registran los requisitos necesarios para desempeñarlo con éxito: conocimientos, experiencia y competencias.
Desempeño	Concepto integrador del conjunto de comportamientos y resultados obtenidos por un colaborador en un determinado período de tiempo.
Diagramas de reemplazo	Programa organizacional por el cual se reconocen puestos clave, luego se identifican posibles participantes del programa y se los evalúa para, a continuación, designar posibles reemplazos (sucesores), pero sólo para aquellas personas que ocupan puestos clave y tienen una fecha cierta de retiro, usualmente por la edad avanzada del ocupante del puesto. Pueden darse por otras razones (por ejemplo, traslado a otro país). Para asegurar la eficacia del programa se realiza un seguimiento de los participantes y se les provee de asistencia y ayuda para la reducción de brechas entre el puesto actual y el que se prevé ocupar.
Diccionario de competencias	Documento interno organizacional en el cual se presentan las competencias definidas en función de la estrategia.

Diccionario de comportamientos	Documento interno en el cual se consignan ejemplos de los comportamientos observables asociados o relacionados con las competencias del modelo organizacional.
Diccionario de preguntas	Documento interno de la organización en el cual se consignan ejemplos de preguntas que permiten evaluar las competencias del modelo en una entrevista.
E-learning	Método de aprendizaje utilizando la tecnología, usualmente la intranet de la organización.
Entrenador	Experto en un determinado tema o competencia que ayuda a otros a desarrollar un conocimiento o una competencia.
Entrenamiento	Proceso de aprendizaje mediante el cual los participantes adquieren competencias y conocimientos necesarios para alcanzar objetivos definidos.
Entrenamiento experto	Programa organizacional para el aprendizaje mediante el cual, a través de una relación interpersonal, un individuo con mayor conocimiento o experiencia en un determinado tema, lo transmite a otro. Cada uno de los participantes del programa cumple un rol: entrenador o aprendiz. Un entrenador podrá tener a su cargo varios aprendices; sin embargo, en todos los casos brindará su entrenamiento de manera personalizada e individualmente. Para que el entrenamiento experto se verifique es necesario que el entrenador sea un experto en la temática o que posea un alto grado de desarrollo de la competencia en cuestión, según corresponda. Los objetivos son específicos y el plazo, acotado (usualmente, unos pocos meses).
Entrevista estructurada	Conjunto de preguntas e indicaciones para realizar una entrevista de selección. Usualmente se diseña por niveles y en función del modelo de competencias.

Entrevista por competencias	Entrevista estructurada que permite evaluar a un candidato que participa en un proceso de selección considerando, especialmente, sus competencias, a través de preguntas específicas.
Estado del arte	Recopilación ordenada y sistemática de todo lo que se sabe de un tema determinado.
Evaluación de 360°	Proceso estructurado para medir las competencias de los colaboradores de una organización, con un propósito de desarrollo, en el cual participan múltiples evaluadores. Toma el nombre de 360° en alusión a que una persona es evaluada por sus superiores, pares y subordinados, además de por ella misma (autoevaluación). En ocasiones la evaluación incluye la opinión de clientes internos y/o externos.
Evaluación de 180°	Similar a *Evaluación de 360°*; su propósito es el desarrollo. Toma el nombre de 180° en alusión a que una persona es evaluada por sus superiores y pares, además de realizar su propia autoevaluación. En ocasiones puede incluir la opinión de clientes internos y/o externos.
Evaluación del desempeño	Proceso estructurado para medir el desempeño de los colaboradores.
Evaluación vertical (del desempeño)	Medición del desempeño realizada por el jefe o superior, que se complementa con la autoevaluación del propio colaborador y la revisión del nivel superior al jefe directo ("jefe del jefe").
Experiencia	Práctica prolongada de una actividad (laboral, deportiva, etc.) que permite incorporar nuevos conocimientos e incrementar la eficacia en la aplicación de los conocimientos y las competencias existentes, todo lo cual redunda en la optimización de los resultados de dicha actividad.

Experto	Se trata de la persona que domina un tema en toda su gama y profundidad; tiene experiencia junto con el conocimiento teórico que la sustenta.
Familia de puestos	Conjunto de puestos dentro de una misma especialidad.
Feedback	Ver *Retroalimentación.*
Feedback 360°	Ver *Evaluación de 360°.*
Ficha de evaluación	Documento de medición de comportamientos/conocimientos estructurado y basado en el modelo de competencias/valores/conocimientos de la organización.
Ficha de evaluación reducida	Documento de medición de comportamientos/conocimientos estructurado y basado en el modelo de competencias/valores/conocimientos de la organización. Se diferencia de la *Ficha de evaluación* en su extensión. Al ser más breve, su administración y procesamiento se realiza en un tiempo más corto.
Formación	Acción de educar y/o instruir a una persona con el propósito de perfeccionar sus facultades intelectuales a través de la explicación de conceptos, ejercicios, ejemplos, etcétera. Incluye conceptos tales como codesarrollo y capacitación.
Formador de formadores	Instructor que imparte una actividad a otros instructores para que estos puedan –a su vez– impartir una determinada actividad de acuerdo con materiales e instructivos específicos.
Gap	Ver *Brecha.*
Gestión por competencias	Modelo de gestión que permite alinear a las personas que integran una organización (directivos y demás niveles organizacionales) en pos de los objetivos estratégicos.

Guías de desarrollo dentro del trabajo	Acciones que se sugiere incorporar en la actividad cotidiana, a fin de alcanzar comportamientos más altos en relación con la competencia a desarrollar.
Guías de desarrollo fuera del trabajo	Ideas que permiten desarrollar las competencias del modelo organizacional en otras actividades no relacionadas con el ámbito laboral, poniendo en juego la competencia.
Herramientas	Cuestionarios, manuales, guías y otros materiales de apoyo de probada eficacia para la resolución práctica de un determinado problema o situación.
High potential	Ver *Programa de personas clave.*
Indicadores sobre comportamientos	Indicadores o ejemplos de conductas que permiten a una persona determinar el comportamiento de otra (o de sí misma).
Jefe	Persona que tiene a otras a su cargo dentro de una estructura jerárquica. Un jefe, a su vez, puede tener diferentes niveles, desde el número uno de la organización hasta otro con pocos colaboradores a su cargo.
Jefe entrenador	El concepto *jefe entrenador* implica que el jefe es una persona que al mismo tiempo que cumple el *rol de jefe* lleva adelante otra función respecto de sus colaboradores: ser guía y consejero en una relación orientada al aprendizaje. Lo hace de manera deliberada, desea hacerlo y está convencido de los resultados a obtener.
Key people	Ver *Programa de personas clave.*
Manual de *Assessment* (ACM)	Conjunto de teoría, casos, ejercicios y formularios que permiten la aplicación práctica de la herramienta *Assessment Center Method* (ACM). Puede ser diseñado a medida de la organización.

Manual para *Formador* *de formadores*	Documentos e instructivos específicos y detallados que permiten a una persona (instructor) la impartición de un determinado taller o curso.
Manuales para *Formador* *de formadores* **Metodología** MACH	Documentos e instructivos específicos y detallados que permiten a una persona (instructor) la impartición de un determinado taller de codesarrollo. El mismo incluye: 1) Material para proyección. 2) Cuadernillo del participante. 3) Manual del instructor.
Mentor	Consejero o guía. Persona de mayor experiencia que ayuda y aconseja a otros con menos experiencia, por un período de tiempo.
Método	Conjunto de procedimientos ordenados y sistemáticos en relación con un determinado tema.
Metodología	Conjunto de métodos que se siguen en una determinada disciplina.
Misión	El porqué de lo que la empresa hace, la razón de ser de la organización, su propósito. Dice aquello por lo cual, en última instancia, la organización quiere ser recordada.
Modelo	Conjunto de relaciones basadas en términos lógicos.
Modelo de competencias	Conjunto de procesos relacionados con las personas que integran la organización que tienen como propósito alinearlas en pos de los objetivos organizacionales o empresariales.
Modelo de conocimientos	Conjunto de procesos relacionados con las personas que integran la organización que permiten definir los conocimientos necesarios para los diferentes puestos.
Modelo de valores	Conjunto de procesos relacionados con las personas que integran la organización que permiten incorporar a los subsistemas de Recursos Humanos los valores organizacionales.

Perfil de la búsqueda	Conjunto de capacidades requeridas para un puesto de trabajo, necesario para realizar la selección de su futuro ocupante. Puede incluir, además, factores adicionales.
Perfil del postulante	Conjunto de capacidades de una persona, incluyendo sus estudios formales, conocimientos, competencias y experiencia, así como su motivación tanto en relación con su carrera como para el cambio laboral.
Performance	Ver *Desempeño.*
Persona bajo tutoría	Individuo que adhiere a un programa de *mentoring,* para desarrollarse.
Plan de jóvenes profesionales (JP)	Implica el diseño de un esquema teórico sobre cuál sería el crecimiento esperado de un JP en un lapso definido, usualmente uno o dos años. Para ello se establecen los diferenciales deseados tanto en conocimientos como en competencias y las acciones concretas a realizar para alcanzarlos, conformando de este modo los pasos a seguir por todos los participantes del programa. Estos programas abastecen de personas formadas para ocupar nuevos puestos y asumir nuevas responsabilidades para otros programas organizacionales, por ejemplo, Carrera gerencial, Planes de sucesión o Diagramas de reemplazo.
Planes de carrera	Implica el diseño de un esquema teórico sobre cuál sería la carrera dentro de un área determinada para una persona que ingresa a ella, usualmente desde la posición inicial. Para ello se definen los requisitos para ir pasando de un nivel a otro, instancias que conformarán los pasos a seguir por todos los participantes del programa.

Planes de sucesión	Programa organizacional por el cual se reconocen puestos clave, luego se identifican posibles participantes del programa y se los evalúa para, a continuación, designar posibles sucesores de otras personas que ocupan los mencionados puestos clave, sin una fecha cierta de asunción de las nuevas funciones. Para asegurar la eficacia del programa se realiza un seguimiento de los participantes y se les provee asistencia y ayuda para la reducción de brechas entre el puesto actual y el que eventualmente ocuparán.
Pool de talentos	Ver *Programa de personas clave.*
Programas de desarrollo	Conjunto de programas relacionados con las personas que una organización lleva a cabo con el objetivo principal de formar a sus integrantes para luego, si la situación lo requiere, ofrecerles otra posición –usualmente, de un nivel superior–.
Programas de *mentoring*	Programa organizacional estructurado, de varios años de duración, mediante el cual un ejecutivo de mayor nivel y experiencia ayuda a otro en su crecimiento.
Programa de personas clave	Programa organizacional donde primero se elige –en base a ciertos parámetros definidos por cada organización– un grupo de personas a las cuales se considerará relevantes para la organización. Luego, a estas se les ofrecerán oportunidades de formación diferenciales.
Programa *Jefe entrenador*	Programa mediante el cual se desarrolla en todos los jefes la competencia *Entrenador.* De este modo, todos los jefes, en su contacto cotidiano con sus colaboradores, ayudan a estos en su crecimiento, tanto en competencias como en conocimientos.
Promoción	Conjunto de acciones, planeadas o no, mediante las cuales una persona es elevada a un nivel superior al que poseía.
Puesto	Lugar que una persona ocupa en una organización. Implica cumplir responsabilidades y tareas claramente definidas.

Puestos clave	Conjunto de puestos dentro de una organización que esta considera relevantes o importantes por algún factor claramente definido, usualmente en función de sus niveles de responsabilidad y decisión.
Reclutamiento	Es un conjunto de procedimientos para atraer e identificar a candidatos potencialmente calificados y capaces para ocupar el puesto ofrecido, a fin de seleccionar a alguno/s de ellos para que reciba/n el ofrecimiento de empleo.
Recursos Humanos	Disciplina que estudia todo lo atinente a la actuación de las personas en el marco de una organización.
Recursos Humanos, Área de	Dirección, gerencia o división responsable de todas las funciones organizacionales relacionadas con las personas.
Requisito	Característica o condición necesaria para desempeñar un determinado puesto con eficacia y que será tomada como un criterio para evaluar y luego seleccionar personas.
Restricción	Elemento a tomar en cuenta como una limitación, por el cual se deja fuera de un proceso de selección a ciertos candidatos o postulantes que presenten ese factor limitante. Ejemplos: salario, lugar de residencia (si esto fuese un elemento a tomar en cuenta), y aun otros que, si bien pueden ser considerados como discriminatorios, en algunas organizaciones o circunstancias específicas pueden ser tenidos en cuenta, como el sexo.
Retroalimentación	Acción por la cual se le comunica a otro sobre aquello que hace bien y aquello que debe mejorar.
Reunión de retroalimentación	Es uno de los pasos de la evaluación de desempeño, en el cual un jefe o superior le comunica al colaborador el resultado de dicha evaluación.
Rol del jefe	Concepto integrador de las diversas facetas de la actividad de todo jefe. Enfoca su papel dentro de la organización, agregando a sus funciones tradicionales las responsabilidades y tareas inherentes a esta condición, por ejemplo: seleccionar colaboradores, evaluar su desempeño y entrenarlos, sólo por nombrar algunas.

Selección	Es un conjunto de procedimientos para evaluar y medir las capacidades de los candidatos a fin de, luego, elegir en base a criterios preestablecidos (perfil de la búsqueda) a aquellos que presentan mayor posibilidad de adaptarse al puesto disponible, de acuerdo con las necesidades de la organización.
Talento	Conjunto de competencias y conocimientos.
Taller	Actividad de formación estructurada durante la cual se intercalan exposiciones teóricas con ejercitación práctica, siendo esta última la predominante.
Taller de codesarrollo	Actividad estructurada donde el participante realiza acciones concretas de manera conjunta con su instructor para el desarrollo de sus competencias y/o conocimientos. Un taller de codesarrollo consta de los siguientes pasos: 1) Presentar el tema. 2) Poner en juego la competencia o en práctica un conocimiento. 3) Reflexión y autoevaluación. 4) Plan de acción. El paso 5), Seguimiento, se realiza con posterioridad al taller de codesarrollo.
Valores	Aquellos principios que representan el sentir de la organización, sus objetivos y prioridades estratégicas.
Visión	La imagen del futuro deseado por la organización.

Encontrará más definiciones relacionadas en la obra *Diccionario de términos de Recursos Humanos.*

Cómo explicarle al número 1 de la organización por qué implantar Gestión por competencias

A continuación compartiré con usted cómo le explicaría al CEO o número 1 de la organización por qué es conveniente implementar Gestión por competencias, cuál puede ser su utilidad y los mayores beneficios que podría aportar.

Quizá la primera frase con la cual comenzaría sería afirmar que Gestión por competencias es una herramienta de gestión, que lo ayudará a dirigir y manejar mejor la organización que tiene a su cargo. Un CEO comprende mejor que nadie la necesidad de alcanzar la visión y la estrategia organizacionales, la dificultad que ello conlleva y la importancia de las personas, de todo nivel, para lograrlo.

Usualmente la visión y la estrategia las fijan o determinan un número muy reducido de personas, y deberán ser llevadas a cabo por todos los integrantes de la organización. No existen puestos que sí contribuyen a la estrategia y otros que no lo hacen. Las organizaciones –usualmente– no poseen puestos innecesarios dentro de su estructura; por lo tanto, todos, en mayor o menor medida, así como las personas que los ocupan, son necesarios y contribuyen a alcanzar la estrategia organizacional.

La *Dirección estratégica de recursos humanos por competencias* es un modelo de management, que tiene como objetivo alinear a las personas que integran la organización en pos de los objetivos organizacionales o empresariales e implica diseñar o, según corresponda, adaptar los distintos subsistemas de Recursos Humanos para relacionarlos con la estrategia empresarial u organizacional.

¿Para qué sirve implantar un modelo de Gestión por competencias?

Para alcanzar la estrategia

Toda organización posee una misión, visión y planes estratégicos. Unas organizaciones tendrán estos conceptos perfectamente definidos y expresados en documentos; otras no. Sin embargo, todas poseen una estrategia basada en una visión, más allá de que la hayan expresado por escrito o no.

La organización

ORGANIZACIÓN

MISIÓN   VISIÓN   VALORES   ESTRATEGIA

En el gráfico precedente puede apreciarse una organización basada en su misión, visión, valores y estrategia, con un cierto orden interno representado por el organigrama. Podríamos inferir –además– procesos y procedimientos que lo acompañan. Asimismo, integran la organización los colaboradores de todos los niveles, desde sus directivos hasta los demás estratos. Eventualmente, dueños que participen de la gestión.

El modelo de competencias servirá para alcanzar esa visión, para lograr los retos planteados por la estrategia organizacional. En el gráfico siguiente la misma organización utiliza un modelo de competencias para su gestión. De acuerdo con lo expuesto, el modelo de competencias incluiría todos los aspectos mencionados; por lo tanto, además de la misión, visión y estrategia, incluirá los valores organizacionales.

La Gestión por competencias agrega valor a la estrategia organizacional

ORGANIZACIÓN

MISIÓN   VISIÓN   VALORES   ESTRATEGIA

MODELO DE COMPETENCIAS

Cuando el modelo de competencias se define de este modo agrega valor a la estrategia. Si se prefiere no incluir los valores, estos deben ser tratados por separado, lo que implica definir un Modelo de valores. Es decir, si los valores no se incluyen como competencias, entonces deben ser operacionalizados. Esto implica incorporarlos a los subsistemas de Recursos Humanos, en especial, en los procesos de selección y evaluación del desempeño.

Si una organización ha definido su *balance scorecard,* el modelo de competencias deberá reflejar las definiciones allí vertidas en relación con los temas económicos y financieros, los clientes, los aspectos operativos y, desde ya, los asuntos relacionados con los recursos humanos.

Para lograr el cambio cultural

El modelo de competencias también será el vehículo para lograr el cambio cultural deseado, en la medida en que las competencias que lo conforman representen ese cambio que se desea alcanzar.

Como se desprende del gráfico siguiente, un modelo de competencias permite el cambio en todas sus direcciones.

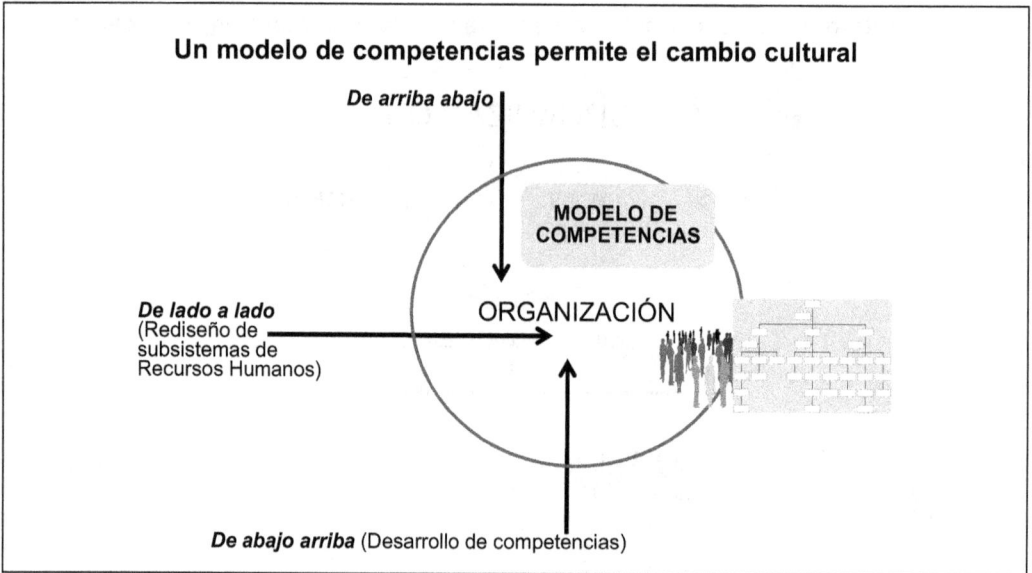

Un modelo de competencias permite el cambio cultural

De arriba abajo

MODELO DE COMPETENCIAS

ORGANIZACIÓN

De lado a lado
(Rediseño de subsistemas de Recursos Humanos)

De abajo arriba (Desarrollo de competencias)

En principio, de arriba abajo, al definirse desde la máxima conducción.

A su vez, permite el cambio de lado a lado, al modificar los subsistemas de Recursos Humanos; y, además, opera de abajo arriba, cuando se desarrollan las competencias de los colaboradores de todos los niveles.

La Metodología de Gestión por competencias de Martha Alles International

Los aspectos relevantes de la metodología son los siguientes:

- Se define a partir de la estrategia organizacional. Esto implica que se basa en la misión, visión, valores y estrategia de la empresa o institución.

- Representa las características que las personas que integran la organización deberán poseer para alcanzar la estrategia.

- Se puede implantar en pocos meses.

En el pasado tuvo auge una forma de definir el modelo que hoy –también– ha sido dejada de lado tanto en Estados Unidos como en Europa. En ella se definían las competencias a partir de las características de personalidad de algunos de los ejecutivos exitosos de la organización. Esta forma de trabajo tenía muchos aspectos negativos, desde su costo –sumamente elevado–, hasta el tiempo que demandaba –se requería más de un año para la investigación de las diferentes características mencionadas–. Pero estas dos no son las únicas contras de esta modalidad, y existen otras aun más graves –en mi opinión– que las relacionadas con los temas económicos, que desde ya son importantes. El modelo reflejaba el pasado, su esencia eran las características de los ejecutivos que habían construido la organización, trasladadas desde el pasado hasta el presente. Pero ¿esas capacidades serían las requeridas para alcanzar la visión, por ejemplo, desde el presente a los próximos cinco años? Quizá sí, quizá no. Y el riesgo del "quizá no"... ninguna organización debería asumirlo. Por lo tanto, los modelos se definen, y es lógico que así sea, a partir de determinar qué características son necesarias de *cara al futuro,* para alcanzar la visión.

La forma actual de trabajar en la definición de un modelo es a partir de una base, es decir, de una suerte de plataforma de lanzamiento, que es lo que esta *Trilogía* constituye. Esto permite que los costos de la puesta en marcha, junto con los plazos, se reduzcan notablemente. Esta reducción de tiempos y costos ha redundado en beneficio de todos, y en especial de las empresas medianas o pequeñas, que pueden implantar los métodos de trabajo más avanzados diseñados a "su medida" y por un costo razonable.

Es necesario tener en cuenta que para la definición del modelo de competencias es de primordial importancia la participación de la máxima conducción de la organización. La idea se expresa en el gráfico siguiente, donde se identifica como el primer paso la realización de talleres con la máxima conducción y con directivos de todas las áreas que componen la organización, para luego definir las competencias.

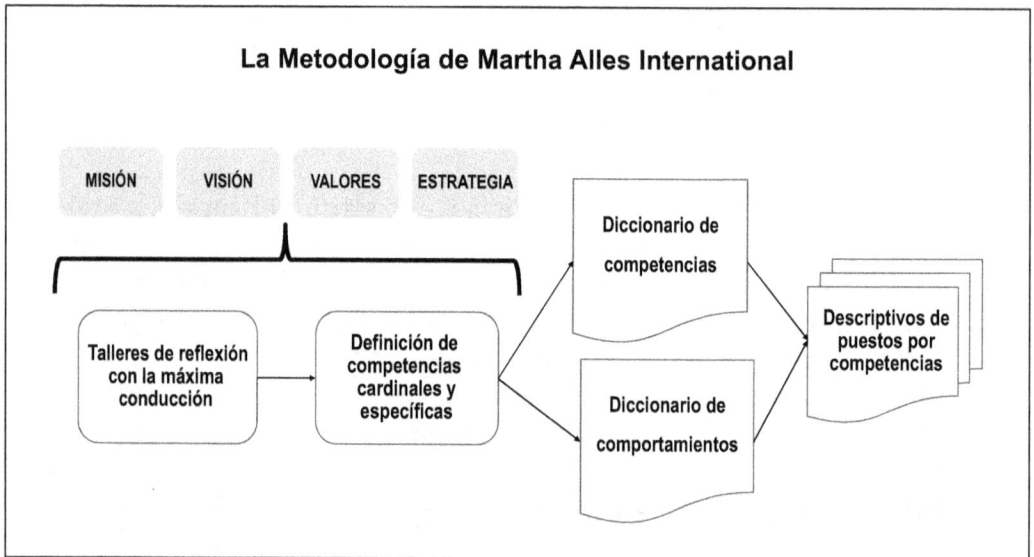

La Metodología de Martha Alles International

En nuestra firma hemos implantado modelos de competencias siguiendo esta metodología en:

- Empresas de más de 30.000 colaboradores, así como otras con sólo 20 (quizá alguna con un número menor aun).

- Desde grandes *holdings* empresarios, hasta empresas dirigidas por su dueño.

- Empresas de tipo doméstico (dentro de las fronteras de su propio país) y empresas regionales y transnacionales.

- Empresas industriales y comerciales con fines de lucro, así como dependencias de gobierno.

- Empresas de servicios diversos, estudios de consultoría, bancos, financieras, compañías de seguros, hoteles, empresas industriales, comerciales, distribuidoras de productos, etcétera.

- Empresas que implantan un modelo cuya base es corporativa, y que debe adaptarse a la cultura del país o región, según corresponda.

- Organizaciones de diverso tipo, como fuerzas armadas e instituciones religiosas, entre otras de características muy definidas.

Plazos de la puesta en marcha

La metodología expuesta sintéticamente en el gráfico siguiente asegura que los plazos para contar con todos los subsistemas funcionando –o al menos lo más esencial de cada uno de ellos– oscila entre 3 y 6 meses, dependiendo de la complejidad del negocio de cada organización.

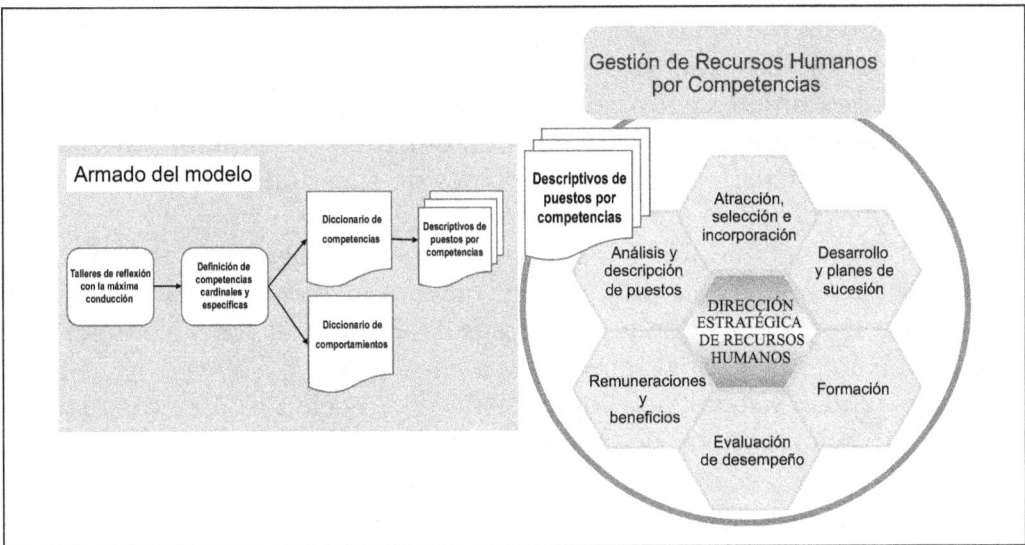

En relación con el gráfico precedente se desea señalar que existe una etapa inicial de armado del modelo para luego gestionar la organización, en su conjunto, por competencias.

Sobre la izquierda (armado del modelo) se pueden observar los mismos pasos ya explicados en párrafos anteriores. A continuación, pueden observarse los distintos subsistemas de Recursos Humanos, los cuales deben ser modificados para contemplar el modelo de competencias. El nexo entre el armado del modelo y la gestión de los recursos humanos por competencias lo constituyen los *Descriptivos de puestos*.

En resumen, en un plazo breve se logra trabajar en función del nuevo modelo de competencias, recordando que este se ha diseñado previamente para lograr alcanzar la estrategia organizacional. Esto implica que los nuevos colaboradores ingresarán en función del nuevo modelo y, al mismo tiempo, se comenzará con el desarrollo de las personas pertenecientes a la organización, para lo cual previamente habrá que medir brechas e implementar acciones para el desarrollo de personas.

Manejo sistémico

En las organizaciones es usual que se implementen programas diversos relacionados con las personas que las integran. Los más frecuentes son: 1) programas relacionados con la gestión en sí misma de Recursos Humanos: programas de calidad, cuadro de mando integral, gestión del conocimiento; 2) otros relacionados con formación: liderazgo, trabajo en equipo, etc.; 3) programas para el manejo de talentos: planes de sucesión, planes de carrera; 4) mediciones de diferente tipo: evaluaciones de 360° y otras.

Para asegurar que todos los programas que involucren a los colaboradores sean diseñados de modo tal que respeten la estrategia y la visión de la organización se debe lograr un manejo sistémico de los subsistemas de Recursos Humanos y programas relacionados.

Este manejo sistémico se logra desde la dirección de Recursos Humanos y la dirección general de la organización.

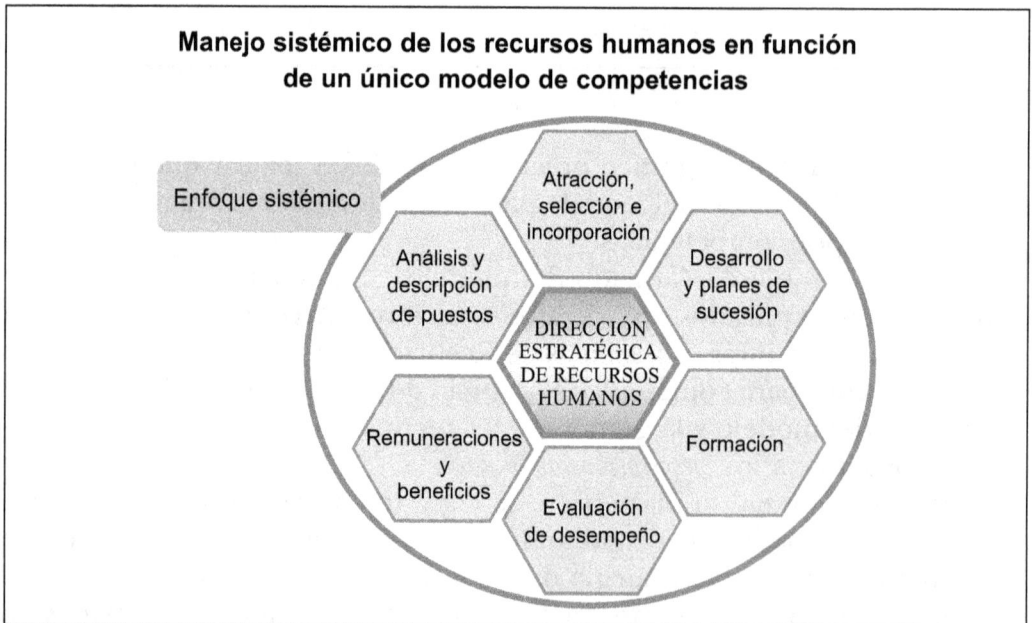

Manejo sistémico de los recursos humanos en función de un único modelo de competencias

Formación del cliente interno

Una organización está compuesta por personas que interactúan entre sí para llevar adelante su cometido. Por lo tanto, en cualquier procedimiento que los involucre, los "actores principales" son ellos, los directivos, jefes y colaboradores. Las personas que trabajan en Recursos Humanos diseñan e implementan los subsistemas del área, pero los que "los usan" son todas las personas que integran la organización, a las cuales denominamos *cliente interno,* ya que son "clientes internos en relación con el área de Recursos Humanos".

En consecuencia, una vez que se ha definido el modelo de competencias, es de vital importancia la formación del cliente interno.

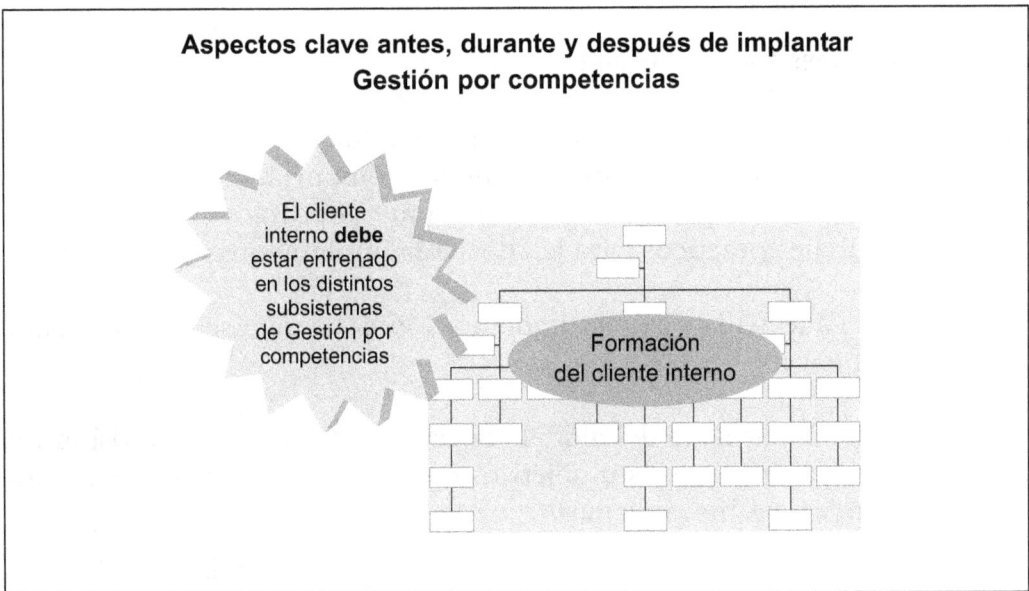

Aspectos clave antes, durante y después de implantar Gestión por competencias

El cliente interno **debe** estar entrenado en los distintos subsistemas de Gestión por competencias

Formación del cliente interno

El cliente interno debe recibir formación sobre cómo elegir un colaborador (Selección), cómo observar comportamientos y realizar la evaluación de sus colaboradores en materia de competencias (Desempeño) y, por último, apoyar a sus colaboradores en su crecimiento y guiarlos en sus carreras profesionales dentro de la organización (Desarrollo).

En síntesis

La Gestión por competencias es una herramienta para la dirección de una organización, y tiene las siguientes características:

- Aplica a organizaciones de todo tipo.

- No es sólo para grandes organizaciones, sino también para medianas y pequeñas.

- Presenta un solo requisito: *dirección comprometida*.

- Puede diseñarse según distintos estilos de gerenciamiento/liderazgo.

Las corporaciones transnacionales

Si su organización es una subsidiaria de una corporación transnacional, analice si las definiciones, en especial de los comportamientos, reflejan la cultura de su país o región y –algo sumamente importante– si cuenta con los herramentales prácticos para la adecuada implementación de la metodología.

Para una adecuada y exitosa implantación debe tenerse en cuenta que todo saldrá bien si:

- El diseño o armado del modelo se realiza en función de la visión y la estrategia de negocios u objetivos organizacionales, e implementando "todas" las herramientas.

- Se implementa a partir de la dirección general de la organización, con su participación e involucramiento.

- Se comunica adecuadamente a toda la organización, en tiempo y forma.

- Se capacita al cliente interno.

- Se desarrollan las competencias de los colaboradores.

- Se implementan programas específicos para jefes.

Los tres pilares luego de la puesta en marcha

Una vez que se armó el modelo, deben trabajarse y cuidarse –especialmente– tres aspectos.

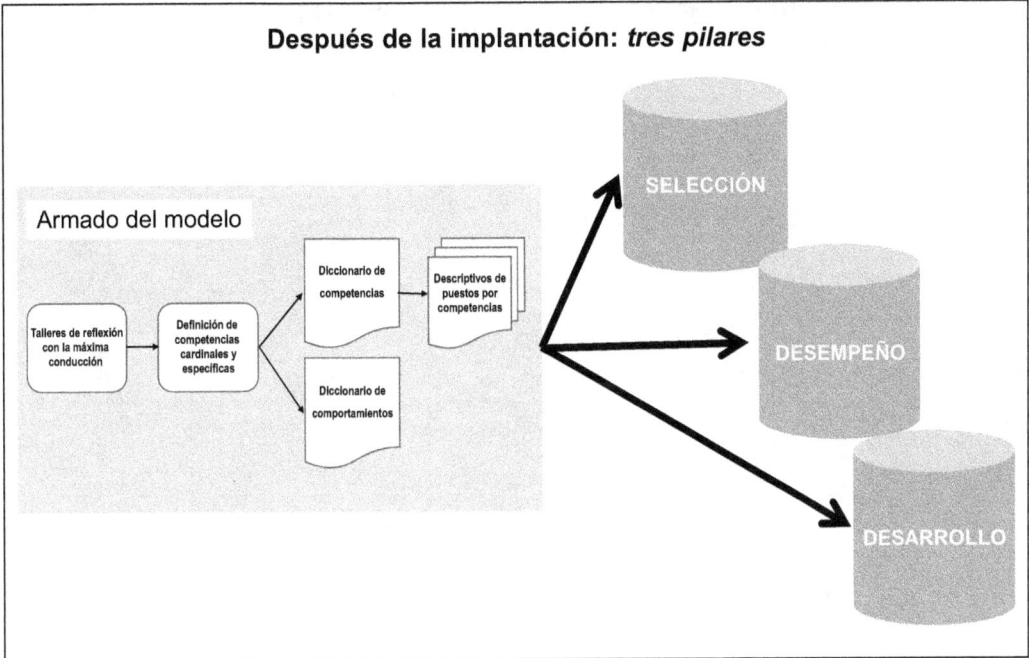

Después de la implantación: *tres pilares*

- *Selección*. De ese modo los nuevos colaboradores poseerán al ingreso las competencias requeridas por su puesto.

- *Desempeño*. Deben medirse las competencias junto con los objetivos y resultados obtenidos.

- *Desarrollo*. La necesidad de desarrollo es permanente y debe ser un tema de trabajo cotidiano por parte de la organización y de sus colaboradores a través del autodesarrollo.

Selección, Desempeño y Desarrollo no son los únicos aspectos a tener en cuenta en la implantación de Gestión por competencias, pero son lo básico. Una vez que los tres pilares funcionen adecuadamente en relación con el modelo, será el momento de pensar en otros temas, por ejemplo, programas internos para el desarrollo del talento organizacional, como planes de carrera y planes de sucesión, bajo un gran paraguas de temas que en nuestra firma denominamos *Mapa y ruta de talentos.*

Para mayor información sobre las herramientas prácticas, le sugerimos ver el Anexo III.

Si está interesado en recibir una presentación ideal para explicarle esta temática al número 1 de la organización, el Comité Ejecutivo y/o accionistas o dueños –material que hemos denominado *Gestión por competencias es una herramienta de gestión*–, puede bajarla libremente de nuestro sitio web en la sección descargas *(www.marthaalles.com)* o bien escribir a *presentacionceo@xcompetencias.com.*

La Trilogía: los tres diccionarios en Gestión por competencias. Su aplicación práctica

En la definición del modelo de competencias y para su posterior aplicación práctica se recomienda la elaboración de los siguientes tres diccionarios, que hemos denominado *Trilogía*.

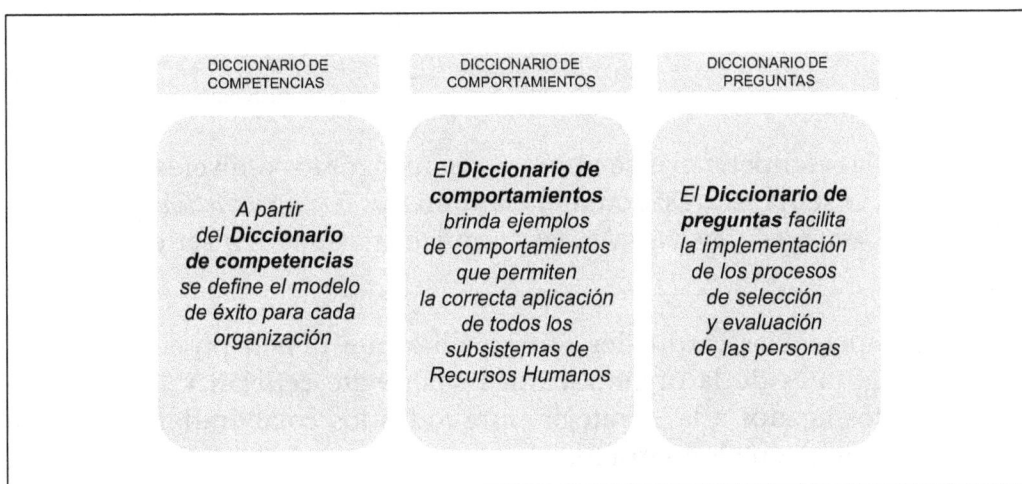

DICCIONARIO DE COMPETENCIAS	DICCIONARIO DE COMPORTAMIENTOS	DICCIONARIO DE PREGUNTAS
A partir del **Diccionario de competencias** se define el modelo de éxito para cada organización	El **Diccionario de comportamientos** brinda ejemplos de comportamientos que permiten la correcta aplicación de todos los subsistemas de Recursos Humanos	El **Diccionario de preguntas** facilita la implementación de los procesos de selección y evaluación de las personas

Como se desprende del gráfico precedente, cada uno de estos diccionarios cumple un propósito diferente y todos ellos se construyen para todas las competencias del modelo adoptado.

La organización define, en primera instancia, su *Diccionario de competencias* en base a su misión, visión, valores y planes estratégicos. La utilización de un diccionario estándar de competencias ayuda a acortar los tiempos de armado del modelo.

Las competencias son de diferente tipo. Como puede apreciarse en el gráfico siguiente, se pueden distinguir competencias cardinales, específicas gerenciales y específicas por área.

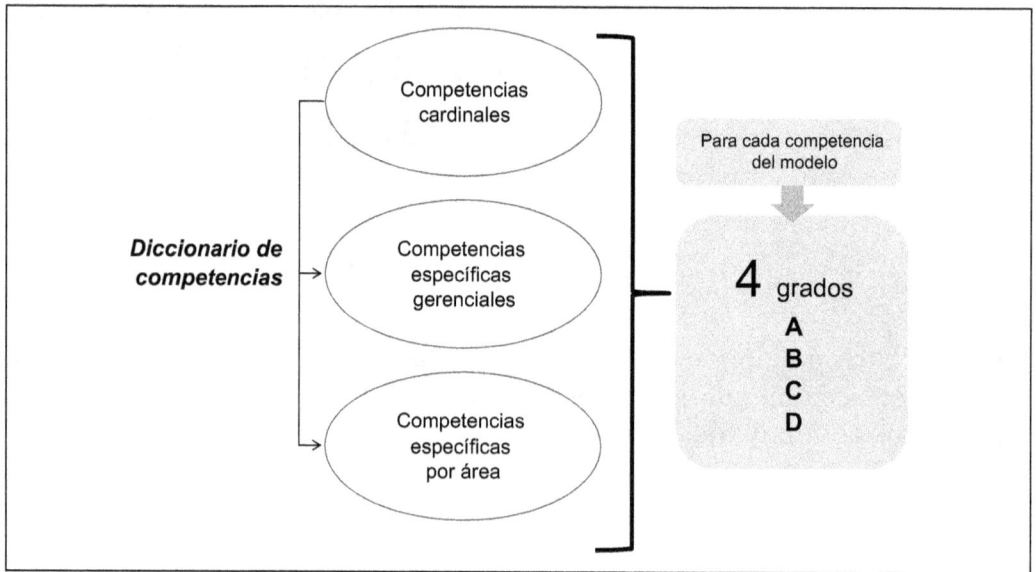

Todas las competencias se abren en cuatro grados o niveles.

Como ya se ha expresado en el capítulo *Las buenas prácticas en Recursos Humanos. Gestión por competencias,* las competencias pueden ser cardinales o específicas.

- Competencias cardinales son aquellas que deben poseer todos los integrantes de la organización. Usualmente reflejan valores o conceptos ligados a la estrategia, que todos los colaboradores deberán evidenciar en algún grado.

- Competencias específicas gerenciales. Aplicables a ciertos grupos de personas o colectivos, en este caso con relación a un rol, el de jefe o superior de colaboradores. En organizaciones con dotaciones numerosas los niveles gerenciales pueden segmentarse, a su vez, en dos categorías: altos ejecutivos y restantes niveles de conducción o dirección de personas.

- Competencias específicas por área, aplicables a ciertos grupos de personas o colectivos, en este caso, en función de las necesidades de los diferentes sectores en que se divide la organización. Por ejemplo: Ventas, Producción, Administración –sólo por mencionar tres–. La idea se expresa a continución.

Competencias específicas por áreas

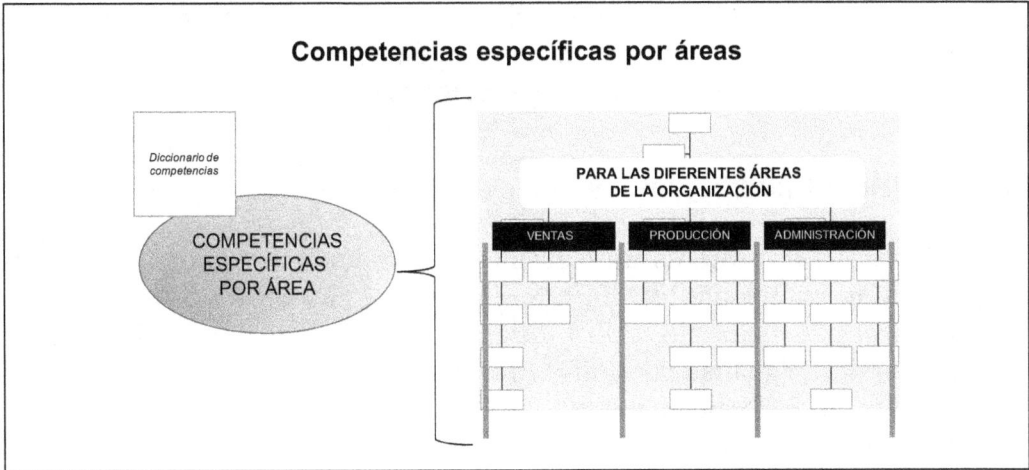

De ser necesario y según las prácticas organizacionales, se podrían definir competencias específicas *por procesos*. La idea se grafica a continuación.

Definición de competencias específicas por procesos

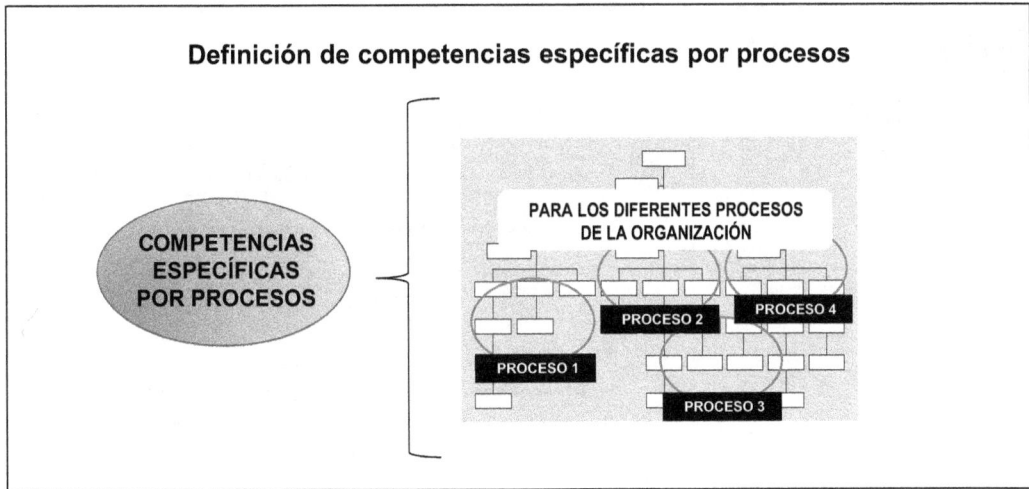

Por último, es muy importante destacar que los modelos se diseñan a medida de cada organización; así, una competencia que en una empresa es cardinal, en otra podrá ser específica de un área en particular, y viceversa. Por ello no pueden existir modelos estándar de competencias, sólo es posible escribir una obra donde se incluyan los conceptos más frecuentemente utilizados, pero la combinación estandarizada de los mismos, tal cual una fórmula matemática, no existe, sino que su elaboración dependerá de cada organización, de su estrategia, valores, cultura, etcétera.

Diccionario de competencias

A continuación se presenta un ejemplo de competencia, con su definición y apertura en cuatro grados. En este ejemplo, como en todos los casos, el Grado D (el más bajo) no indica ausencia de la competencia, sino que la misma está desarrollada en su nivel mínimo.

Es importante destacar, respecto de esto, que en muchas ocasiones este "nivel mínimo" es bastante alto y retador.

Fuente: *Diccionario de competencias. La Trilogía. Tomo 1.* Obra citada

Colaboración

Capacidad para brindar apoyo a los otros (pares, superiores y colaboradores), responder a sus necesidades y requerimientos, y solucionar sus problemas o dudas, aunque las mismas no hayan sido manifestadas expresamente. Implica actuar como facilitador para el logro de los objetivos, a fin de crear relaciones basadas en la confianza.

A
Capacidad para brindar apoyo y ayuda a los otros (pares, superiores y colaboradores), responder a sus necesidades y requerimientos, mediante iniciativas anticipadoras y espontáneas, a fin de facilitar la resolución de problemas o dudas, aunque las mismas no hayan sido manifestadas expresamente. Capacidad para apoyar decididamente a otras personas y para difundir formas de relación basadas en la confianza. Capacidad para promover el espíritu de colaboración en toda la organización y constituirse en un facilitador para el logro de los objetivos planteados. Capacidad para implementar mecanismos organizacionales tendientes a fomentar la cooperación interdepartamental como instrumento para la consecución de los objetivos comunes.

B
Capacidad para brindar ayuda y colaboración a las personas de su área y de otros sectores de la organización relacionados, mostrar interés por sus necesidades aunque las mismas no hayan sido manifestadas expresamente, y apoyarlos en el cumplimiento de sus objetivos. Capacidad para crear relaciones de confianza. Capacidad para utilizar los mecanismos organizacionales que promuevan la cooperación interdepartamental, y para proponer mejoras respecto de ellos.

C
Capacidad para apoyar y colaborar activamente con los integrantes de su propia área mediante una clara predisposición a ayudar a otros, incluso antes de que hayan manifestado expresamente la necesidad de colaboración. Capacidad para escuchar los requerimientos de los demás y para ayudarlos en el cumplimiento de sus objetivos, sin descuidar los propios.

D
Capacidad para cooperar y brindar soporte a las personas de su entorno cuando se lo solicitan, y tener en cuenta las necesidades de los demás.

Nota: El grado D indica que la competencia está desarrollada en un nivel mínimo.

En el *Diccionario de competencias* se definen las competencias como la "capacidad para…", tal como se podrá apreciar en los 60 ejemplos expuestos en la obra *Diccionario de competencias. La Trilogía. Tomo 1*.

El *Diccionario de competencias* de la organización será el documento que se utilizará para la asignación de competencias a puestos, de manera directa o por niveles de asignación.

Diccionario de comportamientos

La *Trilogía* incluye el *Diccionario de comportamientos,* donde por cada grado de cada competencia se presentan ejemplos de comportamientos o conductas que lo representan. Tiene como principal objetivo brindar ejemplos, ya que sería dificultoso describir todos los comportamientos posibles con relación a las distintas competencias y sus grados.

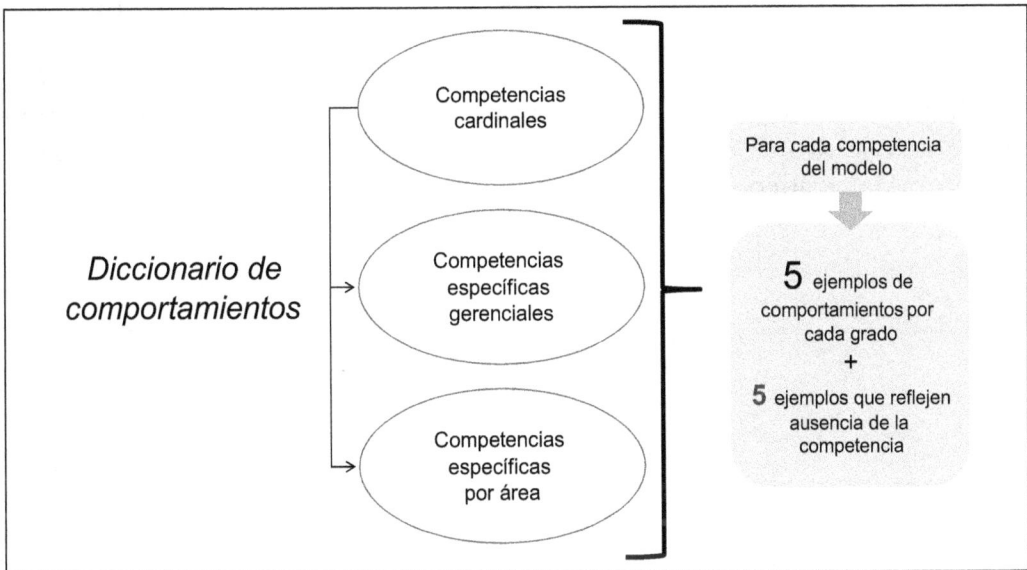

En una organización, el *Diccionario de comportamientos* se construye del mismo modo que se han preparado estos libros, es decir, definiendo y redactando los comportamientos y las preguntas en relación directa con el

Diccionario de competencias –en este caso, el específico de la organización en cuestión–.

A continuación se presenta un ejemplo de competencia y sus comportamientos relacionados. Los ejemplos por cada grado son cinco, a los que se suman otros cinco que reflejan la *ausencia* de la competencia. A estos últimos los hemos identificado como grado "No desarrollado", y son necesarios al momento de medir el nivel de desarrollo –o la ausencia– de la competencia respectiva. En resumen, por cada competencia el lector encontrará 25 comportamientos tal como surge del esquema siguiente:

- Grado A: 5 ejemplos de comportamientos que representan el grado.

- Grado B: 5 ejemplos de comportamientos que representan el grado.

- Grado C: 5 ejemplos de comportamientos que representan el grado.

- Grado D: 5 ejemplos de comportamientos que representan el grado.

- No desarrollado: 5 ejemplos de comportamientos que representan ausencia de la competencia.

Si usted no está familiarizado con la utilización de ejemplos de comportamientos dentro de un modelo de competencias le sugiero considerar la metáfora del gráfico siguiente.

Comportamientos como unidad de medida

Diccionario de comportamientos

Colaboración

Capacidad para brindar apoyo a los otros (pares, superiores y colaboradores), responder a sus necesidades y requerimientos y solucionar sus problemas o dudas, aunque las mismas no hayan sido manifestadas expresamente. Implica actuar como facilitador en el logro de los objetivos, a fin de crear relaciones basadas en la confianza.

Comportamientos orientados a contribuir al logro de los objetivos comunes dentro de los diferentes grupos	Los comportamientos se ubican en: Grado
• Brinda apoyo y ayuda a los demás, respondiendo a sus necesidades y requerimientos. • Facilita la resolución de problemas o dudas, mediante iniciativas anticipadoras y espontáneas. • Apoya decididamente a otras personas y difunde formas de relacionamiento basadas en la confianza. • Promueve el espíritu de colaboración en toda la organización, y logra constituirse en un facilitador para el logro de los objetivos. • Implementa mecanismos organizacionales tendientes a fomentar la cooperación interdepartamental como instrumento para el logro de los objetivos comunes.	G R A D O A
• Brinda ayuda y colaboración a las personas de su área y de otras relacionadas. • Muestra interés por las necesidades de sus colaboradores y los apoya en el cumplimiento de sus objetivos. • Crea relaciones de confianza. • Promueve activamente la cooperación en el interior de su área y con otras relacionadas. • Utiliza los mecanismos organizacionales que promueven la cooperación interdepartamental y propone mejoras a los mismos.	G R A D O B
• Apoya y colabora activamente con los integrantes de su propia área. • Posee buena predisposición para ayudar a otros. • Coopera activamente con los integrantes de su área en el cumplimiento de los objetivos comunes. • Es considerado una persona de confianza dentro de su sector de trabajo. • Escucha los requerimientos de los demás para ayudarlos en el cumplimiento de sus objetivos, sin descuidar los propios.	G R A D O C
• Coopera y brinda soporte a las personas de su entorno cuando se lo solicitan. • Tiene en cuenta las necesidades de los demás. • Mantiene una buena relación con sus compañeros y establece buenos vínculos. • Presta colaboración a su grupo de trabajo en temas de su especialidad. • Está atento y bien dispuesto ante los requerimientos de su grupo de trabajo.	G R A D O D Competencia en su grado mínimo
o Muestra escaso interés por las necesidades de otros sectores y mantiene una actitud poco colaborativa hacia ellos en el cumplimiento de sus objetivos. o Es individualista en su trabajo, no tiene en cuenta las necesidades de los demás. o Muestra poca inclinación para contribuir con otros si eso no es parte de sus responsabilidades. o Colabora con los integrantes de su equipo sólo si resulta estrictamente necesario. o No logra crear relaciones sólidas con las personas con las que interactúa, dado que no genera en ellas la suficiente confianza en su desempeño profesional y/o personal.	Competencia NO desarrollada

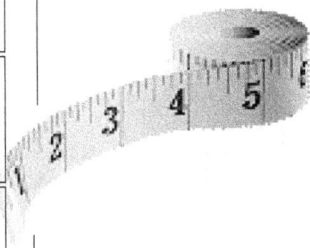

El *Diccionario de comportamientos* representa un patrón de comportamientos a alcanzar para lograr la estrategia organizacional o el cambio deseado, o ambos, según corresponda en cada caso. Para medir el desempeño de las personas, para medir competencias en particular, se utilizan ejemplos de comportamientos a modo de referencia o escala de medida.

Por esta razón, es necesario contar con ejemplos de todos los grados e, igualmente, los que permitan identificar la ausencia de la competencia.

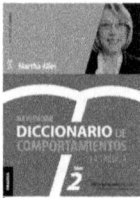

Fuente: *Diccionario de comportamientos. La Trilogía. Tomo 2.* Obra citada.

COLABORACIÓN: Capacidad para brindar apoyo a los otros (pares, superiores y colaboradores), responder a sus necesidades y requerimientos y solucionar sus problemas o dudas, aunque las mismas no hayan sido manifestadas expresamente. Implica actuar como facilitador en el logro de los objetivos, a fin de crear relaciones basadas en la confianza.

Comportamientos orientados a contribuir al logro de los objetivos comunes dentro de los diferentes grupos	Los comportamientos se ubican en: Grado

A
- Brinda apoyo y ayuda a los demás, respondiendo a sus necesidades y requerimientos.
- Facilita la resolución de problemas o dudas, mediante iniciativas anticipadoras y espontáneas.
- Apoya decididamente a otras personas y difunde formas de relacionamiento basadas en la confianza.
- Promueve el espíritu de colaboración en toda la organización, y logra constituirse en un facilitador para el logro de los objetivos.
- Implementa mecanismos organizacionales tendientes a fomentar la cooperación interdepartamental como instrumento para el logro de los objetivos comunes.

B
- Brinda ayuda y colaboración a las personas de su área y de otras relacionadas.
- Muestra interés por las necesidades de sus colaboradores y los apoya en el cumplimiento de sus objetivos.
- Crea relaciones de confianza.
- Promueve activamente la cooperación en el interior de su área y con otras relacionadas.
- Utiliza los mecanismos organizacionales que promueven la cooperación interdepartamental y propone mejoras a los mismos.

C
- Apoya y colabora activamente con los integrantes de su propia área.
- Posee buena predisposición para ayudar a otros.
- Coopera activamente con los integrantes de su área en el cumplimiento de los objetivos comunes.
- Es considerado una persona de confianza dentro de su sector de trabajo.
- Escucha los requerimientos de los demás para ayudarlos en el cumplimiento de sus objetivos, sin descuidar los propios.

D
- Coopera y brinda soporte a las personas de su entorno cuando se lo solicitan.
- Tiene en cuenta las necesidades de los demás.
- Mantiene una buena relación con sus compañeros y establece buenos vínculos.
- Presta colaboración a su grupo de trabajo en temas de su especialidad.
- Está atento y bien dispuesto ante los requerimientos de su grupo de trabajo.

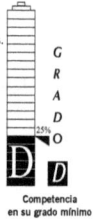

Competencia en su grado mínimo

no
- Muestra escaso interés por las necesidades de otros sectores y mantiene una actitud poco colaborativa hacia ellos en el cumplimiento de sus objetivos.
- Es individualista en su trabajo, no tiene en cuenta las necesidades de los demás.
- Muestra poca inclinación para contribuir con otros si eso no es parte de sus responsabilidades.
- Colabora con los integrantes de su equipo sólo si resulta estrictamente necesario.
- No logra crear relaciones sólidas con las personas con las que interactúa, dado que no logra generar en ellas la suficiente confianza en su desempeño profesional y/o personal.

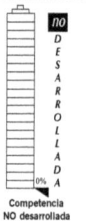

Competencia NO desarrollada

El *Diccionario de comportamientos* será el que utilizará el cliente interno en los distintos subsistemas de Recursos Humanos.

A continuación se mencionarán los principales subsistemas de Recursos Humanos y la utilización de los distintos diccionarios en cada uno de ellos.

Diccionario de preguntas

Para seleccionar personal se deben evaluar las competencias de los postulantes; con ese fin la metodología propone diferentes preguntas referidas a las competencias sobre las cuales se desea investigar. El *Diccionario de pregun-*

tas presenta cuatro preguntas por competencia, formuladas considerando los niveles de la posición (ejecutivos, intermedios, etc.).

A continuación se presenta un ejemplo de competencia y cuatro preguntas relacionadas. Las preguntas pueden ser adaptadas al lenguaje del entrevistador y a las circunstancias en las que se formulen.

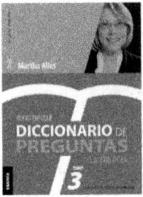

Fuente: *Diccionario de preguntas. La Trilogía. Tomo 3*. Obra citada.

Definición de la competencia	Preguntas sugeridas
COLABORACIÓN Capacidad para brindar apoyo a los otros (pares, superiores y colaboradores), responder a sus necesidades y requerimientos y solucionar sus problemas o dudas, aunque las mismas no hayan sido manifestadas expresamente. Implica actuar como facilitador en el logro de los objetivos, a fin de crear relaciones basadas en la confianza	1. Cuénteme sobre algún proyecto o asignación especial donde haya tenido que trabajar con personas de otro sector o área, asesores externos, etc. ¿Se logró la cooperación entre los distintos integrantes? ¿Cuál fue su rol? ¿Cómo calificaría la experiencia? ¿Cómo se sintió?
	2. ¿Cómo demuestra usted su apoyo a sus pares y/o colaboradores, y cómo logra desarrollar relaciones basadas en la confianza mutua? ¿De qué manera logró construir dicha relación? ¿Qué hizo para conseguirlo? Por favor, bríndeme ejemplos.
	3. Cuénteme una situación en la que un colaborador o compañero suyo haya recurrido a usted para solicitarle ayuda. ¿Puede comentarme cómo se comportó en dicha situación? ¿Cómo se sintió?
	4. ¿Con qué frecuencia interactúa con personas de otros sectores o áreas? Descríbame su relación con ellas. ¿Recuerda algún caso en que haya colaborado voluntariamente con otra área, a fin de lograr alcanzar un determinado objetivo, que si bien no estaba directamente vinculado con su sector, era de gran importancia para el conjunto de la organización? ¿Qué lo motivó a hacerlo?

Asignación de competencias a puestos

Se denomina "armado" o "arquitectura" a los primeros pasos o etapas de su construcción. El armado del modelo culmina con la asignación de competencias a puestos, para lo cual se utilizará el *Diccionario de competencias*.

Asignación de competencias a puestos

Diccionario de competencias

Diccionario de competencias

Colaboración

Capacidad para brindar apoyo a los otros (pares, superiores y colaboradores), responder a sus necesidades y requerimientos, y solucionar sus problemas o dudas, aunque las mismas no hayan sido manifestadas expresamente. Implica actuar como facilitador para el logro de los objetivos, a fin de crear relaciones basadas en la confianza.

A Capacidad para brindar apoyo y ayuda a los otros (pares, superiores y colaboradores), responder a sus necesidades y requerimientos, mediante iniciativas anticipadoras y espontáneas, a fin de facilitar la resolución de problemas o dudas, aunque las mismas no hayan sido manifestadas expresamente. Capacidad para apoyar decididamente a otras personas y para difundir formas de relación basadas en la confianza. Capacidad para promover el espíritu de colaboración en toda la organización y constituirse en un facilitador para el logro de los objetivos planteados. Capacidad para implementar mecanismos organizacionales tendientes a fomentar la cooperación interdepartamental como instrumento para la consecución de los objetivos comunes.

B Capacidad para brindar ayuda y colaboración a las personas de su área y de otros sectores de la organización relacionados, mostrar interés por sus necesidades aunque las mismas no hayan sido manifestadas expresamente, y apoyarlos en el cumplimiento de sus objetivos. Capacidad para crear relaciones de confianza. Capacidad para utilizar los mecanismos organizacionales que promuevan la cooperación interdepartamental, y para proponer mejoras respecto de ellos.

C Capacidad para apoyar y colaborar activamente con los integrantes de su propia área mediante una clara predisposición a ayudar a otros, incluso antes de que hayan manifestado expresamente la necesidad de colaboración. Capacidad para escuchar los requerimientos de los demás y para ayudarlos en el cumplimiento de sus objetivos, sin descuidar los propios.

D Capacidad para cooperar y brindar soporte a las personas de su entorno cuando se lo solicitan, y tener en cuenta las necesidades de los demás.

Nota: El grado D indica que la competencia está desarrollada en un nivel mínimo.

En grandes organizaciones: asignación de competencias por grupos de puestos o cargos

DESCRIPCIÓN DEL PUESTO

Datos básicos
Organigrama
Síntesis del puesto
Responsabilidades del puesto
Requisitos del puesto
COMPETENCIAS
Cardinales
Específicas

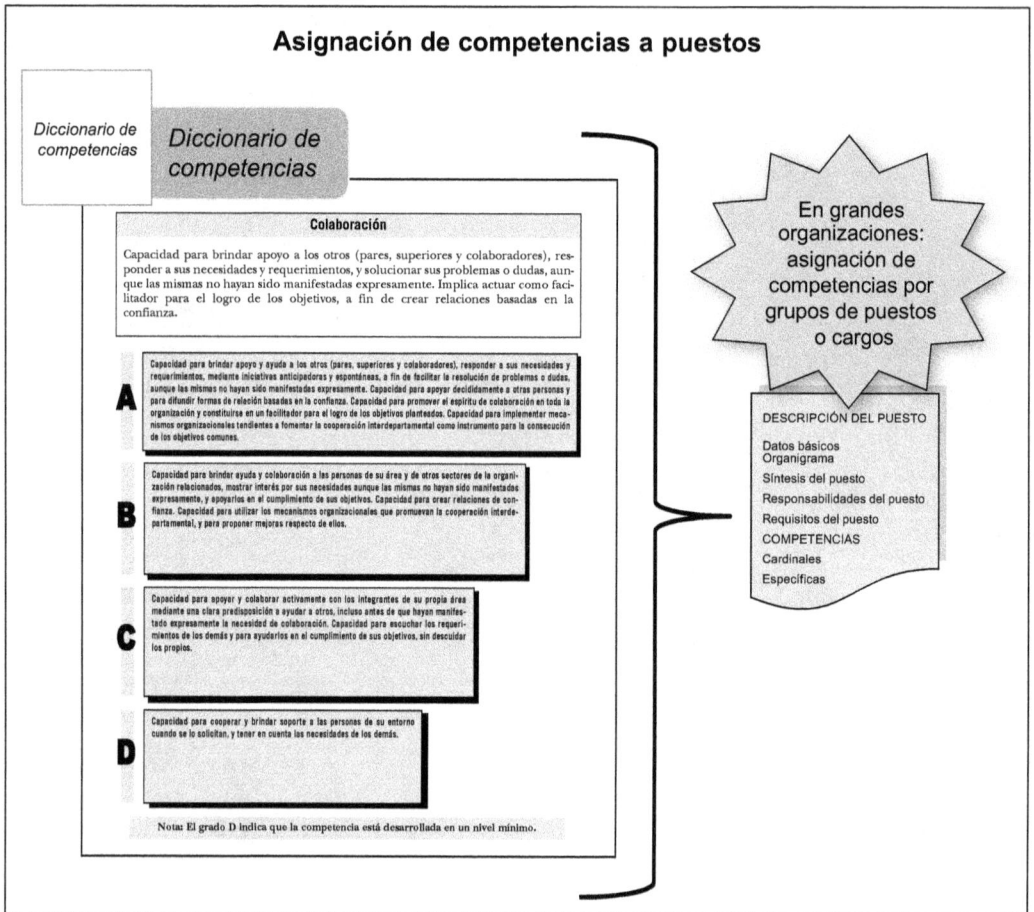

En grandes organizaciones la asignación de competencias se puede realizar por grupos de puestos o cargos.

La *Trilogía* y sus aplicaciones prácticas

Los tres diccionarios que conforman la *Trilogía* poseen una serie de aplicaciones muy variadas en los distintos subsistemas de Recursos Humanos. En esta sección sólo nos referiremos a las más habituales.

Una vez que se ha implantado un modelo, su aplicación se basará en tres pilares: Selección, Desempeño y Desarrollo.

Los diccionarios se utilizan en cada uno de ellos. A continuación se brinda una explicación resumida al respecto.

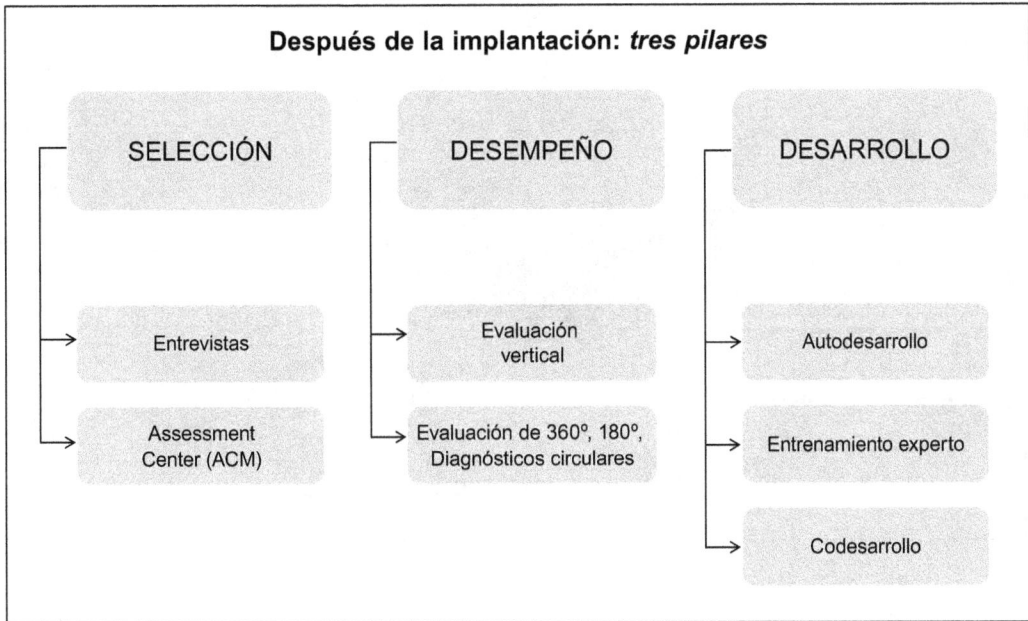

Después de la implantación: *tres pilares*

SELECCIÓN	DESEMPEÑO	DESARROLLO
Entrevistas	Evaluación vertical	Autodesarrollo
Assessment Center (ACM)	Evaluación de 360°, 180°, Diagnósticos circulares	Entrenamiento experto
		Codesarrollo

Selección por competencias

Se ha destinado una obra a este tema en particular; como se expresara más arriba, en esta sección sólo se dará una breve explicación del rol de los diccionarios en los distintos subsistemas.

En Selección el orden de utilización de los tres diccionarios de la *Trilogía* es el siguiente:

Como surge del gráfico precedente, primero la organización deberá contar con un *Diccionario de competencias.* En base a este se confeccionan los diccionarios de *comportamientos* y *preguntas.*

La entrevista por competencias

La entrevista es fundamental en un proceso de selección, se utilicen o no competencias. Cuando una organización ha diseñado un modelo de competencias, la entrevista explora acerca de estas utilizando, como ya se expresara, el *Diccionario de preguntas* y el *Diccionario de comportamientos.*

Por ejemplo, en una entrevista por competencias, primero se le formulan al entrevistado las preguntas relacionadas con cada competencia a evaluar, utilizando para ello el *Diccionario de preguntas,* teniendo en cuenta el nivel del entrevistado. A partir del relato obtenido como respuesta a las preguntas es posible "observar comportamientos". Luego estos se comparan con los ejemplos definidos en el *Diccionario de comportamientos* y se establece la relación entre unos y otros para identificar el grado correspondiente.

Las entrevistas pueden ser de diferente tipo. La más utilizada es la denominada *entrevista por competencias*. Existe otra, más profunda, que se denomina BEI (por la sigla *behavioral event interview,* o entrevista por incidentes críticos). En cualquiera de los dos casos, la utilización de los diccionarios es semejante, y se ilustra en el gráfico siguiente.

Selección. La entrevista.
Relacionar preguntas con comportamientos

Comportamientos observados

Preguntas por competencias

Definición de la competencia	Preguntas sugeridas
	1. Cuénteme sobre algún proyecto o asignación especial donde haya tenido que trabajar con personas de otro sector o área, asesores externos, etc. ¿Se logró la cooperación entre los distintos integrantes? ¿Cuál fue su rol? ¿Cómo calificaría la experiencia? ¿Cómo se sintió?
COLABORACIÓN	2. ¿Cómo demuestra usted su apoyo a sus pares y/o colaboradores, y cómo
Capacidad para brindar apoyo a lc otros (pares, superiores y colaboradores), responder a sus necesidades requerimientos y solucionar sus problemas o dudas, aunque las misma no hayan sido manifestadas expresamente. Implica actuar como facilitador en el logro de los objetivos, a fin de crear relaciones basadas en la confianza	le ayuda. ¿Y debe comentarle como se comportó en dicha situación? ¿Cómo se sintió?
	4. ¿Con qué frecuencia interactúa con personas de otros sectores o áreas? Descríbame su relación con ellas. ¿Recuerda algún caso en que haya colaborado voluntariamente con otra área, a fin de lograr alcanzar un determinado objetivo, que si bien no estaba directamente vinculado con su sector, era de gran importancia para el conjunto de la organización? ¿Qué lo motivó a hacerlo?

Diccionario de preguntas

El entrevistado, como respuesta a las preguntas, relata comportamientos

Se formulan preguntas según las definiciones de las competencias.

El análisis del resultado obtenido, en cualquiera de los dos tipos de entrevista mencionados, se explica en el gráfico que sigue.

Selección. Cómo analizar las respuestas

Perfil por competencias	Preguntas por competencias	Comportamientos observados

Diccionario de competencias

Diccionario de comportamientos

Las respuestas obtenidas se correlacionan con los grados.

Se formulan preguntas según las definiciones de cada competencia. Para ello se utiliza el Diccionario de preguntas.

En la obra *Diccionario de preguntas* el lector encontrará cuatro ejemplos de preguntas por cada competencia. Nuestra sugerencia es respetar el estilo y, a partir de ellas, preparar las propias, adaptadas a sus propias circunstancias. Los diccionarios de preguntas se preparan a medida del modelo de cada organización.

Asimismo, las preguntas pueden ser diseñadas para medir valores. El esquema sugerido para ello es similar al descrito para la evaluación de competencias.

Se suministra más información sobre herramientas prácticas en el Anexo III.

Mediciones específicas de competencias

Las organizaciones necesitan medir competencias en diferentes momentos y por distintos motivos. Las dos herramientas más utilizadas son las *Fichas de evaluación* (ver Anexo III sobre herramientas) y los *Assessment* –término de uso generalizado que designa al método denominado *Assessment Center Method* (ACM)–.

Assessment Center Method (ACM)

Para ser eficaz, la técnica de medición de competencias conocida como *Assessment Center Method* debe ser diseñada a medida de cada organización. Los casos comprendidos deben:

1. Ser situacionales –es decir, en relación con la tarea actual o futura del evaluado–.

2. Estar relacionados con el modelo de competencias –es decir, tomando en cuenta las competencias del modelo de la organización– y ser diseñados específicamente para medir en particular los comportamientos referidos a ellas.

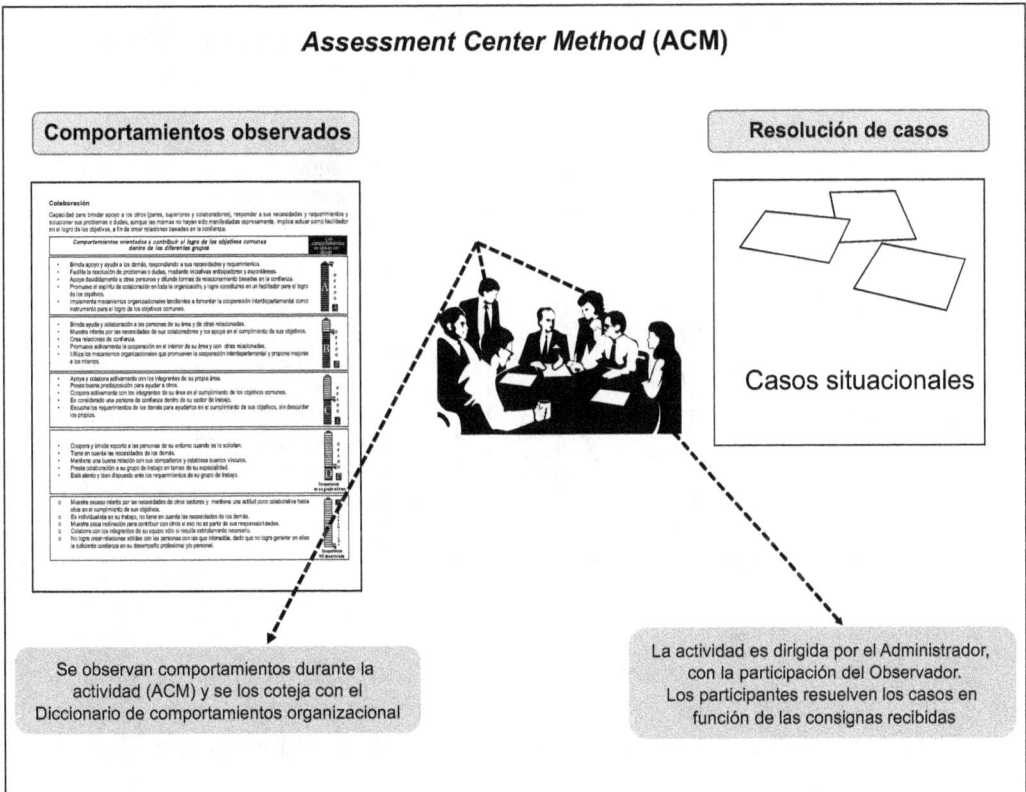

Assessment Center Method (ACM)

Como se puede apreciar en el gráfico precedente, los casos se relacionan con el *Diccionario de comportamientos.* Durante un *assessment* se observan los comportamientos de los evaluados, que luego son cotejados con los ejemplos que ofrece el mencionado diccionario.

La técnica de *assessment* es muy conocida por su utilización en procesos de selección. Sin embargo, se aplica en muchas otras situaciones, siendo una herramienta muy valiosa. Se sugiere analizar el siguiente gráfico explicativo de las diferentes opciones posibles –al menos, las más frecuentes–.

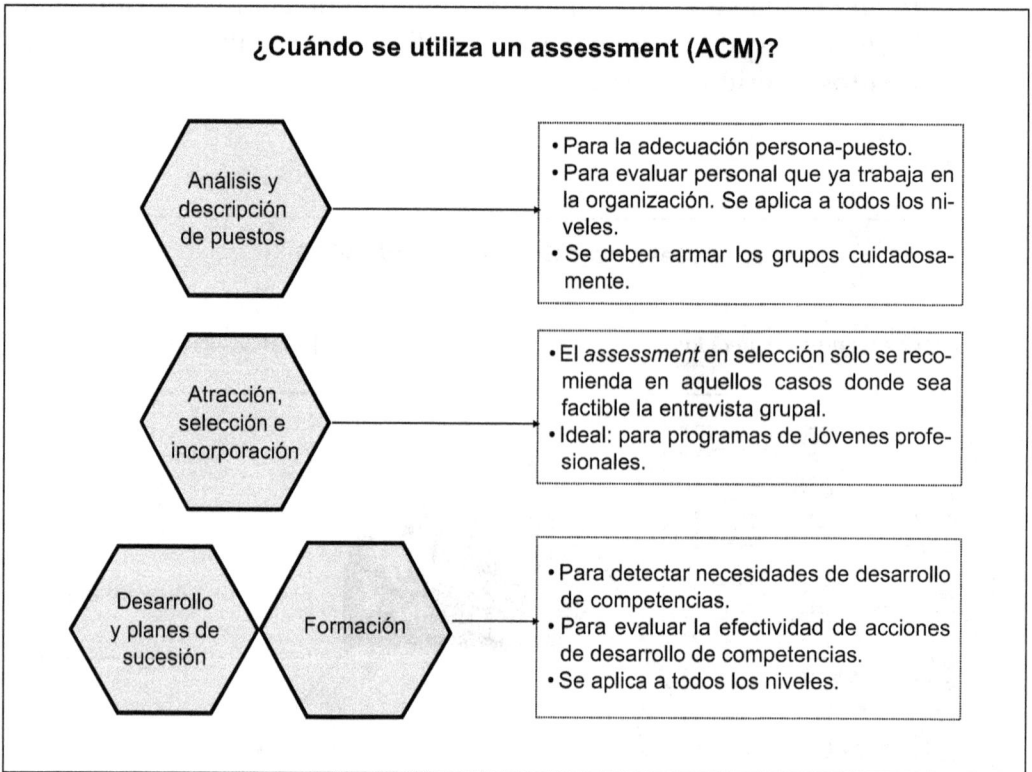

¿Cuándo se utiliza un assessment (ACM)?

Análisis y descripción de puestos

- Para la adecuación persona-puesto.
- Para evaluar personal que ya trabaja en la organización. Se aplica a todos los niveles.
- Se deben armar los grupos cuidadosamente.

Atracción, selección e incorporación

- El *assessment* en selección sólo se recomienda en aquellos casos donde sea factible la entrevista grupal.
- Ideal: para programas de Jóvenes profesionales.

Desarrollo y planes de sucesión — **Formación**

- Para detectar necesidades de desarrollo de competencias.
- Para evaluar la efectividad de acciones de desarrollo de competencias.
- Se aplica a todos los niveles.

Como se desprende del gráfico siguiente, la sugerencia es que las pruebas situacionales sean diseñadas a medida de cada organización. Esto implica que se trate de un caso relacionado con su actividad y contemplando sus propias competencias.

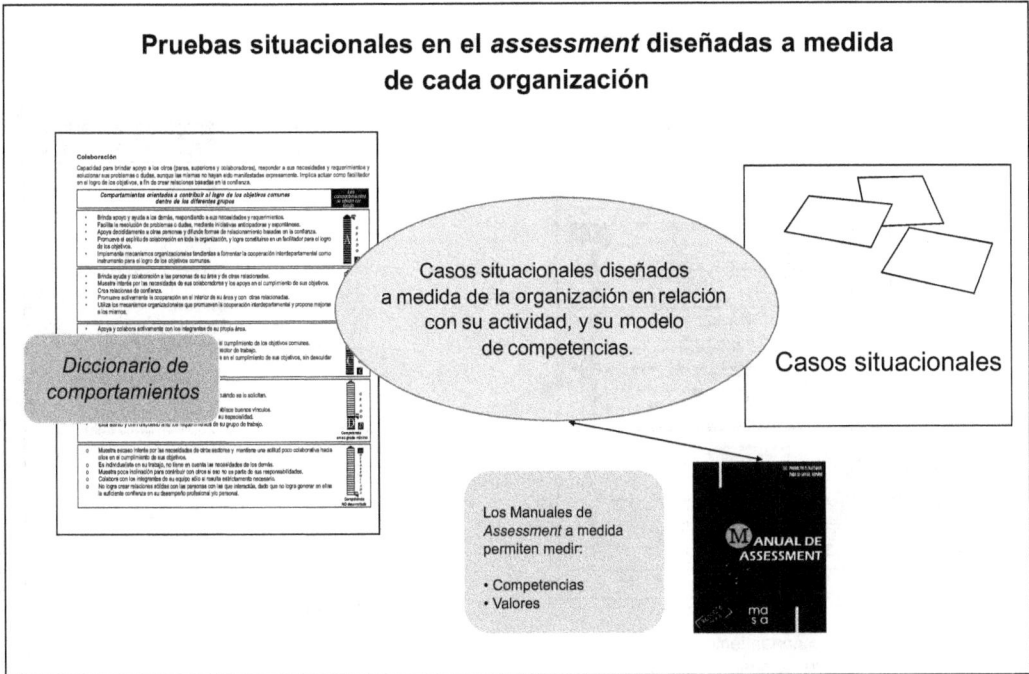

Pruebas situacionales en el *assessment* diseñadas a medida de cada organización

Si bien esta obra está destinada especialmente a la temática de competencias, es importante destacar que un *assessment* diseñado a medida puede ser utilizado también para medir valores, si es que estos han sido considerados en la elaboración de la herramienta. En cualquiera de los casos mencionados, los resultados obtenidos durante el *assessment* se analizan del siguiente modo:

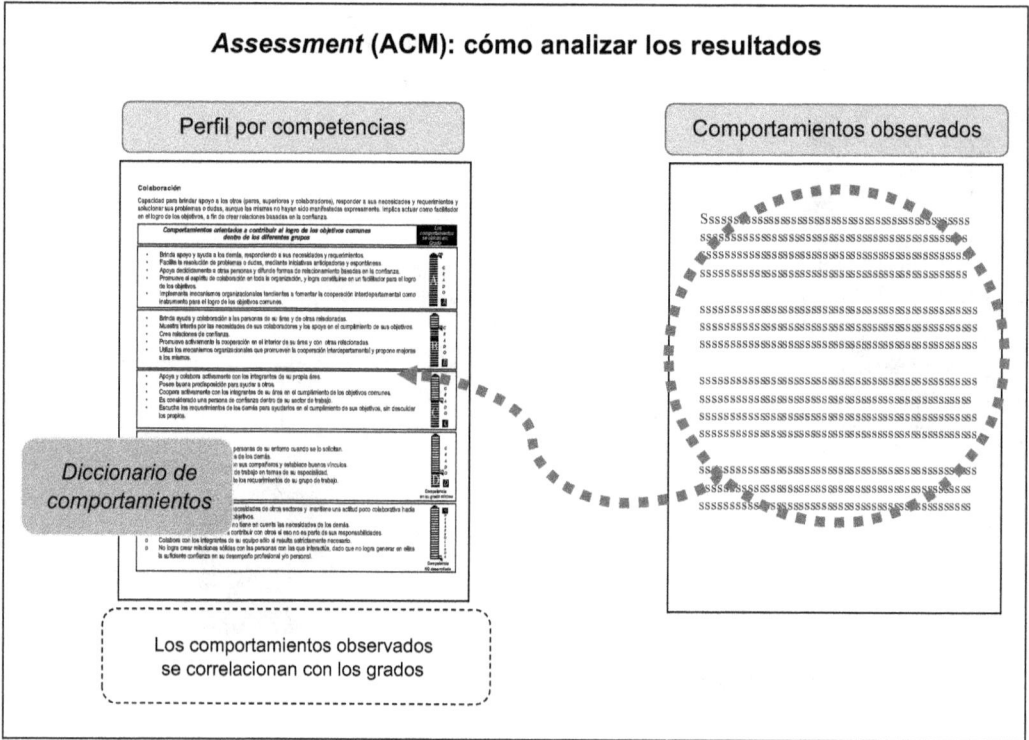

Assessment (ACM): cómo analizar los resultados

Los comportamientos observados se correlacionan con los grados

Desempeño por competencias

En la serie de libros de Recursos Humanos el lector podrá encontrar uno específicamente relacionado con la temática, por lo tanto, aquí sólo se dará una breve descripción sobre los diccionarios relacionados. Sugerimos además la lectura del Anexo III sobre herramientas.

Para medir el desempeño por competencias pueden utilizarse diversas herramientas:

- Evaluación vertical.
- Evaluación de 360°.
- Evaluación de 180°.

- Diagnósticos circulares.

- Fichas de evaluación, aplicables a mediciones específicas o como apoyo a las cuatro anteriores.

La evaluación de desempeño

En la evaluación de desempeño vertical, usualmente, se combinan objetivos y competencias. Para estas últimas se deben observar comportamientos, dentro del período o ejercicio en evaluación, según puede verse en el siguiente gráfico.

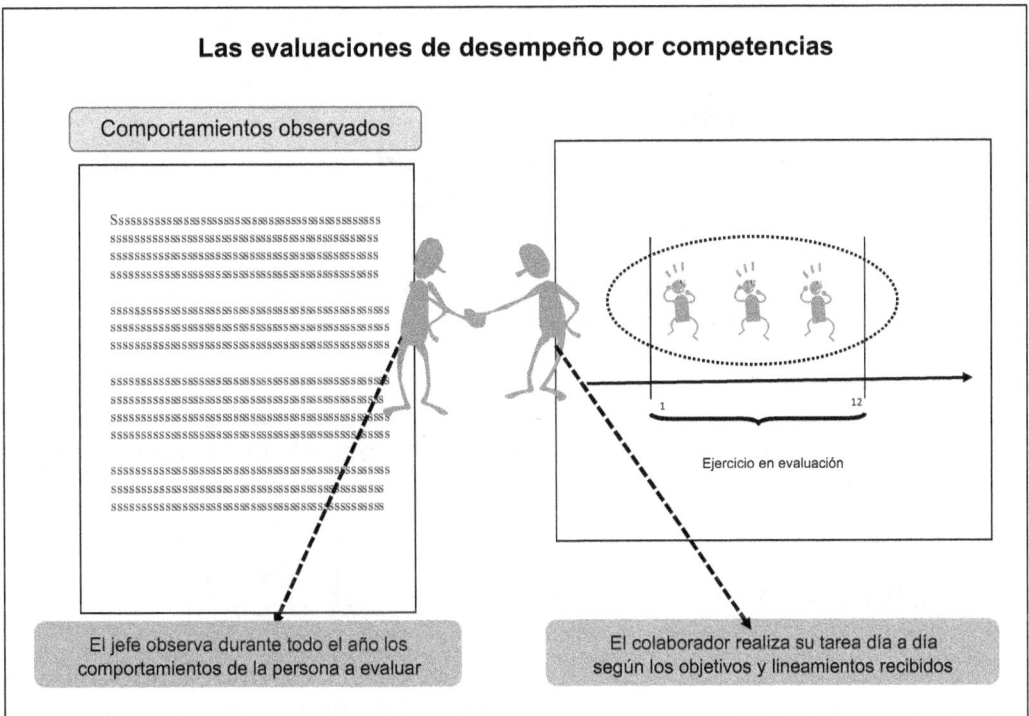

Las evaluaciones de desempeño por competencias

Comportamientos observados

Ejercicio en evaluación

El jefe observa durante todo el año los comportamientos de la persona a evaluar

El colaborador realiza su tarea día a día según los objetivos y lineamientos recibidos

El análisis de las competencias se realiza del siguiente modo.

Evaluaciones de desempeño: cómo analizar el desempeño de un colaborador

Perfil por competencias

Comportamientos observados

Diccionario de comportamientos

Los comportamientos observados se correlacionan con los grados

Los comportamientos observados se relacionan con las competencias asignadas al puesto de trabajo.

Otras evaluaciones para medir competencias

Las evaluaciones de 360° (así como las de 180°) evalúan competencias con vistas a su desarrollo. En una evaluación de 360° una serie de evaluadores observan el desempeño de una persona. Del mismo modo sucede en la evaluación de 180° y en los diagnósticos circulares.

Evaluación de 360° por competencias

360°

1 Auto-evaluación	**2** Jefe	
3 Par	**4** Par	Evaluado **5** Par
6 Colaborador	**7** Colaborador	**8** Colaborador

Los distintos evaluadores, incluyendo a él mismo (autoevaluación), observan comportamientos en el período a evaluar

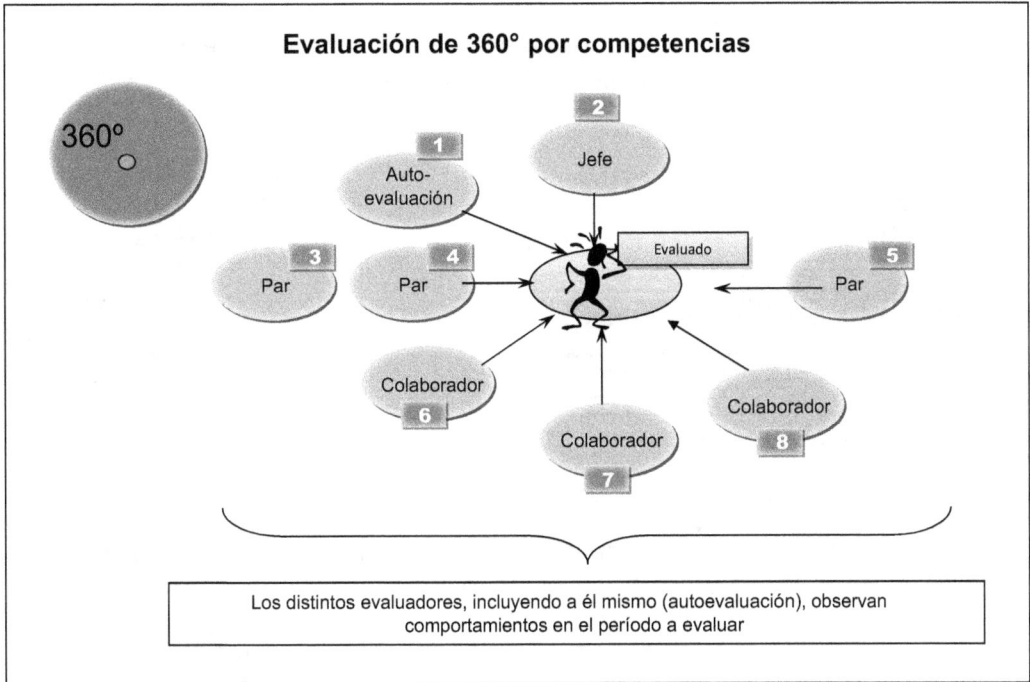

En las diferentes evaluaciones mencionadas se observan comportamientos y estos se relacionan con los descritos en el *Diccionario de comportamientos* (ver gráfico en la página siguiente).

Es importante señalar que si la evaluación de 360° no se diseña sobre la base del *Diccionario de comportamientos* de la empresa en cuestión, no estará midiendo a los ejecutivos u otros funcionarios en base al modelo de la organización y, desde ya, no medirá su desempeño en relación con aquello definido como necesario para alcanzar la estrategia organizacional.

Evaluaciones de 360°: cómo analizar los comportamientos de la persona evaluada

Perfil por competencias

Comportamientos observados

360°

Diccionario de comportamientos

Los comportamientos observados se correlacionan con los grados

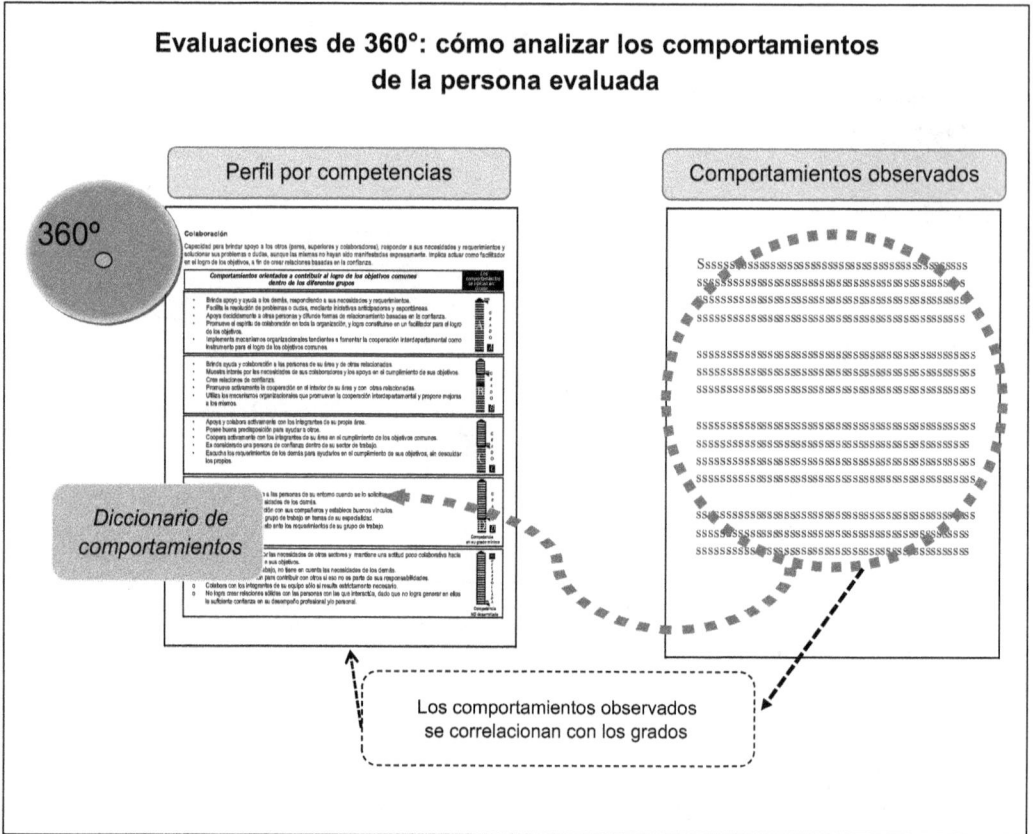

Desarrollo de personas

Los diccionarios, en especial el de comportamientos, pueden ser aplicados en otras actividades relacionadas con las personas.

Formación en competencias

En el momento de implantar el modelo es necesario difundirlo o darlo a conocer y, además, enseñar de qué manera debe utilizarse. La información de esta sección será de utilidad para explicar el mejor uso de los distintos herramentales necesarios para poner en marcha el modelo de competencias.

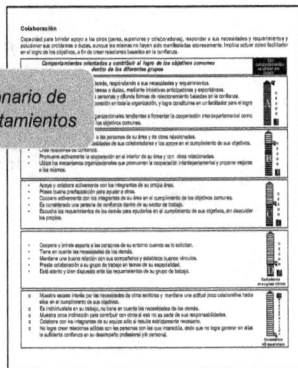

Formación en competencias

Diccionario de comportamientos

Libro organizacional con el modelo de competencias

Talleres de difusión del modelo

Talleres sobre cómo observar comportamientos

E-learning

Desarrollo de competencias

Una vez que se han medido las competencias de los distintos integrantes de la organización, se habrán determinado brechas entre el nivel de competencias de cada colaborador y lo requerido por su puesto de trabajo. A partir de allí se deberán realizar acciones de desarrollo de competencias. Los distintos métodos se muestran en el gráfico siguiente, y en los libros de la serie Recursos Humanos podrá encontrar varios textos destinados a este tema en particular.

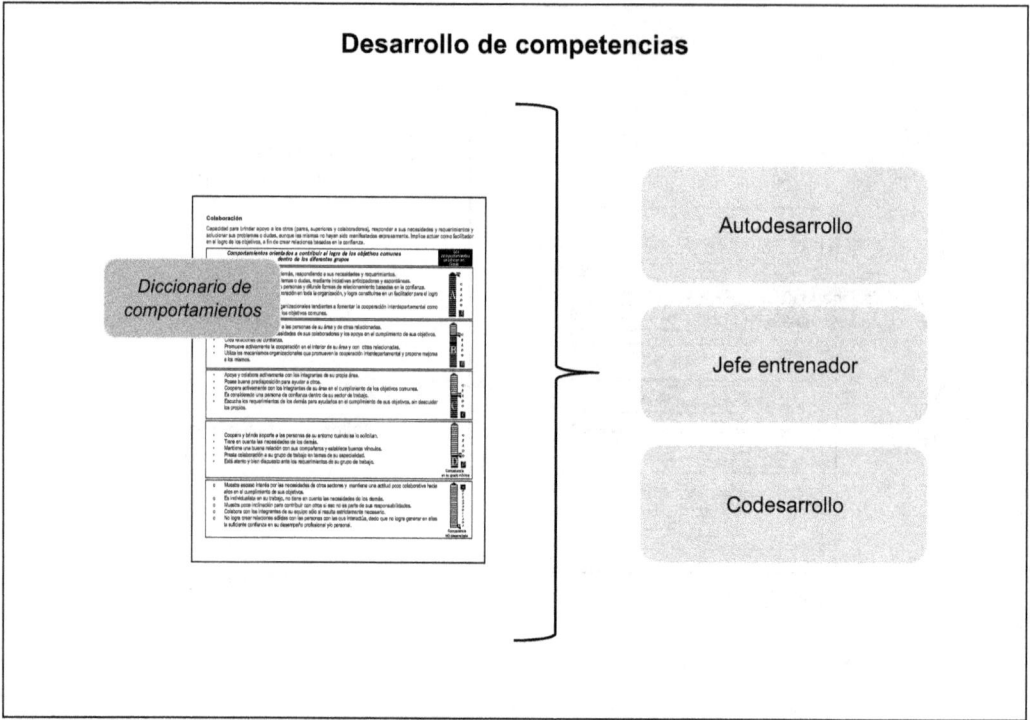

Mapa y ruta de talentos

En función de las capacidades de las personas, es decir, a partir de un *mapa de talentos,* es posible diseñar *rutas internas* para el crecimiento de ese talento dentro de la organización, contemplando desde las capacidades de las personas hasta sus proyectos personales. Los diferentes programas organizacionales, tratados en la obra *Construyendo talento,* se muestran en el gráfico siguiente.

Mapa y ruta de talentos

Si bien esta obra está referida a competencias, es importante destacar que para los diferentes programas organizacionales incluidos dentro de *Mapa y ruta de talentos* se consideran:

- Conocimientos.
- Competencias.
- Experiencia.

Para mayor detalle sobre los diferentes aspectos relacionados con el desarrollo de personas, se sugiere leer el Anexo III de esta misma obra.

PARA TODOS LOS LECTORES

Disponible en formato digital un Anexo donde se ha realizado un análisis detallado de libros y subsistemas que complementa las temáticas abordadas en esta obra.

PARA PROFESORES

La *Trilogía* está compuesta por tres obras relacionadas entre sí:

❖ *Diccionario de competencias*
❖ *Diccionario de comportamientos*
❖ *Diccionario de preguntas*

Para una mejor explicación de la aplicación práctica de la *Trilogía* hemos preparado:

→ Casos prácticos y/o ejercicios para una mejor comprensión de los temas tratados.
→ Material de apoyo para el dictado de clases.

Los profesores que hayan adoptado esta obra para sus cursos, tanto de grado como de posgrado, pueden solicitar de manera gratuita las obras:

• *Trilogía. CASOS PRÁCTICOS*
• *Trilogía. CLASES*

Únicamente disponibles en formato digital en *www.marthaalles.com*

Diccionario de competencias. Cómo utilizarlo

Si el lector desea utilizar esta obra como libro de estudio, para dictar clases y comprender mejor la temática de competencias, no será necesario hacerle cambio alguno a las definiciones de las competencias y sus grados y podrá continuar leyendo esta sección para comprender más acabadamente cómo se utiliza un *diccionario de competencias*.

Si, en contraste con lo expuesto en el párrafo anterior, se desea utilizar esta obra como base para diseñar un modelo de competencias, primero debo decirle que me parece una magnífica idea, sólo que antes le ruego que tenga en cuenta las siguientes cuestiones:

- Esta obra se ha preparado con un doble propósito: presentar nuevos conceptos sumamente requeridos en este momento y, además, ofrecer una selección de las competencias más utilizadas.

- Las competencias se presentan en tres grupos:

  1. Competencias cardinales

  2. Competencias específicas gerenciales

  3. Competencias específicas por área

  Los conceptos pueden intercambiarse. Por ejemplo, la competencia cardinal *Ética y sencillez* podría ser considerada como específica por área y la competencia específica por área *Desarrollo de personas* podría ser considerada como cardinal. La presente obra es un libro y debe ser tomado como tal.

- Como se expresa en la sección *Las buenas prácticas en Recursos Humanos. Gestión por competencias,* un modelo de competencias siempre debe ser definido en función de la estrategia organizacional, por lo que esta obra puede ser la base sobre la cual construir el diccionario organizacional, pero este no puede ser una copia de la obra.

- Para la realización de talleres y demás instancias sugeridas es de suma relevancia el rol del consultor y su experiencia. Habrá que sugerir los caminos más adecuados a tomar, y no siempre el gerente interno podrá hacerlo.

- Por último, será en vano diseñar un modelo de competencias sin la participación, el involucramiento y, finalmente, la aprobación de la máxima dirección de la organización –bajo el nombre de CEO, Director General, Comité de Dirección, Junta Directiva o cualquier denominación y forma que la máxima conducción asuma en su país o región, e incluso en su organización específicamente–.

Cómo utilizar el *Diccionario de competencias* paso a paso

Explicaremos cómo se define un modelo de manera secuencial y el rol que le cabe al *Diccionario de competencias* en cada uno de los pasos.

Definición de competencias cardinales y su aprobación

Una organización que desee implementar un esquema de Gestión de Recursos Humanos por Competencias puede, sobre la base de esta obra y en función de su propia estrategia, valores, cultura, etc., comenzar a trabajar.

¿Cómo hacerlo? Pasos a seguir

- Reunir a la máxima conducción de la organización en talleres de discusión con el propósito de definir las competencias necesarias en función de la estrategia organizacional.

- Tomar como base esta obra, *Diccionario de competencias. La Trilogía. Tomo 1*.

- El rol del consultor es de suma importancia por varias razones. Entre las más relevantes puedo mencionar, primero, la posibilidad de contar con su experiencia en la puesta en práctica de modelos en otras organizaciones y, segundo, la participación del consultor le permite al director de Recursos Humanos de la organización participar de talleres junto con colegas y directores de otras áreas, respecto de la temática. Esta circunstancia, de suma importancia, le posibilita al director del área ejercer su rol estratégico[1].

- Analizar los antecedentes conjuntamente con el área de Recursos Humanos.

- Quizá la compañía no ha definido sus valores o quiera revisarlos; esta es una oportunidad de hacerlo, previamente a definir las competencias.

- Confeccionar el primer borrador de competencias cardinales.

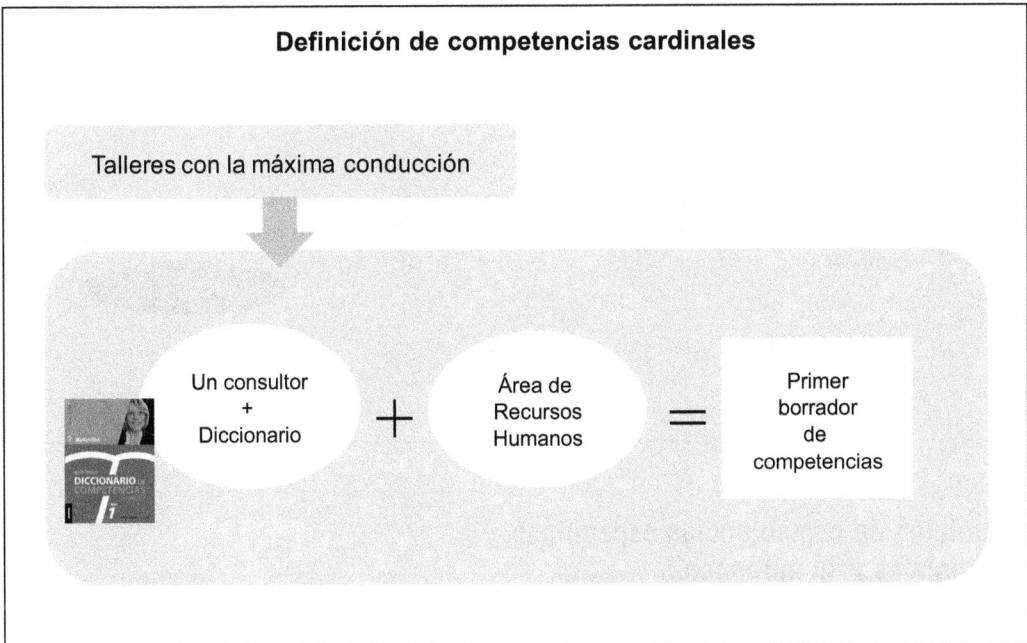

Definición de competencias cardinales

Talleres con la máxima conducción

Un consultor + Diccionario + Área de Recursos Humanos = Primer borrador de competencias

---

1   Alles, Martha A. *Comportamiento organizacional*, Ediciones Granica, Buenos Aires, 2008. A los interesados en los roles de los directores de Recursos Humanos les sugiero leer el capítulo 6 y ver los Anexos II y III.

Una vez que se ha elaborado un primer borrador de competencias cardinales:

- Presentar y consensuar con el máximo nivel de conducción de la organización. Obtener aprobación.

- Incorporar eventuales cambios y/o sugerencias.

- El resultado: las competencias cardinales del modelo.

- El rol del consultor: preparar el documento final del *Diccionario de competencias. Cardinales.*

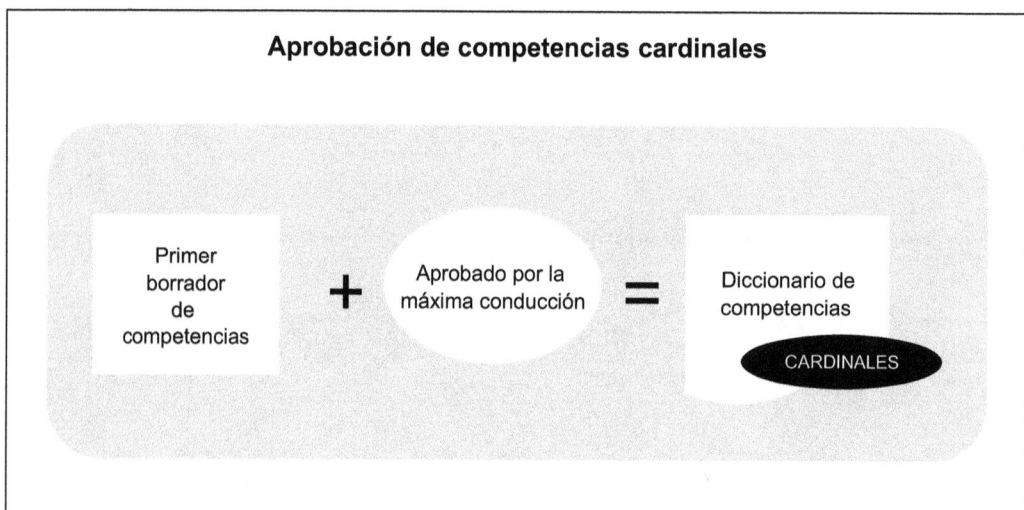

Aprobación de competencias cardinales

Primer borrador de competencias **+** Aprobado por la máxima conducción **=** Diccionario de competencias CARDINALES

Definición de competencias específicas gerenciales y su aprobación

El esquema es muy similar al de las competencias cardinales.

- Reunir a la máxima conducción de la organización en talleres de discusión.

- Tomar como base esta obra, *Diccionario de competencias. La Trilogía. Tomo 1.*

- Analizar los antecedentes conjuntamente con el área de Recursos Humanos.

- El rol del consultor: valen los mismos comentarios vertidos con relación a las competencias cardinales.

- Confeccionar el primer borrador de competencias específicas gerenciales.

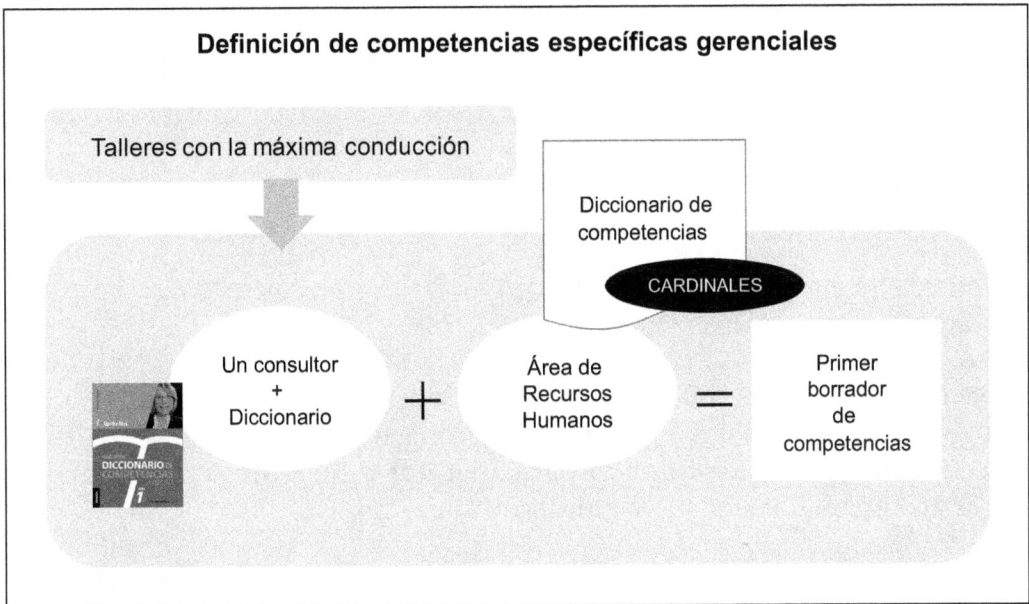

Definición de competencias específicas gerenciales

Talleres con la máxima conducción

Diccionario de competencias

CARDINALES

Un consultor + Diccionario   +   Área de Recursos Humanos   =   Primer borrador de competencias

Una vez que se ha elaborado un primer borrador de competencias específicas gerenciales:

- Presentar y consensuar con el máximo nivel de conducción de la organización y obtener aprobación

- Incorporar eventuales cambios y/o sugerencias.

- El resultado: las competencias específicas gerenciales del modelo.

- El rol del consultor. Preparar el documento final del *Diccionario de competencias. Específicas gerenciales.*

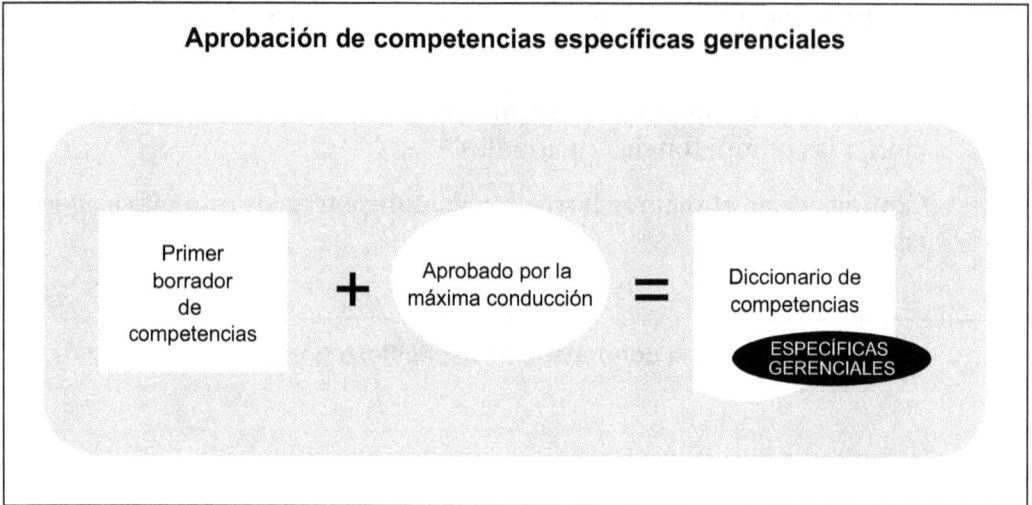

Aprobación de competencias específicas gerenciales

Primer borrador de competencias **+** Aprobado por la máxima conducción **=** Diccionario de competencias ESPECÍFICAS GERENCIALES

Definición de competencias específicas por área y su aprobación

El esquema es muy similar a los dos anteriores: definición y aprobación de competencias cardinales y específicas gerenciales. La diferencia radica en que en los talleres de discusión participan los directores de área, muchas veces acompañados por sus segundos niveles.

- Reunir a los directores de área (y, de corresponder, a sus segundos niveles) en talleres de discusión.

- Tomar como base esta obra, *Diccionario de competencias. La Trilogía. Tomo 1.*

- Analizar los antecedentes conjuntamente con el área de Recursos Humanos.

- El rol del consultor. Aquí también valen los mismos comentarios previos, pero surge una razón adicional. El Director de Recursos Humanos de la organización debe participar del taller o talleres en su rol de funcionario de la organización junto con sus colegas, directores de otras áreas, y definir las competencias para su propia área.

- Confeccionar el primer borrador de competencias específicas por área.

Definición de competencias específicas por área

Talleres con los directores de área

Diccionario de competencias **CARDINALES**

Diccionario de competencias **ESPECÍFICAS GERENCIALES**

Un consultor + Diccionario

+

Área de Recursos Humanos

=

Primer borrador de competencias

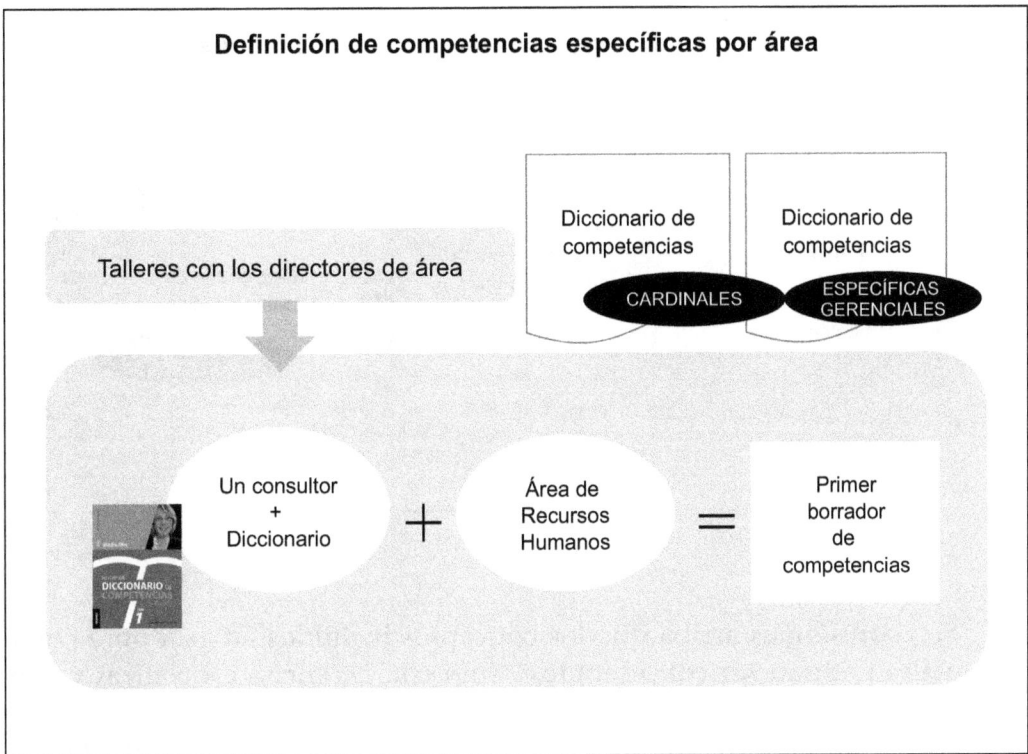

Una vez que se ha elaborado un primer borrador de competencias específicas por área:

- Presentar y consensuar con los directores de área y obtener aprobación.

- Incorporar eventuales cambios y/o sugerencias.

- El resultado: las competencias específicas por área.

- El rol del consultor. Preparar el documento final del *Diccionario de competencias. Específicas por área.*

Aprobación de competencias específicas por área

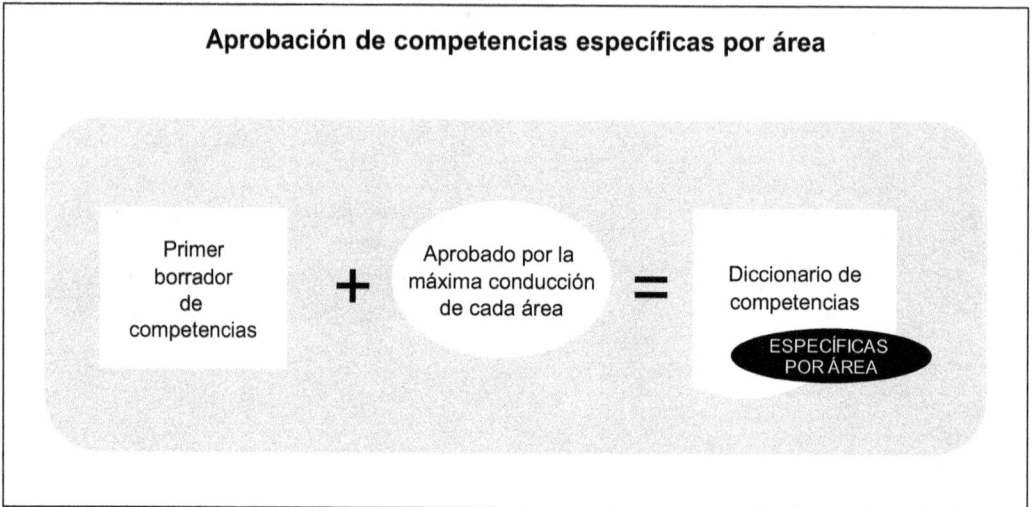

Se expresó más arriba que los conceptos incluidos en esta obra como cardinales podrían ser considerados como competencias específicas y viceversa.

A continuación se expondrá un ejemplo, muy breve, en el cual hemos supuesto cuatro competencias cardinales, dos competencias específicas gerenciales y cinco específicas por área. Allí se puede apreciar, además, cómo las competencias específicas por área podrían asignarse a tres áreas de una empresa. Para simplificar he supuesto sólo tres áreas y cinco competencias para cada una.

El único propósito es expresar una idea que luego puede aplicarse a un mayor número de áreas y/o de competencias.

COMPETENCIAS CARDINALES
Compromiso
Ética
Iniciativa
Prudencia

COMPETENCIAS ESPECÍFICAS GERENCIALES
Dirección de equipos de trabajo
Visión estratégica

COMPETENCIAS ESPECÍFICAS POR ÁREA

Producción - Logística - Operaciones	Servicios (Administración y finanzas, Sistemas, Recursos Humanos)	Mercadeo y ventas
Capacidad de planificación y organización	Calidad y mejora continua	Cierre de acuerdos
Colaboración	Influencia y negociación	Comunicación eficaz
Pensamiento analítico	Productividad	Influencia y negociación
Responsabilidad	Tolerancia a la presión de trabajo	Iniciativa – Autonomía
Tolerancia a la presión de trabajo	Trabajo en equipo	Orientación al cliente interno y externo

Como se desprende de la tabla precedente, la competencia *Influencia y negociación* es requerida por dos de las áreas allí mencionadas. Esta situación es frecuente: competencias que son al mismo tiempo requeridas por más de un área en particular.

Como puede apreciarse en el gráfico siguiente, las competencias cardinales se aplican a todos los integrantes de la organización, a partir del número uno de la misma. En cambio, las competencias específicas, como su nombre lo indica, se aplican a determinados colectivos, unas por niveles –las competencias específicas gerenciales– y otras aplicando una segmentación vertical, según las diferentes áreas que componen una organización.

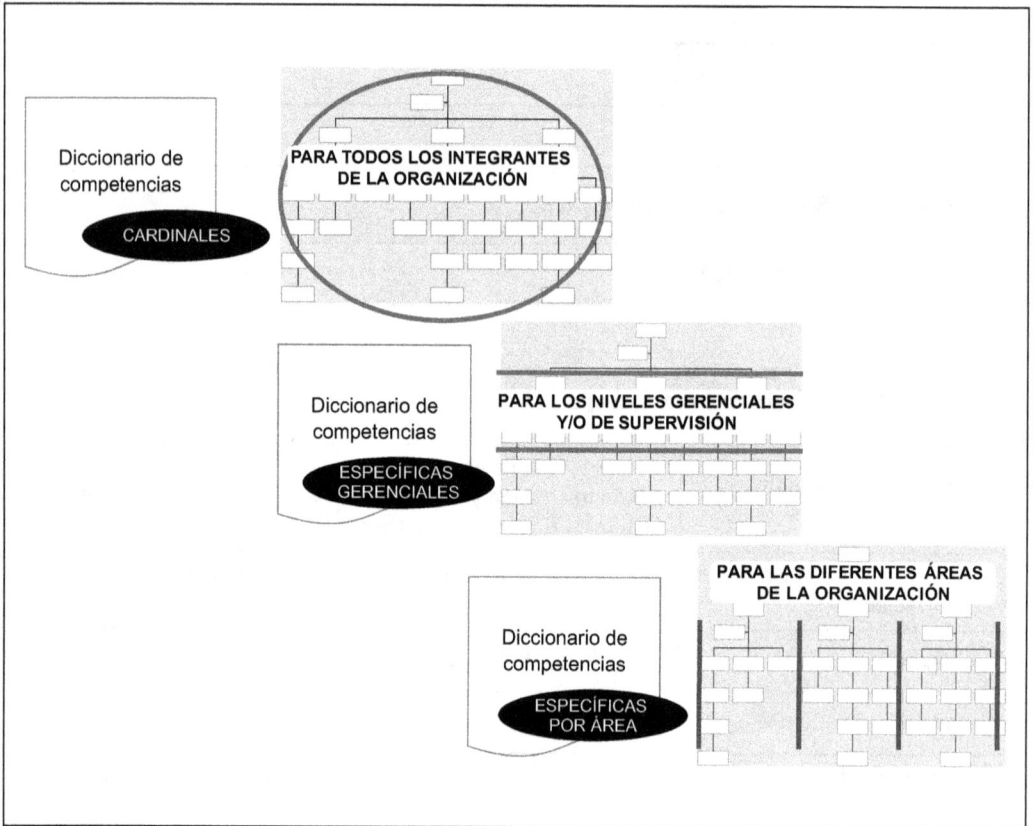

Luego de la aprobación de las competencias cardinales, específicas gerenciales y específicas por área, queda definido del modelo de competencias representado por el *Diccionario de competencias*.

El diccionario de competencias

Diccionario de competencias	Diccionario de competencias	Diccionario de competencias
CARDINALES	ESPECÍFICAS GERENCIALES	ESPECÍFICAS POR ÁREA

Diccionario de competencias

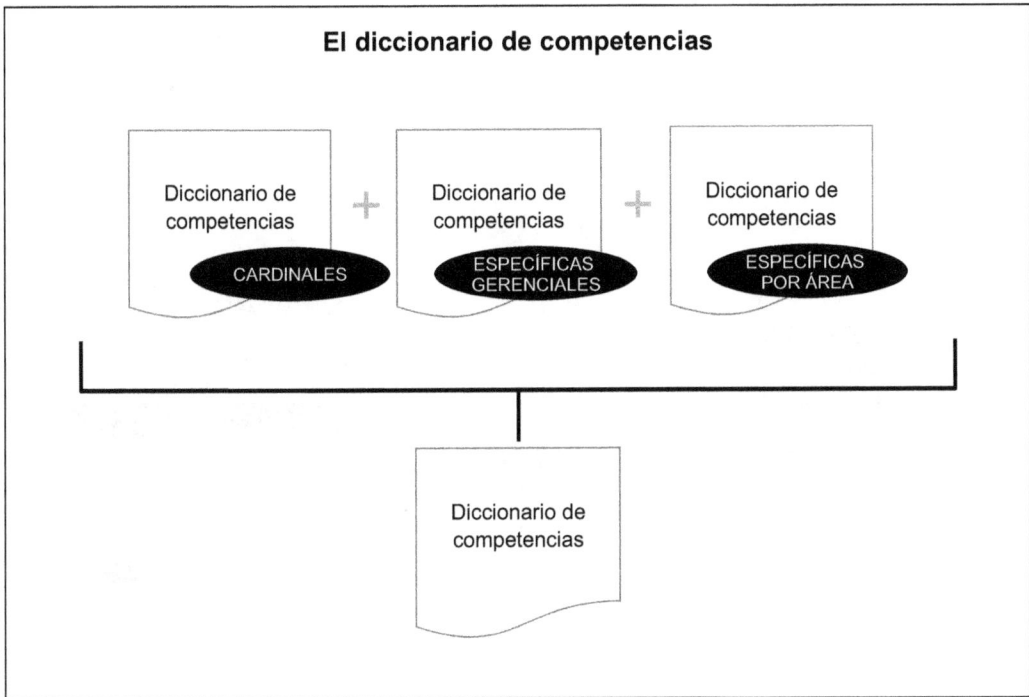

Definición de competencias específicas por procesos

En algunas organizaciones se diseñan métodos de trabajo por procesos. En caso de que se lo considere necesario, podría reemplazarse la definición de competencias específicas por áreas por definición de competencias específicas por procesos. La idea se grafica en la página siguiente.

La estructura final de un diccionario es particular de cada organización, así como el número de competencias a asignar a cada puesto.

Nuestra firma aconseja a sus clientes que el número de competencias para cada puesto que se elija, luego se aplique de manera uniforme en toda la organización.

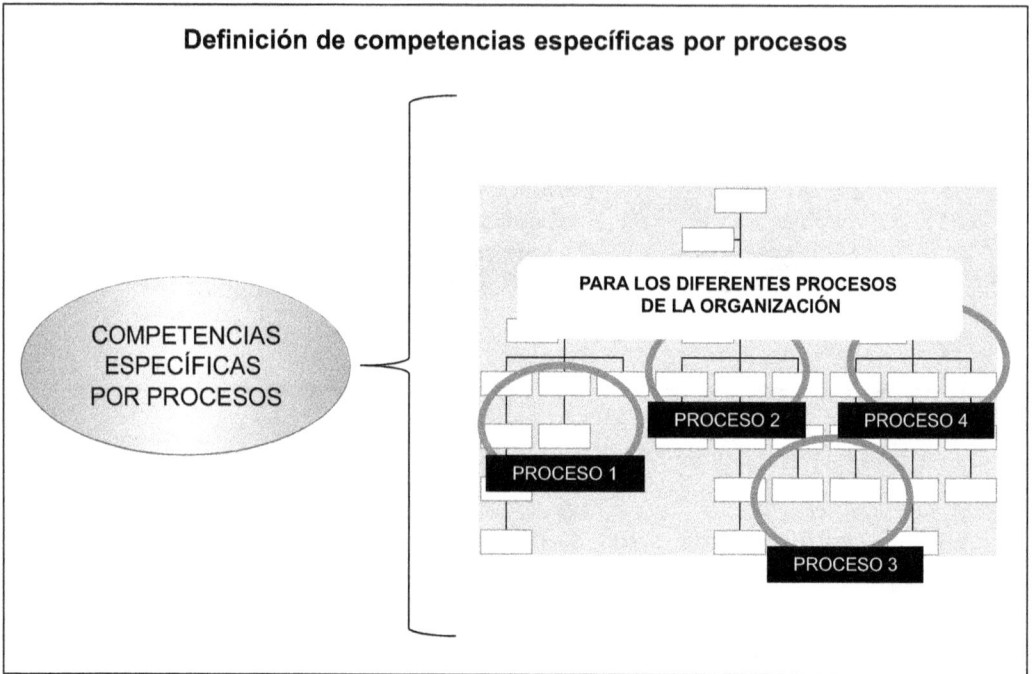

Definición de competencias específicas por procesos

Una competencia y su apertura en grados

En todos los casos la competencia debe ser acompañada por una definición así como por la apertura en grados. Ver un ejemplo en el gráfico de la página siguiente.

Si bien todos pueden conocer qué significa, por ejemplo, las palabras *Colaboración* o *Iniciativa - Autonomía,* es muy importante que cuando un término deba ser llevado a competencia se exprese acompañado con una definición. El nombre de la competencia debe ser una palabra o una frase que represente el concepto que se desea adoptar como competencia y, luego, la definición, precisa el alcance de esa competencia en el marco de la organización en cuestión. Por esta razón, si bien ciertas definiciones pueden tener alguna similitud, difieren de organización en organización.

La apertura es arbitraria en cuanto a la cantidad de grados, podrían ser más o menos. Sin embargo, la experiencia empírica nos indica que cuatro es el número adecuado. Abrir la competencia en tres grados puede ser insuficiente para abarcar las distintas necesidades organizacionales y más de cuatro

Colaboración

Capacidad para brindar apoyo a los otros (pares, superiores y colaboradores), responder a sus necesidades y requerimientos, y solucionar sus problemas o dudas, aunque las mismas no hayan sido manifestadas expresamente. Implica actuar como facilitador para el logro de los objetivos, a fin de crear relaciones basadas en la confianza.

A

Capacidad para brindar apoyo y ayuda a los otros (pares, superiores y colaboradores), responder a sus necesidades y requerimientos, mediante iniciativas anticipadoras y espontáneas, a fin de facilitar la resolución de problemas o dudas aunque las mismas no hayan sido manifestadas expresamente. Capacidad para apoyar decididamente a otras personas y para difundir formas de relación basadas en la confianza. Capacidad para promover el espíritu de colaboración en toda la organización y constituirse en un facilitador para el logro de los objetivos planteados. Capacidad para implementar mecanismos organizacionales tendientes a fomentar la cooperación interdepartamental como instrumento para la consecución de los objetivos comunes.

B

Capacidad para brindar ayuda y colaboración a las personas de su área y de otros sectores de la organización relacionados, mostrar interés por sus necesidades aunque las mismas no hayan sido manifestadas expresamente, y apoyarlas en el cumplimiento de sus objetivos. Capacidad para crear relaciones de confianza. Capacidad para utilizar los mecanismos organizacionales que promuevan la cooperación interdepartamental, y para proponer mejoras respecto de ellos.

C

Capacidad para apoyar y colaborar activamente con los integrantes de su propia área mediante una clara predisposición a ayudar a otros, incluso antes de que hayan manifestado expresamente la necesidad de colaboración. Capacidad para escuchar los requerimientos de los demás y para ayudarlos en el cumplimiento de sus objetivos, sin descuidar los propios.

D

Capacidad para cooperar y brindar soporte a las personas de su entorno cuando se lo solicitan, y tener en cuenta las necesidades de los demás.

Nota: El grado D indica que la competencia está desarrollada en un nivel mínimo.

no permite una clara diferenciación de los distintos grados. Si esto no se logra –una clara diferenciación entre grados– las distintas aplicaciones posteriores, como se explicó en el capítulo *La trilogía: los 3 diccionarios en Gestión por competencias. Su aplicación práctica,* se tornarían sumamente dificultosas.

En esta obra todas las competencias tendrán cuatro grados, aunque se podría haber adoptado un criterio diferente. En una anterior, *Gestión por competencias. El diccionario,* se presentaron competencias abiertas en cuatro grados y otras en tres grados positivos y un cuarto que indicaba ausencia. Ese criterio ha sido dejado de lado en esta obra.

Además, utilizaremos letras para indicar los grados: A, B, C y D. Se podría haber utilizado otra denominación: 1, 2, 3 y 4 o la opuesta: 4, 3, 2 y 1. Uno u otro criterio son indistintos. Lo único importante es la uniformidad de criterios al definir un modelo dentro de una misma organización. En este caso, utilizaremos el criterio de uniformidad en la confección de esta, en su complementaria, *Diccionario de comportamientos* y en cualquier otra referencia, en obras relacionadas a Gestión por competencias de mi autoría.

A continuación se dará una muy sintética referencia sobre cómo interpretar la gradación. Si bien la misma no debe expresarse de este modo, puede dar mayor claridad al lector no experto en el tema decir que los grados se asocian a la siguiente tipificación.

A. Es el grado superior. Usualmente representa un nivel muy alto de la competencia.

B. Es un nivel también muy alto, por sobre el estándar o promedio.

C. Representa un nivel muy bueno de la competencia.

D. Mínimo nivel de la competencia en esta apertura en grados. Es importante remarcar este concepto: en muchos modelos este nivel es –al igual que los demás– sumamente alto y retador, dado que la organización que así lo ha establecido desea tener un nivel alto en materia de competencias en todos sus colaboradores.

No obstante lo antedicho, prefiero no utilizar la tipificación citada más arriba (A, como grado superior, etc.) y no será mencionada de este modo nuevamente. Nuestra sugerencia, como consultores y especialistas, es en todos los casos: *prescinda de la nomenclatura y lea la descripción del grado para determinar si corresponde o no utilizarlo.*

Las competencias permiten expresar en palabras las capacidades que se requieren para ocupar un determinado puesto, para realizar una determinada tarea o para, en otra instancia diferente, medir a una persona.

No será igual decir que "desea incorporar a una persona con alto compromiso" que expresar la idea con las siguientes palabras: *Deseo incorporar a una persona con "capacidad para cumplir con los lineamientos fijados para su puesto de trabajo y sentir como propios los objetivos organizacionales".* (Competencia *Compromiso,* grado D).

En resumen, es de capital importancia que tanto los especialistas en Recursos Humanos como los diferentes funcionarios de la organización utilicen un lenguaje de competencias, y sus comportamientos relacionados, tanto a la hora de asignar competencias a puestos como al medir personas en los distintos subsistemas de Recursos Humanos.

El contenido de la apertura en grados difiere de organización en organización; depende de la cultura, del tipo de actividad, etcétera.

Mi sugerencia es abrir las competencias en cuatro grados y así lo aconseja nuestra firma a sus clientes. En el caso de hacerlo en un número diferente, es muy importante la coherencia, es decir, que el número de grados sea el mismo en todas las competencias del modelo de una misma organización.

¿Cómo se redactan una competencia y sus grados?

Las competencias se redactan a partir de la descripción de una capacidad y del mismo modo se realiza la apertura en grados (ver gráfico en la página siguiente).

Los comportamientos observables relacionados se expondrán en otro documento: *Diccionario de comportamientos.* La explicación de sus diferencias y aplicaciones las podrá leer en el capítulo: *La trilogía: los 3 diccionarios en Gestión por competencias. Su aplicación práctica.*

Cada competencia se abre en 4 grados

Diccionario de competencias

Nombre y definición de la competencia

Colaboración

Capacidad para brindar apoyo a los otros (pares, superiores y colaboradores), responder a sus necesidades y requerimientos y solucionar sus problemas o dudas, aunque las mismas no hayan sido manifestadas expresamente. Implica actuar como facilitador en el logro de los objetivos, a fin de crear relaciones basadas en la confianza.

A Capacidad para brindar apoyo y ayuda a los otros (pares, superiores y colaboradores), responder a sus necesidades y requerimientos, mediante iniciativas anticipadoras y espontáneas a fin de facilitar la resolución de problemas o dudas aunque las mismas no hayan sido manifestadas expresamente. Capacidad para apoyar decididamente a otras personas y para difundir formas de relación basadas en la confianza. Capacidad para promover el espíritu de colaboración en toda la organización y constituirse en un facilitador del logro de los objetivos planteados. Capacidad para implementar mecanismos organizacionales tendientes a fomentar la cooperación interdepartamental como instrumento para la consecución de los objetivos comunes.

B Capacidad para brindar ayuda y colaboración a las personas de su área y de otros sectores de la organización relacionados, mostrar interés por sus necesidades aunque las mismas no hayan sido manifestadas expresamente y apoyarlos en el cumplimiento de sus objetivos. Capacidad para crear relaciones de confianza. Capacidad para utilizar los mecanismos organizacionales que promueven la cooperación interdepartamental, y para proponer mejoras respecto de ellos.

C Capacidad para apoyar y colaborar activamente con los integrantes de su propia área mediante una clara predisposición a ayudar a otros, incluso antes de que hayan manifestado expresamente la necesidad de colaboración. Capacidad para escuchar los requerimientos de los demás y para ayudarlos en el cumplimiento de sus objetivos, sin descuidar los propios.

D Capacidad para cooperar y brindar soporte a las personas de su entorno cuando se lo solicitan, y tener en cuenta las necesidades de los demás.

Nota: El grado D indica que la competencia está desarrollada en un nivel mínimo.

4 grados con su definición

A
B
C
D

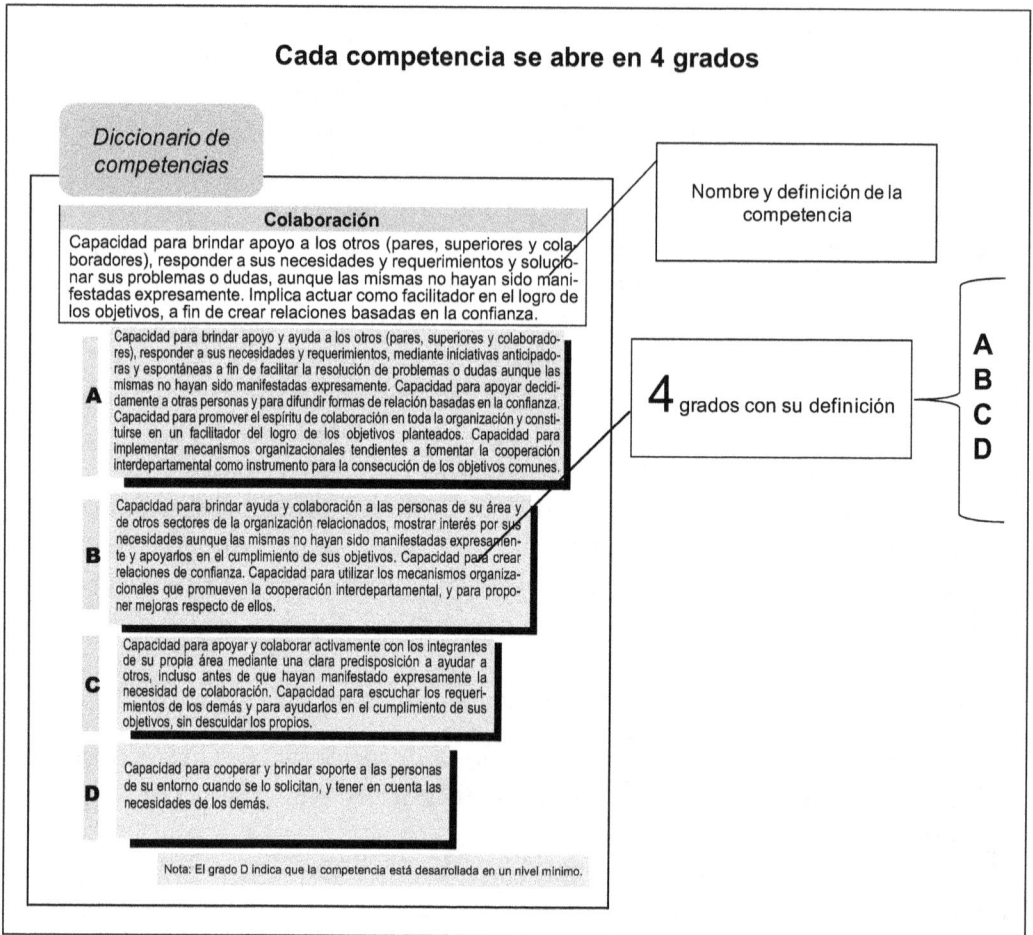

Asignación de competencias a puestos

La asignación de competencias a puestos es una de las tareas más complejas del armado del modelo. Para hacer la mencionada asignación se debería contar, en primera instancia, con los descriptivos de puestos y estos debieran estar –además– actualizados.

Una vez que la organización posea los descriptivos de puestos y que estos representen las actividades que realizan todos los colaboradores, la forma de efectuar la asignación es analizando las capacidades necesarias para desempeñar de manera exitosa las tareas del descriptivo. Para ello se trabaja cotejando el *Diccionario de competencias* con las tareas que surgen del descriptivo.

En este punto es muy importante tener en cuenta que este no es el momento de pensar si el ocupante actual posee o no las competencias requeridas. Es un análisis de tipo "teórico" de lo que haría falta en función de lo que debe hacer el ocupante del puesto, prescindiendo de las características del ocupante actual. La medición de las competencias del ocupante actual es un paso necesario y, en mi opinión, indispensable, pero que se realiza más adelante.

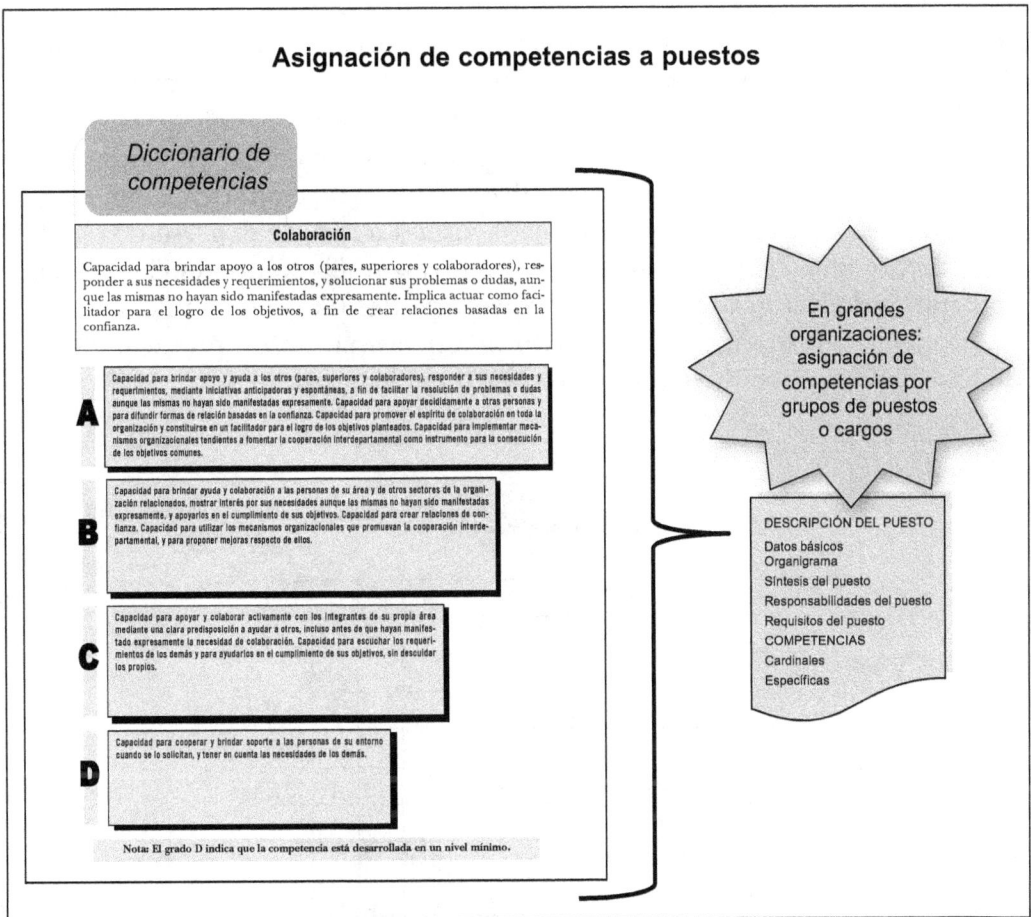

Asignación de competencias a puestos

Diccionario de competencias

Colaboración

Capacidad para brindar apoyo a los otros (pares, superiores y colaboradores), responder a sus necesidades y requerimientos, y solucionar sus problemas o dudas, aunque las mismas no hayan sido manifestadas expresamente. Implica actuar como facilitador para el logro de los objetivos, a fin de crear relaciones basadas en la confianza.

A Capacidad para brindar apoyo y ayuda a los otros (pares, superiores y colaboradores), responder a sus necesidades y requerimientos, mediante iniciativas anticipadoras y espontáneas, a fin de facilitar la resolución de problemas o dudas aunque las mismas no hayan sido manifestadas expresamente. Capacidad para apoyar decididamente a otras personas y para difundir formas de relación basadas en la confianza. Capacidad para promover el espíritu de colaboración en toda la organización y constituirse en un facilitador para el logro de los objetivos planteados. Capacidad para implementar mecanismos organizacionales tendientes a fomentar la cooperación interdepartamental como instrumento para la consecución de los objetivos comunes.

B Capacidad para brindar ayuda y colaboración a las personas de su área y de otros sectores de la organización relacionados, mostrar interés por sus necesidades aunque las mismas no hayan sido manifestadas expresamente, y apoyarlos en el cumplimiento de sus objetivos. Capacidad para crear relaciones de confianza. Capacidad para utilizar los mecanismos organizacionales que promuevan la cooperación interdepartamental, y para proponer mejoras respecto de ellos.

C Capacidad para apoyar y colaborar activamente con los integrantes de su propia área mediante una clara predisposición a ayudar a otros, incluso antes de que hayan manifestado expresamente la necesidad de colaboración. Capacidad para escuchar los requerimientos de los demás y para ayudarlos en el cumplimiento de sus objetivos, sin descuidar los propios.

D Capacidad para cooperar y brindar soporte a las personas de su entorno cuando se lo solicitan, y tener en cuenta las necesidades de los demás.

Nota: El grado D indica que la competencia está desarrollada en un nivel mínimo.

En grandes organizaciones: asignación de competencias por grupos de puestos o cargos

DESCRIPCIÓN DEL PUESTO
Datos básicos
Organigrama
Síntesis del puesto
Responsabilidades del puesto
Requisitos del puesto
COMPETENCIAS
Cardinales
Específicas

En organizaciones con gran cantidad de colaboradores, la asignación de competencias se realiza por grupos de puestos o cargos.

Explicaremos a continuación la forma de realizar la asignación de competencias a puesto o cargos, con mayor detalle.

Las competencias en relación con un área en particular

El modelo se construye como se explicó hasta aquí. Una vez que se finalizó la confección del *Diccionario de competencias,* es posible determinar para cada área cuáles le corresponden. En el gráfico que se expone a continuación hemos consignado las competencias para el área de Recursos Humanos. Esto implica que todos los que trabajan en ella tendrán las mismas competencias, en algún grado o nivel. Por lo tanto, la tarea a realizar será determinar los grados necesarios para cada puesto dentro del área y a partir de las competencias asignadas, no se utiliza "todo el diccionario", sino sólo las competencias que corresponden a cada área. La idea se expresa en el gráfico siguiente, en el cual únicamente se incluyeron seis competencias para dar mayor claridad al gráfico. El número será el definido en cada caso; usualmente oscila entre diez y catorce competencias para cada puesto incluyendo cardinales, específicas gerenciales y específicas por área.

ÁREA DE RECURSOS HUMANOS

Competencias cardinales	A	B	C	D
Calidad y mejora continua				
Colaboración				
Competencias específicas gerenciales				
Conducción de personas				
Competencias específicas área RRHH				
Aprendizaje continuo				
Capacidad para entender a los demás				
Credibilidad técnica				

NOTA: Sólo se consignan seis competencias para la presentación del tema en un gráfico.

Cómo asignar el grado de una competencia a un puesto

Hasta aquí ya se conocen cuáles son las competencias para el área. Sólo falta determinar el grado para cada puesto. El primer paso será leer las tareas y responsabilidades y analizar según la descripción de cada grado cuál será el necesario para desempeñar de manera exitosa ese puesto de trabajo en particular.

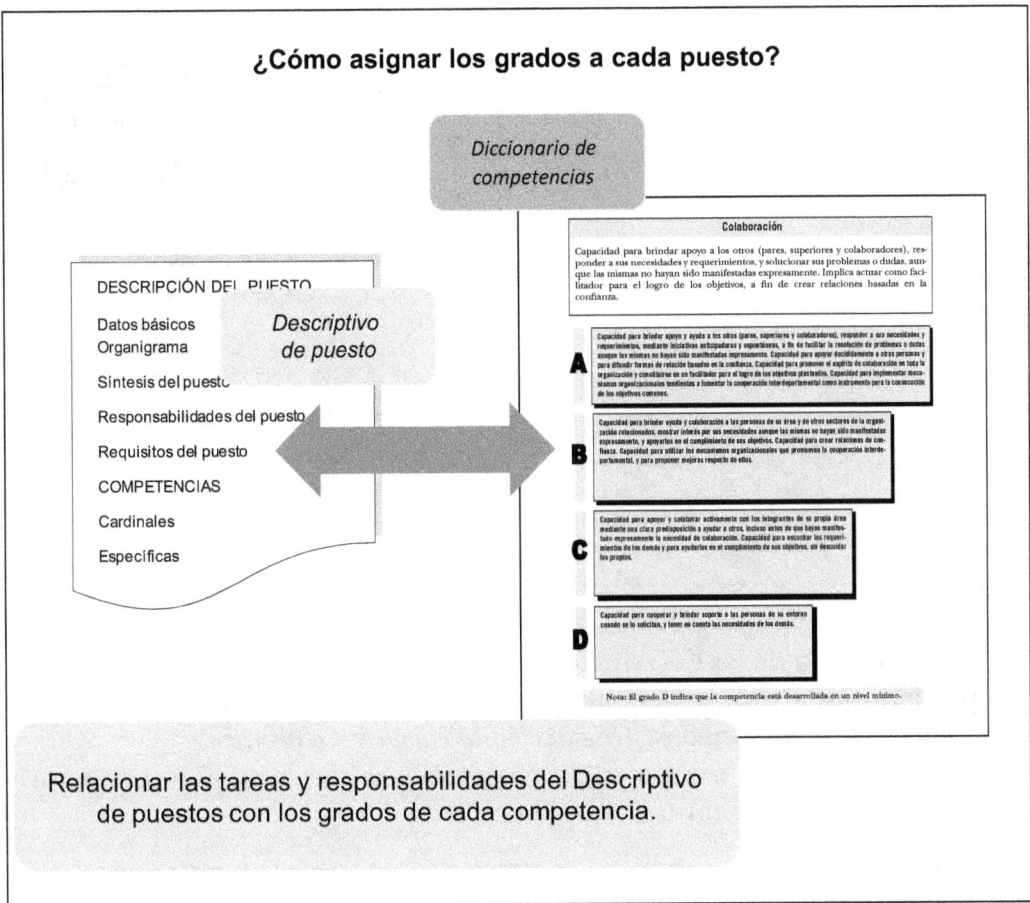

¿Cómo asignar los grados a cada puesto?

Diccionario de competencias

DESCRIPCIÓN DEL PUESTO

Datos básicos
Organigrama

Descriptivo de puesto

Síntesis del puesto

Responsabilidades del puesto

Requisitos del puesto

COMPETENCIAS

Cardinales

Específicas

Colaboración

Capacidad para brindar apoyo a los otros (pares, superiores y colaboradores), responder a sus necesidades y requerimientos, y solucionar sus problemas o dudas, aunque las mismas no hayan sido manifestadas expresamente. Implica actuar como facilitador para el logro de los objetivos, a fin de crear relaciones basadas en la confianza.

A

B

C

D

Nota: El grado D indica que la competencia está desarrollada en un nivel mínimo.

Relacionar las tareas y responsabilidades del Descriptivo de puestos con los grados de cada competencia.

A continuación se presenta otro ejemplo: en este caso, la asignación de dos competencias al puesto de vendedor. Para ello, primero es necesario analizar las tareas y responsabilidades que debe realizar el ocupante del puesto o cargo (de vendedor) y, luego, analizar el contenido de cada grado de las competencias del área Ventas. Para el gráfico sólo se han considerado dos, un puesto de Vendedor tendrá otras más, según cómo se haya definido el modelo de competencias, como se comentara más arriba.

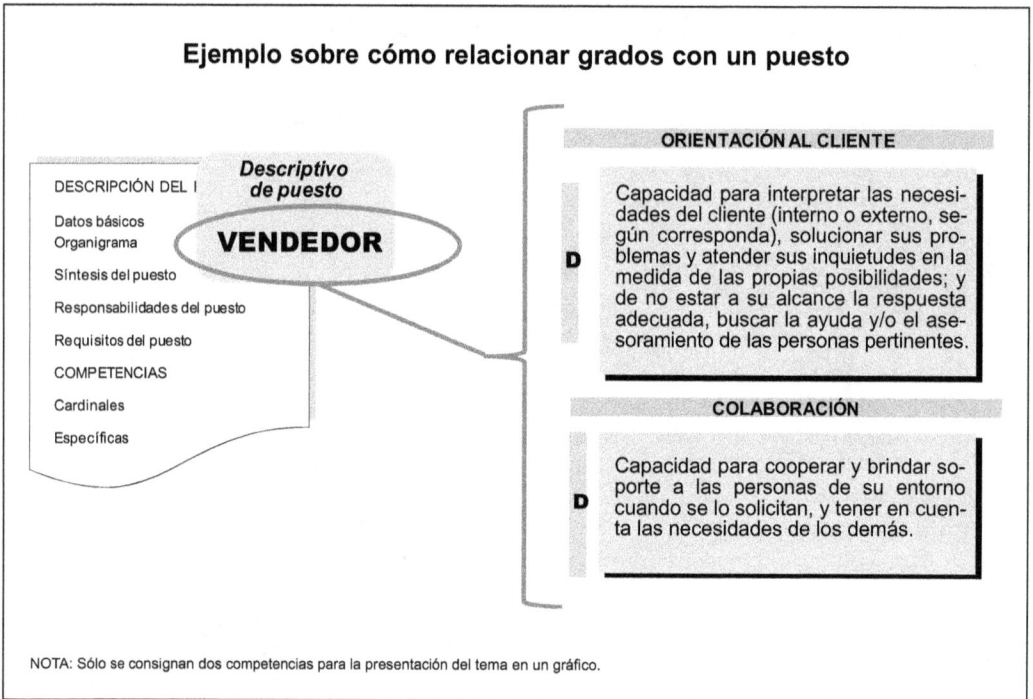

Ejemplo sobre cómo relacionar grados con un puesto

DESCRIPCIÓN DEL I

Descriptivo de puesto

VENDEDOR

Datos básicos
Organigrama
Síntesis del puesto
Responsabilidades del puesto
Requisitos del puesto
COMPETENCIAS
Cardinales
Específicas

ORIENTACIÓN AL CLIENTE

D Capacidad para interpretar las necesidades del cliente (interno o externo, según corresponda), solucionar sus problemas y atender sus inquietudes en la medida de las propias posibilidades; y de no estar a su alcance la respuesta adecuada, buscar la ayuda y/o el asesoramiento de las personas pertinentes.

COLABORACIÓN

D Capacidad para cooperar y brindar soporte a las personas de su entorno cuando se lo solicitan, y tener en cuenta las necesidades de los demás.

NOTA: Sólo se consignan dos competencias para la presentación del tema en un gráfico.

De la lectura de las descripciones de los grados ha surgido que, para ser un vendedor de éxito, se necesita poseer el grado D de cada una de las dos competencias mencionadas: *Orientación al cliente* y *Colaboración*.

En el caso de la competencia *Orientación al cliente*, también se podría haber seleccionado el nivel C, que dice:

Capacidad para actuar orientado a la satisfacción del cliente (interno y externo). Capacidad para mantenerse atento y entender las necesidades de los clientes, escuchar sus pedidos y problemas, y brindar una respuesta efectiva en el tiempo y en la forma en que ellos lo esperan.

Una situación análoga podría darse con la competencia *Colaboración;* también se podría haber seleccionado el nivel C, que dice:

Capacidad para apoyar y colaborar activamente con los integrantes de su propia área mediante una clara predisposición a ayudar a otros, incluso antes de que hayan manifestado expresamente la necesidad de colaboración. Capacidad para escuchar los requerimientos de los demás y para ayudarlos en el cumplimiento de sus objetivos, sin descuidar los propios.

La elección de uno u otro no es al azar, sino que, por el contrario, se relaciona con lo que se espera del vendedor y el grado de delegación con el cual se trabaje en esa organización en particular. En este ejemplo, no habría sido adecuado seleccionar los grados A o B de ninguna de las dos competencias mencionadas.

En el gráfico siguiente se muestra el esquema de trabajo completo donde la asignación se realiza a partir de los descriptivos de puesto y del *Diccionario de competencias* de la organización. Ambos documentos se cotejan y relacionan. A partir de este análisis será posible determinar el grado requerido para cada una de las competencias.

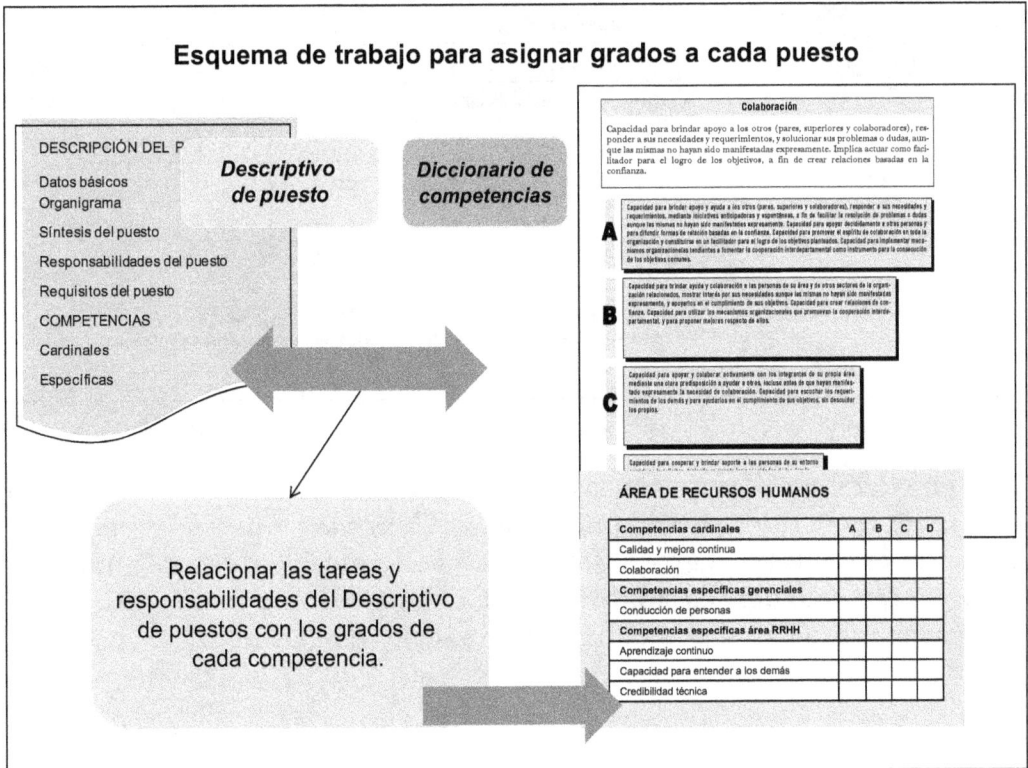

Esquema de trabajo para asignar grados a cada puesto

A continuación se exponen tres puestos del área de Recursos Humanos. En el gráfico "Competencias asignadas a un puesto - I" se pueden ver los grados requeridos para el puesto de *Gerente de Recursos Humanos.*

Para este puesto se han asignado cuatro competencias en su nivel máximo, Grado A, y dos en Grado B.

Competencias asignadas a un puesto - I

DESCRIPCIÓN DEL PUESTO

Datos básicos
Organigrama

Síntesis del puesto

Responsabilidades del puesto

Requisitos del puesto

COMPETENCIAS

Cardinales

Específicas

ÁREA DE RECURSOS HUMANOS

PUESTO: GERENTE DE RRHH

Competencias cardinales	A	B	C	D
Calidad y mejora continua	X			
Colaboración	X			
Competencias específicas gerenciales				
Conducción de personas		X		
Competencias específicas área RRHH				
Aprendizaje continuo		X		
Capacidad para entender a los demás	X			
Credibilidad técnica	X			

NOTA: Sólo se consignan seis competencias para la presentación del tema en un gráfico.

En el gráfico "Competencias asignadas a un puesto - II" se pueden ver los grados requeridos para el puesto de *Jefe de reclutamiento y selección.*

Para este puesto el grado definido como requerido de cada competencia varía respecto del puesto de Gerente del área. Como puede observarse, las específicas del área poseen un nivel más alto que las otras.

Competencias asignadas a un puesto - II

DESCRIPCIÓN DEL PUESTO

Datos básicos
Organigrama

Síntesis del puesto

Responsabilidades del puesto

Requisitos del puesto

COMPETENCIAS

Cardinales

Específicas

ÁREA DE RECURSOS HUMANOS

PUESTO: JEFE DE RECLUTAMIENTO Y SELECCIÓN

Competencias cardinales	A	B	C	D
Calidad y mejora continua		X		
Colaboración			X	
Competencias específicas gerenciales				
Conducción de personas				X
Competencias específicas área RRHH				
Aprendizaje continuo		X		
Capacidad para entender a los demás	X			
Credibilidad técnica		X		

NOTA: Sólo se consignan seis competencias para la presentación del tema en un gráfico.

En el gráfico "Competencias asignadas a un puesto - III" se pueden ver los grados requeridos para el puesto de *Analista de Recursos Humanos*.

En este ejemplo, la competencia específica gerencial aparece sombreada, es decir, no es posible asignarle un grado a la misma, dado que el puesto de analista no pertenece al colectivo gerencial, por lo cual, la competencia no le corresponde.

También se puede observar –al igual que en el caso de Jefe de reclutamiento y selección– que las competencias específicas por área tienen un nivel requerido más alto que las cardinales.

Es importante destacar que los tres puestos y sus competencias son sólo ejemplos y no necesariamente la asignación de grados se hará de esta forma. Del mismo modo, no necesariamente las competencias específicas por área tendrán más peso que las cardinales. La confección del modelo, de los diccionarios y de la asignación de competencias a puestos varía de empresa en empresa, según las necesidades de cada una.

Competencias asignadas a un puesto - III

DESCRIPCIÓN DEL PUESTO

Datos básicos
Organigrama

Síntesis del puesto

Responsabilidades del puesto

Requisitos del puesto

COMPETENCIAS

Cardinales

Específicas

ÁREA DE RECURSOS HUMANOS

PUESTO: ANALISTA DE RRHH

Competencias cardinales	A	B	C	D
Calidad y mejora continua				X
Colaboración				X
Competencias específicas gerenciales				
Conducción de personas				
Competencias específicas área RRHH				
Aprendizaje continuo		X		
Capacidad para entender a los demás		X		
Credibilidad técnica				X

NOTA: Sólo se consignan seis competencias para la presentación del tema en un gráfico.

En resumen

Hemos explicado en detalle cómo se utiliza el *Diccionario de competencias* en el armado del modelo de competencias. Una vez que se ha instalado el modelo, este se basa en tres pilares.

Para la implantación de los tres pilares: Selección, Desempeño y Desarrollo, se utilizan las otras dos obras que componen *La Trilogía*: *Diccionario de comportamientos* y *Diccionario de preguntas*.

La explicación de sus diferencias y aplicaciones las podrá leer en el capítulo: *La trilogía: Los tres diccionarios en Gestión por competencias. Su aplicación práctica.*

Después de la implantación: *3 pilares*

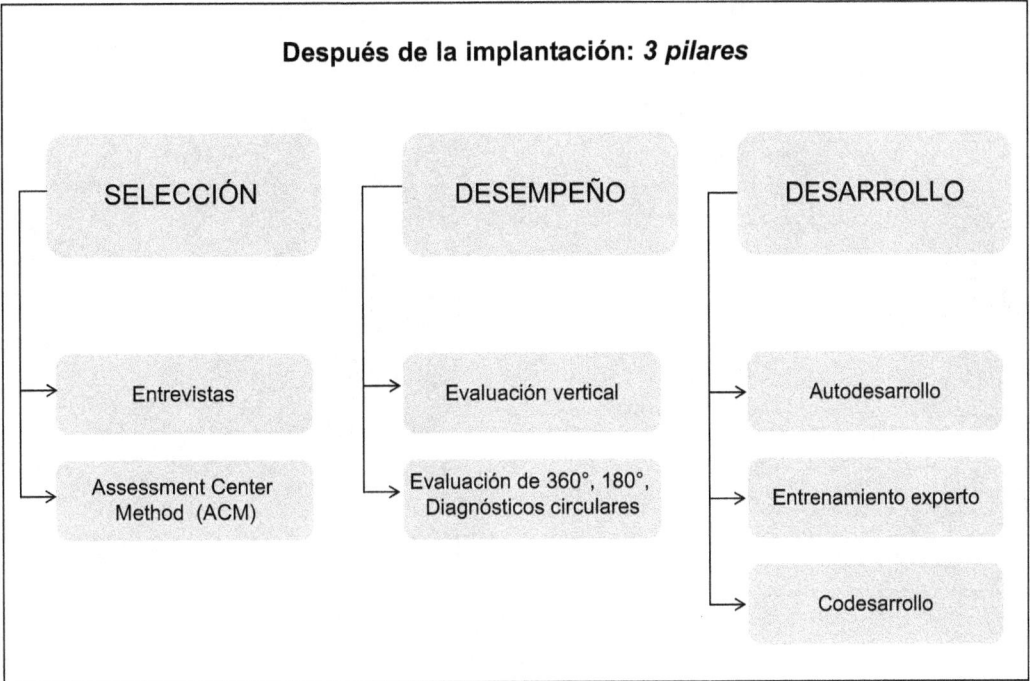

SELECCIÓN	DESEMPEÑO	DESARROLLO
Entrevistas	Evaluación vertical	Autodesarrollo
Assessment Center Method (ACM)	Evaluación de 360°, 180°, Diagnósticos circulares	Entrenamiento experto
		Codesarrollo

DICCIONARIO DE COMPETENCIAS

COMPETENCIAS CARDINALES

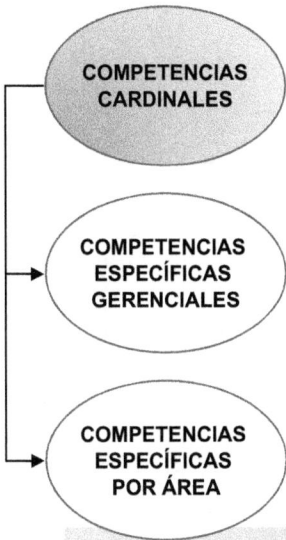

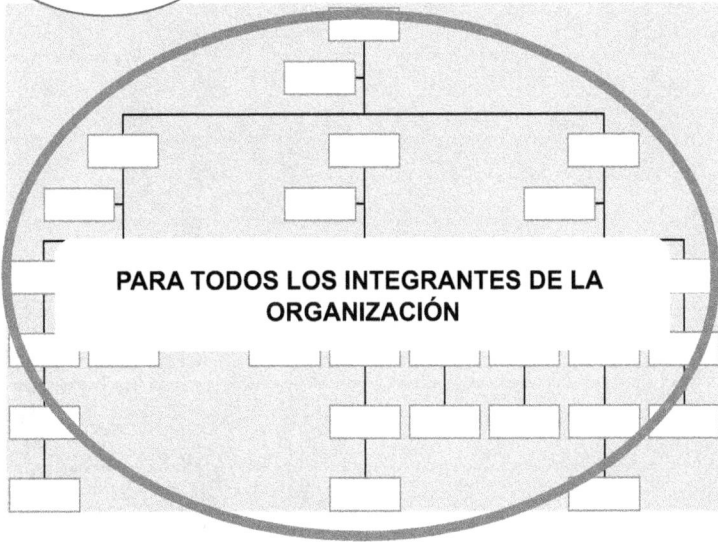

COMPETENCIAS
CARDINALES

COMPETENCIAS
ESPECÍFICAS
GERENCIALES

COMPETENCIAS
ESPECÍFICAS
POR ÁREA

**PARA TODOS LOS INTEGRANTES DE LA
ORGANIZACIÓN**

Diccionario de competencias. Competencias cardinales

En este capítulo se presentarán ejemplos de competencias cardinales. Como una breve introducción a la temática se incluyen a continuación algunas definiciones de conceptos relacionados.

Definiciones

Competencia. Hace referencia a las características de personalidad, devenidas en comportamientos, que generan un desempeño exitoso en un puesto de trabajo.

Competencia cardinal. Competencia aplicable a todos los integrantes de la organización. Las competencias cardinales representan su esencia y permiten alcanzar la visión organizacional.

Competencia específica. Competencia aplicable a colectivos específicos, por ejemplo, un área de la organización o un cierto nivel, como el gerencial.

Modelo de competencias. Conjunto de procesos relacionados con las personas que integran la organización y que tienen como propósito alinearlas en pos de los objetivos organizacionales o empresariales.

Las competencias seleccionadas como ejemplos de cardinales para la preparación de esta obra son:

1. *Adaptabilidad a los cambios del entorno*
2. *Compromiso*
3. *Compromiso con la calidad de trabajo*
4. *Compromiso con la rentabilidad*
5. *Conciencia organizacional*

6. *Ética*

7. *Ética y sencillez*

8. *Flexibilidad y adaptación*

9. *Fortaleza*

10. *Iniciativa*

11. *Innovación y creatividad*

12. *Integridad*

13. *Justicia*

14. *Perseverancia en la consecución de objetivos*

15. *Prudencia*

16. *Respeto*

17. *Responsabilidad personal*

18. *Responsabilidad social*

19. *Sencillez*

20. *Temple*

Para la confección de esta obra hemos considerado unas competencias como cardinales y otras como específicas; sin embargo, es muy importante destacar que cualquiera de ellas puede ser considerada en una categoría u otra, según se requiera.

Las competencias mencionadas como cardinales podrían, también, ser consideradas específicas. Del mismo modo, cualquiera de las competencias mencionadas como específicas podrían ser consideradas cardinales.

Si bien no es tan frecuente, las competencias específicas gerenciales podrían ser consideradas cardinales tanto como específicas. Cada organización deberá diseñar su propio modelo de acuerdo con sus necesidades.

Una vez que se haya decidido el esquema final, en todos los casos los comportamientos asociados, que se reflejarán en el *Diccionario de comportamientos*, replicarán la misma categorización.

Usted tiene en sus manos un libro, no el modelo de una organización en particular. No obstante, se seguirá el lineamiento general consignado más arriba para la presentación de las competencias en las tres obras relacionadas: *Diccionario de competencias. La Trilogía. Tomo 1; Diccionario de comportamientos. La Trilogía. Tomo 2,* y *Diccionario de preguntas. La Trilogía. Tomo 3.*

Adaptabilidad a los cambios del entorno

Capacidad para identificar y comprender rápidamente los cambios en el entorno de la organización, tanto interno como externo; transformar las debilidades en fortalezas, y potenciar estas últimas a través de planes de acción tendientes a asegurar en el largo plazo la presencia y el posicionamiento de la organización y la consecución de las metas deseadas. Implica la capacidad para conducir la empresa –o el área de negocios a cargo– en épocas difíciles, en las que las condiciones para operar son restrictivas y afectan tanto al propio sector de negocios como a todos en general, aprovechar una interpretación anticipada de las tendencias en juego.

A
Capacidad para diseñar la estrategia y las políticas organizacionales destinadas a promover en otros la habilidad de identificar y comprender rápidamente los cambios en el entorno de la organización, tanto interno como externo. Capacidad para diseñar planes de acción que permitan transformar las debilidades en fortalezas y potenciar estas últimas para asegurar en el largo plazo la presencia y el posicionamiento de la organización y la consecución de las metas deseadas. Capacidad para conducir la organización en épocas difíciles, aprovechar una interpretación anticipada de las tendencias en juego, y, al mismo tiempo, dar aliento a los colaboradores.

B
Capacidad para promover en otros la habilidad para identificar y comprender rápidamente los cambios en el entorno de la organización, tanto interno como externo. Capacidad para diseñar y proponer planes de acción que permitan transformar las debilidades en fortalezas y potenciar estas últimas para asegurar en el mediano plazo la presencia y el posicionamiento de la organización y la consecución de las metas deseadas. Capacidad para conducir el área a cargo en épocas difíciles y dar aliento a los colaboradores.

C
Capacidad para identificar y comprender los cambios en el entorno de la organización, tanto interno como externo. Capacidad para proponer planes de acción que permitan transformar las debilidades en fortalezas y potenciar estas últimas para asegurar en el corto plazo la presencia y el posicionamiento de la organización y la consecución de las metas deseadas. Capacidad para conducir a los colaboradores en épocas difíciles y darles aliento.

D
Capacidad para comprender los cambios en el entorno de la organización, tanto interno como externo, y proponer acciones en relación con las tareas a su cargo que permitan transformar las debilidades en fortalezas y potenciar estas últimas para alcanzar las metas deseadas. Capacidad para seguir trabajando con el ritmo habitual en épocas difíciles.

Nota: El grado D indica que la competencia está desarrollada en un nivel mínimo.

Compromiso

Capacidad para sentir como propios los objetivos de la organización y cumplir con las obligaciones personales, profesionales y organizacionales. Capacidad para apoyar e instrumentar decisiones consustanciado por completo con el logro de objetivos comunes, y prevenir y superar obstáculos que interfieran con el logro de los objetivos del negocio. Implica adhesión a los valores de la organización.

A
Capacidad para definir la visión, misión, valores y estrategia de la organización y generar en todos sus integrantes la capacidad de sentirlos como propios. Capacidad para demostrar respeto por los valores, la cultura organizacional y las personas y motivar a otros a obrar del mismo modo. Implica, además, capacidad para cumplir con sus obligaciones personales, profesionales y organizacionales, y superar los resultados esperados para su gestión. También, ser un referente en la organización y en la comunidad en la que se desenvuelve por su disciplina personal y alta productividad.

B
Capacidad para cumplir con los lineamientos fijados en la visión, misión, valores y estrategia organizacionales en relación con el área a su cargo y generar dentro de esta la capacidad de sentirlos como propios. Capacidad para demostrar respeto por los valores, la cultura organizacional y las personas, y motivar a los integrantes de su área a obrar del mismo modo. Implica, además, capacidad para cumplir con sus obligaciones personales, profesionales y organizacionales, y superar los resultados esperados para su área de trabajo. También, ser un referente en su área y en el ámbito de la organización por su disciplina personal y alta productividad.

C
Capacidad para cumplir con los lineamientos fijados en relación con el sector a su cargo y generar dentro de este la capacidad de sentirlos como propios. Capacidad para demostrar respeto por los valores y las personas, y motivar a los integrantes de su sector a obrar del mismo modo. Implica, además, capacidad para cumplir con sus obligaciones personales y organizacionales, y superar los resultados esperados para su sector de trabajo. También, ser un referente en su sector y en su área por su disciplina personal y alta productividad.

D
Capacidad para cumplir con los lineamientos fijados para su puesto de trabajo y sentir como propios los objetivos organizacionales. Capacidad para demostrar respeto por los valores organizacionales, cumplir con sus obligaciones personales y laborales, y superar los resultados esperados para su puesto de trabajo. Implica ser un referente para sus compañeros por su disciplina personal y alta productividad.

Nota: El grado D indica que la competencia está desarrollada en un nivel mínimo.

Compromiso con la calidad de trabajo

Capacidad para actuar con velocidad y sentido de urgencia y tomar decisiones para alcanzar los objetivos organizacionales, o del área, o bien los propios del puesto de trabajo, y obtener, además, altos niveles de desempeño. Capacidad para administrar procesos y políticas organizacionales a fin de facilitar la consecución de los resultados esperados. Implica un compromiso constante por mantenerse actualizado en los temas de su especialidad y aportar soluciones para alcanzar los estándares de calidad adecuados.

A

Capacidad para actuar con velocidad y sentido de urgencia y tomar decisiones de alto impacto para alcanzar los objetivos organizacionales junto con altos niveles de desempeño en toda la organización. Capacidad para definir y diseñar procesos y políticas organizacionales a fin de facilitar la consecución de los resultados esperados. Implica un compromiso constante por mantenerse actualizado en los temas de su especialidad y aportar soluciones para alcanzar estándares de calidad superiores en toda la organización. También, ser un referente en la organización y en la comunidad en donde actúa por su compromiso con la calidad de trabajo.

B

Capacidad para actuar con velocidad y sentido de urgencia y tomar decisiones de alto impacto para alcanzar los objetivos junto con altos niveles de desempeño en el área bajo su responsabilidad. Capacidad para aplicar políticas y diseñar procesos organizacionales a fin de facilitar la consecución de los resultados esperados. Implica un compromiso constante por mantenerse actualizado en los temas de su especialidad y aportar soluciones para alcanzar estándares de calidad superiores en su área. También, ser un referente en la organización por su compromiso con la calidad de trabajo.

C

Capacidad para actuar con velocidad y sentido de urgencia y tomar las decisiones necesarias para alcanzar los objetivos junto con altos niveles de desempeño en el sector bajo su responsabilidad. Capacidad para aplicar políticas e implementar procesos organizacionales a fin de facilitar la consecución de los resultados esperados. Implica un compromiso constante por mantenerse actualizado en los temas de su especialidad y aportar soluciones para alcanzar estándares de calidad adecuados en su sector. También, ser un referente en su área de actuación por su compromiso con la calidad de trabajo.

D

Capacidad para actuar con velocidad y sentido de urgencia a fin de alcanzar los objetivos junto con altos niveles de desempeño en su puesto de trabajo. Capacidad para aplicar políticas y directivas recibidas de sus superiores con el propósito de obtener los resultados esperados. Implica un compromiso constante por mantenerse actualizado y aportar soluciones para alcanzar estándares de calidad esperados. También, ser un referente para sus compañeros por su compromiso con la calidad de trabajo.

Nota: El grado D indica que la competencia está desarrollada en un nivel mínimo.

Compromiso con la rentabilidad

Capacidad para sentir como propios los objetivos de rentabilidad y crecimiento sostenido de la organización. Capacidad para orientar sus propias acciones y las de sus colaboradores al logro de la estrategia organizacional, racionalizar las actividades y fomentar el uso adecuado de los recursos, a fin de generar un resultado óptimo.

A
Capacidad para definir objetivos de rentabilidad y crecimiento sostenido, y diseñar políticas y procedimientos que permitan alcanzarlos. Implica orientar sus propias acciones, y las de todos los integrantes de la organización, al logro de la estrategia corporativa, racionalizar las actividades y fomentar un adecuado uso de los recursos, a fin de obtener un resultado óptimo para la organización en su conjunto, con un enfoque de largo plazo. Capacidad para constituirse en un referente por su compromiso con la rentabilidad y el crecimiento sostenido de la organización.

B
Capacidad para definir objetivos de rentabilidad y crecimiento sostenido dentro de su área, en concordancia con la estrategia organizacional. Implica orientar sus propias acciones, y las de los integrantes del área a su cargo, al logro de las metas corporativas, racionalizar las actividades y fomentar un adecuado uso de los recursos, para generar un resultado óptimo en el sector, con un enfoque de mediano plazo.

C
Capacidad para identificarse con los objetivos de rentabilidad y crecimiento sostenido de la organización y para orientar sus propias acciones, así como las de las personas a su cargo, al logro de los objetivos fijados, racionalizar las actividades y fomentar un adecuado uso de los recursos, para generar un resultado óptimo de las tareas bajo su responsabilidad, con un enfoque de corto plazo.

D
Capacidad para cumplir con los objetivos de rentabilidad fijados para su puesto de trabajo (o sector al cual pertenece, según corresponda) y, al mismo tiempo, racionalizar sus acciones con el propósito de utilizar mejor los recursos disponibles. Implica seguir las instrucciones de sus superiores para realizar eficientemente sus tareas y mejorar los resultados.

Nota: El grado D indica que la competencia está desarrollada en un nivel mínimo.

Conciencia organizacional

Capacidad para reconocer los elementos constitutivos de la propia organización, así como sus cambios; y comprender e interpretar las relaciones de poder dentro de ella, al igual que en otras organizaciones –clientes, proveedores, etc.–. Implica la capacidad de identificar tanto a aquellas personas que toman las decisiones como a las que pueden influir sobre las anteriores. Implica ser capaz de prever la forma en que los acontecimientos o las situaciones afectarán a las personas y grupos dentro de la organización.

A

Capacidad para conocer con profundidad los elementos constitutivos de la propia organización y percibir los cambios incluso antes de que estos se produzcan, con una visión global y de largo plazo; y comprender e interpretar las relaciones de poder. Implica identificar adecuadamente a las personas u organizaciones que toman las decisiones más relevantes para el negocio, crear y mantener una red de contactos positiva, interpretar y analizar el entorno, el mercado, otras organizaciones de la misma actividad, proveedores, etc., a fin de prever la forma en que los acontecimientos afectarán a las personas y grupos que integran la organización e influir positivamente a través de acciones proactivas. Capacidad para diseñar e implementar políticas organizacionales para lograr que los distintos integrantes de la organización comprendan tanto los elementos constitutivos de la misma como las relaciones de poder dentro de ella, a fin de obtener una mejor consecución de las metas individuales y organizacionales.

B

Capacidad para conocer con profundidad los elementos constitutivos de la propia organización y percibir los cambios incluso con una visión global y de largo plazo; y comprender e interpretar las relaciones de poder. Implica identificar adecuadamente a las personas u organizaciones que toman las decisiones más relevantes para el negocio, crear y mantener una red de contactos positiva, interpretar y analizar el entorno, el mercado, otras organizaciones de la misma actividad, proveedores, etc., a fin de prever la forma en que los acontecimientos afectarán a las personas y grupos que integran la organización. Capacidad para implementar políticas organizacionales para lograr que los distintos integrantes de la organización comprendan tanto los elementos constitutivos de la misma como las relaciones de poder dentro de ella, a fin de obtener una mejor consecución de las metas individuales y organizacionales.

C

Capacidad para conocer los elementos constitutivos de la propia organización y percibir los cambios incluso con una visión de mediano plazo; y comprender e interpretar las relaciones de poder. Implica identificar adecuadamente a las personas que toman las decisiones dentro de su organización, crear y mantener una red de contactos positiva, interpretar y analizar el entorno, el mercado, otras organizaciones de la misma actividad, proveedores, etc., a fin de comprender las decisiones tomadas por sus superiores y proponer cursos de acción futuros. Capacidad para implementar políticas organizacionales orientadas a lograr que los distintos integrantes de la organización comprendan tanto los elementos constitutivos de la misma como las relaciones de poder dentro de ella, con el propósito de obtener una mejor consecución de las metas individuales y del equipo a su cargo.

D

Capacidad para conocer los elementos constitutivos de la propia organización y percibir los cambios incluso con una visión de corto plazo; y comprender e interpretar las relaciones de poder. Implica identificar adecuadamente a las personas que toman las decisiones dentro de su área, crear y mantener una red de contactos positiva, interpretar y analizar el entorno de su puesto de trabajo, y actuar cooperativamente cuando corresponde. Capacidad para implementar políticas organizacionales relacionadas con los elementos constitutivos de la organización y las relaciones de poder, a fin de lograr una mejor consecución de sus objetivos.

Nota: El grado D indica que la competencia está desarrollada en un nivel mínimo.

Ética

Capacidad para sentir y obrar en todo momento de acuerdo con los valores morales y las buenas costumbres y prácticas profesionales, y respetar las políticas organizacionales. Implica sentir y obrar de este modo en todo momento, tanto en la vida profesional y laboral como en la vida privada, aun en forma contraria a supuestos intereses propios o del sector/organización al que pertenece, ya que las buenas costumbres y los valores morales están por encima de su accionar, y la organización así lo desea y lo comprende.

A Capacidad para estructurar la visión, misión, valores y estrategia de la organización sobre la base de valores morales, las buenas costumbres y prácticas organizacionales, y establecer un marco de trabajo para sí mismo y para toda la organización basado en el respeto tanto de las políticas de la organización como de los valores y principios morales. Capacidad para priorizar valores y buenas costumbres, aun por sobre intereses propios y de la organización, y establecer relaciones laborales o comerciales sobre la base de sus principios y del respeto. Implica ser modelo en la comunidad donde actúa y en la organización por su ética, tanto en lo laboral como en todos los otros ámbitos de su vida.

B Capacidad para dirigir el área a su cargo y actuar sobre la base de valores morales, las buenas costumbres y prácticas organizacionales, y establecer un marco de trabajo para sí mismo y para toda su área basado en el respeto tanto de las políticas de la organización como de los valores y principios morales. Capacidad para priorizar valores y buenas costumbres, aun por sobre intereses propios y del área a su cargo, y establecer relaciones laborales, comerciales o entre áreas sobre la base de sus principios y del respeto. Implica ser modelo en la organización por su ética, tanto en lo laboral como en lo personal.

C Capacidad para conducir a su grupo de trabajo o sector y actuar sobre la base de valores morales, las buenas costumbres y prácticas organizacionales, y establecer un marco de trabajo para sí mismo y para sus colaboradores basado en el respeto tanto de las políticas de la organización como de los valores y principios morales. Capacidad para priorizar valores y buenas costumbres, aun por sobre intereses propios y del sector a su cargo, y establecer relaciones laborales, comerciales o entre áreas, sobre la base del respeto. Implica ser modelo en su área de actuación por su ética, tanto en lo laboral como en lo personal.

D Capacidad para actuar sobre la base de valores morales, las buenas costumbres y prácticas organizacionales, y respetar las políticas y los valores de la organización. Capacidad para respetar valores y buenas costumbres, aun por sobre intereses propios, y establecer relaciones con otras personas sobre la base del respeto. Ser modelo para sus compañeros por su ética, tanto en lo laboral como en lo personal.

Nota: El grado D indica que la competencia está desarrollada en un nivel mínimo.

Ética y sencillez

Capacidad para actuar en concordancia con los valores morales y las buenas costumbres y prácticas profesionales, y respetar las políticas organizacionales. Capacidad para generar confianza en otros al ejecutar acciones o procesos no burocráticos y simples de entender desde una perspectiva diferente a la propia. Implica ser uno mismo y demostrar seguridad, ser congruente entre el decir y el hacer y no dar lugar a malentendidos.

A
Capacidad para estructurar la visión, misión, valores y estrategia de la organización sobre la base de valores morales, las buenas costumbres y prácticas organizacionales, y establecer un marco de referencia para sí mismo y para toda la organización a fin de actuar en concordancia con los valores y las políticas de la organización. Capacidad para generar confianza en otros al diseñar métodos de trabajo, aplicables a toda la organización, no burocráticos, transparentes y de fácil comprensión desde una perspectiva diferente. Implica ser uno mismo y demostrar seguridad, ser congruente entre el decir y el hacer y no dar lugar a malentendidos, y promover este mismo modo de actuar en toda la organización. También, ser un referente en la organización y en la comunidad por su ética y sencillez.

B
Capacidad para dirigir el área a su cargo sobre la base de valores morales, las buenas costumbres y prácticas organizacionales, y establecer un marco de referencia para sí mismo y para su área a fin de actuar en concordancia con los valores y las políticas de la organización. Capacidad para generar confianza en otros al diseñar métodos de trabajo, dentro de su área, no burocráticos, transparentes y simples de entender desde una perspectiva diferente. Implica ser uno mismo y demostrar seguridad, ser congruente entre el decir y el hacer y no dar lugar a malentendidos, y promover este mismo modo de actuar en su área. También, ser un referente en la organización por su ética y sencillez.

C
Capacidad para conducir al equipo a su cargo sobre la base de valores morales, las buenas costumbres y prácticas organizacionales, y establecer un marco de referencia para sí mismo y para su sector para actuar en concordancia con los valores y las políticas organizacionales. Capacidad para generar confianza en otros al aplicar métodos de trabajo no burocráticos, transparentes y de fácil comprensión, desde una perspectiva diferente. Implica ser uno mismo y demostrar seguridad, ser congruente entre el decir y el hacer y no dar lugar a malentendidos, y promover este mismo modo de actuar entre sus colaboradores. También, ser un referente en su área por su ética y sencillez.

D
Capacidad para realizar su tarea sobre la base de buenas costumbres y prácticas organizacionales y actuar en concordancia con los valores y las políticas de la organización. Capacidad para generar confianza en otros por su desempeño transparente y simple de entender desde una perspectiva diferente. Implica ser uno mismo y demostrar seguridad, ser congruente entre el decir y el hacer y no dar lugar a malentendidos. También, ser un referente entre sus compañeros por su ética y sencillez.

Nota: El grado D indica que la competencia está desarrollada en un nivel mínimo.

Flexibilidad y adaptación

Capacidad para trabajar con eficacia en situaciones variadas y/o inusuales, con personas o grupos diversos. Implica comprender y valorar posturas distintas a las propias, incluso puntos de vista encontrados, modificar su propio enfoque a medida que la situación cambiante lo requiera, y promover dichos cambios en su ámbito de actuación.

A
Capacidad para idear y diseñar políticas organizacionales para enfrentar proactivamente problemas y/o situaciones variadas y/o inusuales con eficacia, que impliquen la participación y dirección de personas o grupos diversos, multiculturales y, eventualmente, conflictivos. Implica comprender y valorar posturas distintas a las propias, incluso puntos de vista encontrados, modificando su propio enfoque a medida que la situación cambiante lo requiera, y promover dichos cambios en el ámbito de la organización en su conjunto y en el entorno directo donde esta tenga influencia.

B
Capacidad para diseñar e implementar políticas organizacionales orientadas a enfrentar proactivamente problemas y/o situaciones variadas y/o inusuales con eficacia, que impliquen la participación y dirección de personas o grupos diversos, multiculturales. Implica comprender y valorar posturas distintas a las propias, incluso puntos de vista encontrados, modificando su propio enfoque a medida que la situación cambiante lo requiera, y promover dichos cambios en el ámbito de la organización en su conjunto y en su área de trabajo en particular.

C
Capacidad para implementar las políticas organizacionales dentro de su sector con el propósito de enfrentar problemas y/o situaciones variadas y/o inusuales con eficacia, que impliquen la participación y dirección de personas o grupos diversos, multiculturales. Implica comprender y valorar posturas distintas a las propias, incluso puntos de vista encontrados, modificando su propio enfoque a medida que la situación cambiante lo requiera, y promover dichos cambios en su área de trabajo.

D
Capacidad para implementar las políticas organizacionales en su puesto de trabajo con el propósito de enfrentar problemas y/o situaciones variadas y/o inusuales con eficacia, que impliquen la participación de personas diversas. Implica comprender y valorar posturas distintas a las propias, incluso puntos de vista encontrados, modificando su propio enfoque a medida que la situación cambiante lo requiera, y promover dichos cambios en su esfera de actuación.

Nota: El grado D indica que la competencia está desarrollada en un nivel mínimo.

Fortaleza

Capacidad para obrar asumiendo el punto medio en cualquier situación. Se entiende por punto medio vencer el temor y huir de la temeridad. No se trata de alardes de fuerza física o de otro tipo; por el contrario, se relaciona con valores como la prudencia y la sensatez para optar por la posición intermedia ante las distintas circunstancias sin caer en la tentación de actuar como todopoderoso o, por el contrario, como timorato.

A Capacidad para idear, diseñar e implementar políticas y procedimientos organizacionales con el propósito de que la organización en su conjunto, así como todos sus integrantes de manera individual, obren en todo momento respetando el punto medio, entendido como la posición de vencer el temor y huir de la temeridad, en la consecución de los planes estratégicos organizacionales, y de ese modo alcanzar la visión. Implica conducir y dirigir las distintas áreas de la organización de acuerdo con este principio. También, ser un referente organizacional en materia de Fortaleza, tanto en lo personal como a la hora de hacer negocios y acuerdos.

B Capacidad para diseñar e implementar políticas y procedimientos organizacionales con el propósito de que el área a su cargo, así como todos sus integrantes de manera individual, obren en todo momento respetando el punto medio, entendido como la posición de vencer el temor y huir de la temeridad, en la consecución de los planes estratégicos bajo su responsabilidad, y de ese modo alcanzar la visión. Implica conducir y dirigir la/s área/s a su cargo de acuerdo con este principio. También, ser un referente en su área en materia de Fortaleza, tanto en lo personal como a la hora de hacer negocios y acuerdos.

C Capacidad para implementar políticas y procedimientos organizacionales con el propósito de que el sector a su cargo, así como todos sus integrantes de manera individual, obren en todo momento respetando el punto medio, entendido como la posición de vencer el temor y huir de la temeridad, en la consecución de los planes estratégicos bajo su responsabilidad, y de ese modo alcanzar la visión. Implica conducir el grupo de personas a su cargo de acuerdo con este principio. También, ser un referente para sus colaboradores en materia de Fortaleza, tanto en lo personal como en relación con sus funciones de acuerdo con el cargo ocupado.

D Capacidad para implementar las políticas y procedimientos en relación con su puesto de trabajo respetando el principio del punto medio, entendido como la posición de vencer el temor y huir de la temeridad. Implica ser un referente para sus compañeros en materia de Fortaleza, tanto en lo personal como en relación con sus funciones de acuerdo con el cargo ocupado.

Nota: El grado D indica que la competencia está desarrollada en un nivel mínimo.

Iniciativa

Capacidad para actuar proactivamente y pensar en acciones futuras con el propósito de crear oportunidades o evitar problemas que no son evidentes para los demás. Implica capacidad para concretar decisiones tomadas en el pasado y la búsqueda de nuevas oportunidades o soluciones a problemas de cara al futuro.

A
Capacidad para anticiparse a situaciones tanto externas como internas a la organización, así como nacionales, regionales o globales, con visión de largo plazo, y para prever opciones de cursos de acción eficaces y efectivos. Implica analizar las situaciones planteadas en profundidad y elaborar planes de contingencia con el propósito de crear oportunidades y/o evitar problemas potenciales, no evidentes para los demás. También, ser un referente en la organización y el mercado por sus propuestas de mejora con visión de largo plazo.

B
Capacidad para anticiparse a situaciones tanto externas como internas a la organización, así como nacionales, regionales o globales, con visión de mediano plazo, y para prever opciones de cursos de acción eficaces y efectivos. Implica analizar las situaciones planteadas en profundidad y elaborar planes de contingencia con el propósito de crear oportunidades y/o evitar problemas potenciales. También, ser un referente en su área y en la organización por sus propuestas de mejora con visión de mediano plazo.

C
Capacidad para resolver situaciones complejas o de crisis y prever opciones de cursos de acción eficaces y efectivos. Implica analizar las situaciones planteadas y elaborar planes de contingencia con el propósito de crear oportunidades y/o evitar problemas potenciales. También, ser un referente en su sector y en el ámbito de su área de trabajo por sus propuestas de mejora con visión de corto plazo.

D
Capacidad para resolver situaciones cuando estas se presentan, y reaccionar de manera favorable tanto frente a oportunidades como a problemas. Implica ser un referente para sus compañeros por sus propuestas de mejora y eficiencia, en relación con las responsabilidades de su puesto.

Nota: El grado D indica que la competencia está desarrollada en un nivel mínimo.

Innovación y creatividad

Capacidad para idear soluciones nuevas y diferentes dirigidas a resolver problemas o situaciones que se presentan en el propio puesto, la organización y/o los clientes, con el objeto de agregar valor a la organización.

A

Capacidad para presentar soluciones novedosas y originales, a la medida de los requerimientos de la situación, pensando en los clientes internos o externos, que ni la propia empresa ni otros habían presentado antes y aplicables tanto a su puesto como a la organización a la cual pertenece, a la comunidad y/o a los clientes, con el propósito de agregar valor. Implica ser un referente en la organización y en el mercado por presentar soluciones innovadoras y creativas a situaciones diversas, añadiendo valor.

B

Capacidad para presentar soluciones a problemas o situaciones relacionados con su puesto de trabajo o clientes internos o externos, que la organización no había aplicado o utilizado con anterioridad, con el propósito de agregar valor. Implica ser un referente en su área y en el ámbito de la organización por presentar soluciones innovadoras y creativas a situaciones diversas, añadiendo valor.

C

Capacidad para presentar soluciones a problemas o situaciones relacionados con su puesto de trabajo o clientes internos o externos, dentro de los lineamientos habituales con que se han solucionado los temas con anterioridad, agregando valor a su área de trabajo. Implica ser un referente en su sector y en el ámbito de su área de trabajo por presentar soluciones innovadoras y creativas a situaciones diversas, añadiendo valor.

D

Capacidad para aplicar/recomendar soluciones a fin de resolver problemas o situaciones, utilizando su experiencia en casos similares. Implica ser un referente para sus compañeros de trabajo por presentar soluciones innovadoras y creativas que agregan valor.

Nota: El grado D indica que la competencia está desarrollada en un nivel mínimo.

Integridad

Capacidad para comportarse de acuerdo con los valores morales, las buenas costumbres y prácticas profesionales, y para actuar con seguridad y congruencia entre el decir y el hacer. Capacidad para construir relaciones duraderas basadas en un comportamiento honesto y veraz.

A Capacidad para actuar en concordancia con los valores morales y las buenas prácticas y costumbres profesionales, y para estructurar a la organización en función de ellos. Capacidad para fomentar e inculcar en todos los integrantes de la empresa el respeto por los valores y la justicia en el trato con los demás. Capacidad para construir relaciones duraderas basadas en la honestidad de sus actos. Capacidad para ser considerado un referente en la organización y en el mercado por la congruencia constante entre lo que dice y lo que hace.

B Capacidad para guiar las propias acciones y las de sus colaboradores en función de los valores morales y las buenas costumbres. Capacidad para constituirse en un ejemplo para ellos por mantener una conducta congruente con los valores de la organización. Capacidad para construir relaciones de confianza con sus colaboradores.

C Capacidad para guiar sus acciones en función de los valores morales y las buenas costumbres, y alentar a sus pares y compañeros de trabajo a hacer lo mismo. Capacidad para establecer con ellos relaciones de confianza. Capacidad para actuar en todo momento de manera congruente con lo que expresa.

D Capacidad para actuar respetando los valores morales y las buenas prácticas profesionales y para actuar consecuentemente con lo que dice, respetando las pautas de conducta que le exige la organización.

Nota: El grado D indica que la competencia está desarrollada en un nivel mínimo.

Justicia

Capacidad para dar a cada uno lo que le corresponde o pertenece, en los negocios, en la relación con clientes y proveedores, en el manejo del personal o en una negociación, y, al mismo tiempo, velar por el cumplimiento de los valores de la organización y trabajar mancomunadamente en pos de la visión y la estrategia de esta. Implica obrar con equidad en cualquier circunstancia, tanto personal como laboral.

A

Capacidad para diseñar políticas y procedimientos organizacionales con el propósito de dar a cada uno lo que le corresponde o pertenece, en los negocios, en la relación con clientes y proveedores, en el manejo del personal o en una negociación. Implica velar por el cumplimiento de los valores de la organización y trabajar mancomunadamente en pos de la visión y la estrategia de esta. También, ser un referente en la organización y en el mercado por obrar con equidad en cualquier circunstancia, tanto personal como laboral.

B

Capacidad para diseñar políticas y procedimientos para su área con el propósito de dar a cada uno lo que le corresponde o pertenece, en los negocios, en la relación con clientes y proveedores, en el manejo del personal o en una negociación. Implica velar por el cumplimiento de los valores de la organización y trabajar mancomunadamente dentro de su área en pos de la visión y la estrategia organizacionales. También, ser un referente en su área y en el ámbito de la organización por obrar con equidad en cualquier circunstancia, tanto personal como laboral.

C

Capacidad para implementar procedimientos para su sector con el propósito de dar a cada uno lo que le corresponde o pertenece, en los negocios, en la relación con clientes y proveedores, en el manejo del personal o en una negociación. Implica velar por el cumplimiento de los valores de la organización y trabajar mancomunadamente dentro de su sector en pos de la estrategia organizacional. También, ser un referente en su sector y en el ámbito de su área de trabajo por obrar con equidad en cualquier circunstancia, tanto personal como laboral.

D

Capacidad para implementar en su puesto de trabajo procedimientos establecidos con el propósito de dar a cada uno lo que le corresponde o pertenece. Implica velar por el cumplimiento de los valores de la organización y trabajar mancomunadamente con sus compañeros para alcanzar las metas fijadas. También, ser un referente para sus compañeros y en el ámbito de su sector de trabajo por obrar con equidad.

Nota: El grado D indica que la competencia está desarrollada en un nivel mínimo.

Perseverancia en la consecución de objetivos

Capacidad para obrar con firmeza y constancia en la ejecución de proyectos y en la consecución de objetivos. Capacidad para actuar con fuerza interior, insistir cuando es necesario, repetir una acción y mantener un comportamiento constante para lograr un objetivo, tanto personal como de la organización.

A

Capacidad para definir políticas y diseñar procedimientos organizacionales tendientes a lograr un comportamiento constante y firme en todos los integrantes de la organización, para alcanzar la visión y estrategia de esta. Capacidad para actuar con fuerza interior, insistir cuando sea necesario, repetir una acción y mantener un comportamiento constante para lograr un objetivo, tanto personal como de la organización, y desarrollar esta misma capacidad en todos los colaboradores. Implica ser un referente en la organización y en el mercado por su perseverancia en la consecución de objetivos.

B

Capacidad para definir políticas y diseñar procedimientos para su área tendientes a lograr un comportamiento constante y firme en todos los integrantes de esta, para alcanzar la visión y estrategia organizacionales. Capacidad para actuar con fuerza interior, insistir cuando sea necesario, repetir una acción y mantener un comportamiento constante para lograr un objetivo, tanto personal como de la organización, y desarrollar esta misma capacidad en los integrantes de su área. Implica ser un referente en su área y en el ámbito de la organización por su perseverancia en la consecución de objetivos.

C

Capacidad para implementar procedimientos para su sector tendientes a lograr un comportamiento constante y firme en todos los integrantes del mismo, para alcanzar la estrategia organizacional. Capacidad para actuar con fuerza interior, insistir cuando sea necesario, repetir una acción y mantener un comportamiento constante para lograr un objetivo, tanto personal como de la organización, y desarrollar esta misma capacidad entre sus colaboradores. Implica ser un referente para sus colaboradores y en el ámbito de su área de influencia por su perseverancia en la consecución de objetivos.

D

Capacidad para implementar procedimientos en relación con su puesto de trabajo tendientes a lograr un comportamiento constante y firme. Capacidad para actuar con fuerza interior, insistir cuando sea necesario, repetir una acción y mantener un comportamiento constante para lograr un objetivo, tanto personal como de la organización. Implica ser un referente para sus compañeros por su perseverancia en la consecución de objetivos.

Nota: El grado D indica que la competencia está desarrollada en un nivel mínimo.

Prudencia

Capacidad para obrar con sensatez y moderación en todos los actos: en la aplicación de normas y políticas organizacionales, en la fijación y consecución de objetivos, en el cierre de acuerdos y demás funciones inherentes a su puesto. Implica la capacidad para discernir y distinguir lo bueno y lo malo para la organización, los colaboradores, los clientes y proveedores y para sí mismo.

A Capacidad para diseñar políticas y normas organizacionales en base al buen juicio, que permitan a todos los integrantes de la organización obrar con sensatez y moderación en todos los actos: en la fijación y consecución de objetivos, en el cierre de acuerdos y demás funciones inherentes a su puesto. Implica la capacidad para discernir y distinguir lo bueno y lo malo para la organización, los colaboradores, los clientes y proveedores y para sí mismo. Ser un referente en la organización y en el mercado por su Prudencia.

B Capacidad para diseñar políticas y normas para su área en base al buen juicio, que permitan a todos los integrantes de la misma obrar con sensatez y moderación en todos los actos: en la fijación y consecución de objetivos, en el cierre de acuerdos y demás funciones inherentes a su puesto. Implica la capacidad para discernir y distinguir lo bueno y lo malo para su área, sus colaboradores, clientes internos y externos y para sí mismo. Ser un referente en su área y en el ámbito de la organización por su Prudencia.

C Capacidad para aplicar políticas y normas organizacionales en base al buen juicio dentro de su sector de trabajo y que le permitan a sus colaboradores obrar con sensatez y moderación en todos los actos: en la fijación y consecución de objetivos y demás funciones inherentes a su puesto. Implica la capacidad para discernir y distinguir lo bueno y lo malo para su sector, sus colaboradores, clientes internos y externos y para sí mismo. Ser un referente entre sus colaboradores y en el ámbito de su área por su Prudencia.

D Capacidad para aplicar políticas y normas organizacionales en base al buen juicio en relación con su puesto de trabajo, lo cual le permite obrar con sensatez y moderación en todos los actos: en la consecución de objetivos y demás funciones inherentes a su puesto. Implica la capacidad para discernir y distinguir lo bueno y lo malo tanto en relación con otras personas como para sí mismo. Ser un referente entre sus compañeros por su Prudencia.

Nota: El grado D indica que la competencia está desarrollada en un nivel mínimo.

Respeto

Capacidad para dar a los otros y a uno mismo un trato digno, franco y tolerante, y comportarse de acuerdo con los valores morales, las buenas costumbres y las buenas prácticas profesionales, y para actuar con seguridad y congruencia entre el decir y el hacer. Implica la capacidad para construir relaciones cálidas y duraderas basadas en una conducta honesta y veraz.

A
Capacidad para diseñar estrategias que fomenten en todo el ámbito de la organización el trato digno, franco y tolerante hacia los otros y hacia uno mismo. Capacidad para actuar en concordancia con los valores morales y las buenas prácticas y costumbres profesionales, y para estructurar a la organización en función de ellos. Capacidad para construir relaciones cálidas, basadas en la honestidad de sus actos. Capacidad para ser considerado un referente en la organización y en el mercado por la congruencia constante entre sus palabras y sus actos.

B
Capacidad para dar un trato digno, franco y tolerante, tanto a sí mismo como a los demás, y fomentar idéntica actitud en sus colaboradores. Capacidad para guiar las propias acciones y las de sus colaboradores en función de los valores morales y las buenas prácticas profesionales. Capacidad para constituirse en un ejemplo dentro de su área por mantener una conducta congruente con los valores de la empresa. Capacidad para construir relaciones cálidas, basadas en una conducta honesta y veraz.

C
Capacidad para ofrecer un trato digno, franco y tolerante, tanto a sí mismo como a los demás. Capacidad para guiar sus acciones en función de los valores morales y las buenas prácticas profesionales, y alentar a sus pares y compañeros de trabajo a hacer lo mismo. Capacidad para establecer relaciones cálidas y de confianza con sus pares y compañeros de trabajo. Capacidad para actuar en todo momento de manera congruente con lo que expresa.

D
Capacidad para brindar a los otros y a sí mismo un trato digno, franco y tolerante. Capacidad para respetar los valores morales y las buenas prácticas profesionales y para actuar consecuentemente con lo que dice y respetar las pautas de conducta que le exige la organización.

Nota: El grado D indica que la competencia está desarrollada en un nivel mínimo.

Responsabilidad personal

Capacidad para mantener el balance entre las obligaciones personales y profesionales, promover el logro de los objetivos corporativos y un adecuado ambiente laboral.

A
Capacidad para mantener un adecuado balance entre las obligaciones personales y profesionales, tanto en su propio desempeño como en el ámbito de la compañía, a través del diseño de políticas organizacionales que promueven en sus colaboradores el equilibrio entre las responsabilidades personales y laborales. Implica promover, al mismo tiempo, el logro de los objetivos organizacionales y la generación de un buen ambiente de trabajo. Capacidad para constituirse en un ejemplo para sus colaboradores en esta materia.

B
Capacidad para mantener un adecuado balance entre las obligaciones personales y profesionales, y promoverlo entre sus colaboradores al velar por el cumplimiento de las políticas de la organización en relación con las responsabilidades personales y laborales. Implica, al mismo tiempo, promover el logro de los objetivos asignados a su área y un buen ambiente laboral dentro de su campo de acción.

C
Capacidad para mantener un adecuado equilibrio entre las obligaciones personales y profesionales y velar por que sus colaboradores también lo logren. Capacidad para alcanzar, junto con sus colaboradores, los objetivos de su sector, manteniendo un adecuado clima laboral.

D
Capacidad para cumplir con las tareas a su cargo y alcanzar los objetivos laborales sin descuidar sus obligaciones personales.

Nota: El grado D indica que la competencia está desarrollada en un nivel mínimo.

Responsabilidad social

Capacidad para identificarse con las políticas organizacionales en materia de responsabilidad social, diseñar, proponer y luego llevar a cabo propuestas orientadas a contribuir y colaborar con la sociedad en las áreas en las cuales esta presenta mayores carencias, y por ende, mayor necesidad de ayuda y colaboración.

A
Capacidad para fijar políticas organizacionales en materia de responsabilidad social de mediano y largo plazo. Capacidad para diseñar, proponer y luego llevar a cabo propuestas orientadas a contribuir y colaborar con la sociedad en las áreas en las cuales esta presenta mayores carencias y, por ende, mayor necesidad de ayuda y colaboración. Capacidad para comprender rápidamente otras culturas, sus maneras de pensar y comportarse y las diferentes formas de hacer las cosas, y utilizar dicha comprensión en beneficio de las políticas organizacionales en materia de responsabilidad social. Capacidad para constituirse en un referente en la organización y en el mercado en general en materia de responsabilidad social.

B
Capacidad para promover las políticas organizacionales en materia de responsabilidad social. Capacidad para diseñar, proponer y luego llevar a cabo propuestas orientadas a contribuir y colaborar con la sociedad en las áreas en las cuales esta presenta mayores carencias y, por ende, mayor necesidad de ayuda y colaboración. Capacidad para comprender rápidamente otras culturas, sus maneras de pensar y comportarse y las diferentes formas de hacer las cosas, y utilizar dicha comprensión en beneficio de las políticas organizacionales en materia de responsabilidad social. Capacidad para constituirse en un referente para sus colaboradores en materia de responsabilidad social.

C
Capacidad para identificarse con las políticas organizacionales en materia de responsabilidad social. Capacidad para proponer acciones orientadas a colaborar con la sociedad en las áreas en las cuales esta presenta mayores carencias. Capacidad para comprender rápidamente otras culturas y utilizar dicha comprensión en beneficio de las políticas organizacionales en materia de responsabilidad social.

D
Capacidad para identificarse con las políticas organizacionales en materia de responsabilidad social. Capacidad para llevar a cabo acciones orientadas a colaborar con la sociedad en todo aquello que guarde relación con sus propias tareas o responsabilidades. Capacidad para comprender rápidamente otras culturas.

Nota: El grado D indica que la competencia está desarrollada en un nivel mínimo.

Sencillez

Capacidad para explicar de manera clara y precisa tanto los éxitos como los fracasos, problemas o acontecimientos negativos. Capacidad para expresarse sin dobleces ni engaños, decir siempre la verdad y lo que siente. Implica generar confianza en superiores, colaboradores y compañeros de trabajo, así como buscar nuevos y mejores caminos para hacer las cosas y evitar las soluciones complicadas y burocráticas.

A
Capacidad para fijar políticas organizacionales y comunicarlas de manera clara y precisa en todos los niveles de la organización así como también comunicar fracasos o acontecimientos negativos sin dobleces ni engaños, decir siempre la verdad y lo que siente. Capacidad para buscar nuevos y mejores caminos para hacer las cosas y diseñar métodos de trabajo y procedimientos para toda la organización, y evitar las soluciones complicadas y burocráticas. Implica generar confianza en superiores, colaboradores y compañeros de trabajo y ser un referente en la organización y en el mercado por su sencillez.

B
Capacidad para fijar políticas para su área y comunicarlas de manera clara y precisa en todos los niveles bajo su responsabilidad así como también comunicar fracasos o acontecimientos negativos sin dobleces ni engaños, decir siempre la verdad y lo que siente. Capacidad para buscar nuevos y mejores caminos para hacer las cosas y diseñar métodos de trabajo y procedimientos para su área, y evitar las soluciones complicadas y burocráticas. Implica generar confianza en superiores, colaboradores y compañeros de trabajo y ser un referente en su área y en el ámbito de la organización por su sencillez.

C
Capacidad para aplicar políticas y comunicarlas de manera clara y precisa a sus colaboradores, así como también comunicar fracasos o acontecimientos negativos sin dobleces ni engaños, decir siempre la verdad. Capacidad para buscar nuevos y mejores caminos para hacer las cosas y diseñar métodos de trabajo y procedimientos para su sector, y evitar las soluciones complicadas y burocráticas. Implica generar confianza en superiores, colaboradores y compañeros de trabajo y ser un referente para sus colaboradores y en el ámbito de su área de actuación por su sencillez.

D
Capacidad para aplicar políticas así como comunicar a otras personas fracasos o acontecimientos negativos sin dobleces ni engaños, decir siempre la verdad. Capacidad para buscar nuevos y mejores caminos para hacer las cosas y proponer métodos de trabajo y procedimientos para su sector, y evitar las soluciones complicadas y burocráticas. Ser un referente para sus compañeros por su sencillez.

Nota: El grado D indica que la competencia está desarrollada en un nivel mínimo.

Temple

Capacidad para obrar con serenidad y dominio tanto de sí mismo como en relación con las actividades a su cargo. Capacidad para afrontar de manera enérgica y al mismo tiempo serena las dificultades y los riesgos y explicar a otros problemas, fracasos o acontecimientos negativos. Implica seguir adelante en medio de circunstancias adversas, resistir tempestades y llegar a buen puerto.

A
Capacidad para definir la visión organizacional aun en tiempos difíciles, obrar con serenidad y dominio tanto de sí mismo como en relación con los planes estratégicos de la organización. Capacidad para afrontar de manera enérgica y al mismo tiempo serena las dificultades y los riesgos, dirigir organizaciones bajo esas circunstancias y explicar a otros problemas, fracasos o acontecimientos negativos. Implica llevar adelante una empresa en medio de circunstancias adversas, resistir tempestades y llegar a buen puerto. Ser un referente en la organización y el mercado por su Templanza.

B
Capacidad para definir la visión de su área aun en tiempos difíciles, obrar con serenidad y dominio tanto de sí mismo como en relación con los planes estratégicos bajo su responsabilidad. Capacidad para afrontar de manera enérgica y al mismo tiempo serena las dificultades y los riesgos, dirigir su área bajo esas circunstancias y explicar a otros problemas, fracasos o acontecimientos negativos. Implica llevar adelante su área en medio de circunstancias adversas, resistir tempestades y llegar a buen puerto. Ser un referente en su área y en el ámbito de la organización por su Templanza.

C
Capacidad para aplicar las directivas recibidas en su sector aun en tiempos difíciles, obrar con serenidad y dominio tanto de sí mismo como en relación con las responsabilidades a su cargo. Capacidad para afrontar de manera enérgica y al mismo tiempo serena las dificultades y los riesgos, dirigir su sector bajo esas circunstancias y explicar a otros problemas, fracasos o acontecimientos negativos. Implica llevar adelante su sector en medio de circunstancias adversas, resistir tempestades y llegar a buen puerto. Ser un referente para sus colaboradores y en su área por su Templanza.

D
Capacidad para aplicar las directivas recibidas aun en tiempos difíciles, obrar con serenidad y dominio y cumplir con las responsabilidades a su cargo. Capacidad para afrontar de manera enérgica y serena las dificultades y explicar a otros problemas, fracasos o acontecimientos negativos. Implica llevar adelante su tarea en medio de circunstancias adversas. Ser un referente para sus compañeros y en su sector por su Templanza.

Nota: El grado D indica que la competencia está desarrollada en un nivel mínimo.

DICCIONARIO DE COMPETENCIAS

COMPETENCIAS ESPECÍFICAS GERENCIALES

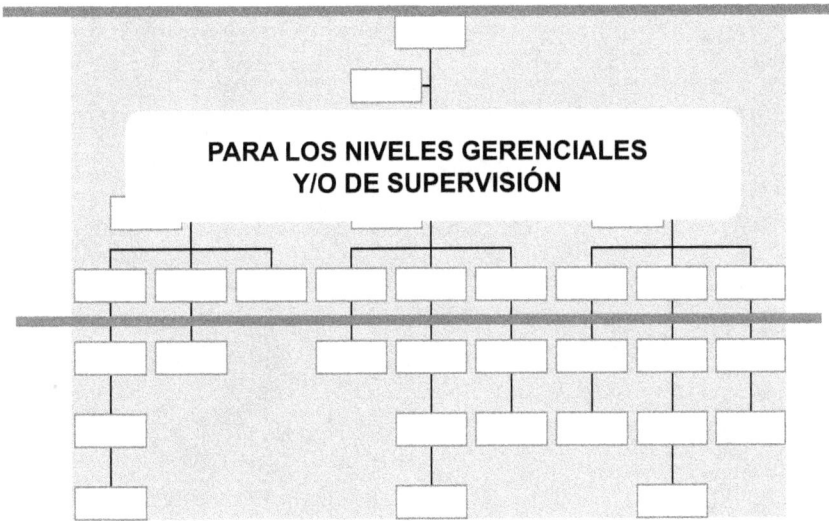

COMPETENCIAS
CARDINALES

COMPETENCIAS
ESPECÍFICAS
GERENCIALES

COMPETENCIAS
ESPECÍFICAS
POR ÁREA

PARA LOS NIVELES GERENCIALES
Y/O DE SUPERVISIÓN

Diccionario de competencias. Competencias específicas gerenciales

En este capítulo se presentarán ejemplos de competencias específicas gerenciales. Como una breve introducción a la temática se incluyen a continuación algunas definiciones de conceptos relacionados.

Definiciones

Competencia. Hace referencia a las características de personalidad, devenidas en comportamientos, que generan un desempeño exitoso en un puesto de trabajo.

Competencia cardinal. Competencia aplicable a todos los integrantes de la organización. Las competencias cardinales representan su esencia y permiten alcanzar la visión organizacional.

Competencia específica. Competencia aplicable a colectivos específicos, por ejemplo, un área de la organización o un cierto nivel, como el gerencial.

Modelo de competencias. Conjunto de procesos relacionados con las personas que integran la organización y que tienen como propósito alinearlas en pos de los objetivos organizacionales o empresariales.

Las competencias seleccionadas como ejemplos de las específicas gerenciales para la preparación de esta obra son:

1. *Conducción de personas*
2. *Dirección de equipos de trabajo*
3. *Empowerment*
4. *Entrenador*

5. *Entrepreneurial*

6. *Liderar con el ejemplo*

7. *Liderazgo*

8. *Liderazgo ejecutivo (capacidad para ser líder de líderes)*

9. *Liderazgo para el cambio*

10. *Visión estratégica*

Para la confección de esta obra hemos considerado unas competencias como cardinales y otras como específicas; sin embargo, es muy importante destacar que cualquiera de ellas puede ser considerada en una categoría u otra, según se requiera.

Las competencias mencionadas como cardinales podrían, también, ser consideradas específicas. Del mismo modo, cualquiera de las competencias mencionadas como específicas, podría ser considerada cardinal.

Si bien no es tan frecuente, las competencias específicas gerenciales podrían ser consideradas tanto cardinales como específicas. Cada organización deberá diseñar su propio modelo de acuerdo con sus necesidades.

Una vez que se haya decidido el esquema final, en todos los casos los comportamientos asociados, que se reflejarán en el *Diccionario de comportamientos,* replicarán la misma categorización.

Usted tiene en sus manos un libro, no un modelo de una organización en particular. No obstante, se seguirá el lineamiento general consignado más arriba para la presentación de las competencias en las tres obras relacionadas: *Diccionario de competencias. La Trilogía. Tomo 1; Diccionario de comportamientos. La Trilogía. Tomo 2,* y *Diccionario de preguntas. La Trilogía. Tomo 3.*

Conducción de personas

Capacidad para dirigir un grupo de colaboradores, distribuir tareas y delegar autoridad, además de proveer oportunidades de aprendizaje y crecimiento. Implica la capacidad para desarrollar el talento y potencial de su gente, brindar retroalimentación oportuna sobre su desempeño y adaptar los estilos de dirección a las características individuales y de grupo, al identificar y reconocer aquello que motiva, estimula e inspira a sus colaboradores, con la finalidad de permitirles realizar sus mejores contribuciones.

A
Capacidad para dirigir grupos de colaboradores de alto desempeño, distribuir tareas y delegar autoridad. Capacidad para proveer oportunidades de aprendizaje y crecimiento. Capacidad para desarrollar el talento y potencial de su gente, y brindar retroalimentación oportuna sobre el desempeño. Implica adaptar el estilo de dirección a las características individuales y grupales de las personas a su cargo, al identificar y reconocer aquello que motiva, estimula e inspira a sus integrantes, con la finalidad de permitirles aportar sus mejores contribuciones. Capacidad para guiar, en lo que respecta a la conducción de personas, a aquellos colaboradores suyos que también son jefes, constituyéndose en un referente en la materia.

B
Capacidad para dirigir uno o varios grupos de colaboradores, distribuir tareas y delegar autoridad. Capacidad para proveer oportunidades de aprendizaje y crecimiento. Capacidad para desarrollar el talento y potencial de su gente al brindarle una oportuna retroalimentación. Implica adaptar el estilo de conducción a las características individuales y grupales, y la capacidad de guiar en la dirección de personas a aquellos de sus colaboradores que posean, a su vez, colaboradores a su cargo.

C
Capacidad para dirigir uno o varios grupos de colaboradores, distribuir tareas y delegar autoridad. Capacidad para desarrollar el talento y potencial de su gente al brindarle una oportuna retroalimentación. Implica adaptar el estilo de conducción a las características particulares de las personas o los grupos a su cargo.

D
Capacidad para supervisar un grupo de colaboradores, distribuir tareas y delegar autoridad. Capacidad para brindar retroalimentación oportuna y adaptar su estilo de conducción a las características particulares de las personas que se encuentran bajo su responsabilidad.

Nota: El grado D indica que la competencia está desarrollada en un nivel mínimo.

Dirección de equipos de trabajo

Capacidad para integrar, desarrollar, consolidar y conducir con éxito un equipo de trabajo, y alentar a sus integrantes a actuar con autonomía y responsabilidad. Implica la capacidad para coordinar y distribuir adecuadamente las tareas en el equipo, en función de las competencias y conocimientos de cada integrante, estipular plazos de cumplimiento y dirigir las acciones del grupo hacia una meta u objetivo determinado.

A Capacidad para diseñar e implantar métodos de trabajo que promuevan la dirección de equipos eficaces para una mejor consecución de las metas corporativas. Capacidad para seleccionar a los integrantes de los equipos de trabajo y alentar este tipo de prácticas entre los niveles directivos de la organización. Capacidad para integrar, desarrollar, consolidar y conducir uno o varios equipos de trabajo, y alentar a sus integrantes a actuar con autonomía y responsabilidad. Capacidad para coordinar y distribuir las tareas y prioridades en función de las competencias y conocimientos de los integrantes de los equipos a su cargo y de los objetivos que se desee alcanzar. Implica estipular plazos de cumplimiento y dirigir las acciones de los equipos hacia una meta u objetivo determinado.

B Capacidad para seleccionar a los integrantes de los equipos de trabajo y fijar metas. Capacidad para integrar, desarrollar, consolidar y conducir un equipo de trabajo, y alentar a sus integrantes a actuar con autonomía y responsabilidad. Capacidad para coordinar y distribuir las tareas y prioridades en función de las competencias y conocimientos de los colaboradores y los objetivos que se desee alcanzar. Implica estipular plazos de cumplimiento y dirigir las acciones del equipo hacia una meta u objetivo determinado.

C Capacidad para seleccionar a los integrantes de los equipos de trabajo y comunicar las metas fijadas. Capacidad para integrar, desarrollar y conducir con éxito un equipo de trabajo, alentando a sus integrantes a actuar con autonomía y responsabilidad. Capacidad para coordinar y distribuir las tareas y prioridades en función de las competencias y conocimientos de los integrantes. Implica estipular plazos de cumplimiento y dirigir las acciones del equipo hacia una meta u objetivo determinado.

D Capacidad para integrar y conducir un equipo de trabajo alentando a sus integrantes a actuar con responsabilidad. Capacidad para coordinar y distribuir las tareas en función de las competencias y conocimientos de los colaboradores, estipular plazos de cumplimiento, y dirigir las acciones del equipo hacia una meta u objetivo determinado.

Nota: El grado D indica que la competencia está desarrollada en un nivel mínimo.

Empowerment[1]

Capacidad para otorgar poder al equipo de trabajo y compartir tanto los éxitos como las consecuencias negativas de los resultados, con todos los colaboradores. Capacidad para emprender acciones eficaces orientadas a mejorar y potenciar el talento de las personas, tanto en conocimientos como en competencias. Capacidad para obtener los mejores resultados, lograr la integración del grupo y aprovechar la diversidad de los miembros del equipo para lograr un valor añadido superior al negocio. Implica fijar objetivos de desempeño claros y medibles y asignar las responsabilidades correspondientes.

A

Capacidad para diseñar e implantar métodos de trabajo organizacionales que permitan otorgar poder a los diferentes equipos de trabajo y compartir tanto los éxitos como las consecuencias negativas de los resultados, con todos los colaboradores. Capacidad para emprender acciones eficaces orientadas a mejorar y potenciar el talento de las personas, tanto en conocimientos como en competencias, en toda la organización. Capacidad para obtener los mejores resultados organizacionales, lograr la integración de las distintas áreas y aprovechar la diversidad de todos los colaboradores para lograr un valor añadido superior a la estrategia organizacional. Implica implantar políticas, fijar objetivos de desempeño claros y medibles, y asignar las responsabilidades correspondientes a las distintas áreas.

B

Capacidad para diseñar e implantar métodos de trabajo que permitan otorgar poder a los diferentes equipos de trabajo y compartir tanto los éxitos como las consecuencias negativas de los resultados, con todos los colaboradores de su área. Capacidad para emprender acciones eficaces para mejorar y potenciar el talento de las personas de su área, tanto en conocimientos como en competencias. Capacidad para obtener y superar los objetivos fijados para su sector, lograr la integración de los sectores y aprovechar la diversidad de todos los colaboradores de su área a fin de lograr un valor añadido superior a la estrategia organizacional. Implica implantar procesos y fijar objetivos de desempeño claros y medibles, y asignar las responsabilidades correspondientes a los distintos sectores a su cargo.

C

Capacidad para implantar métodos de trabajo que permitan otorgar poder a los diferentes equipos de trabajo y compartir con sus colaboradores tanto los éxitos como las consecuencias negativas de los resultados. Capacidad para emprender acciones eficaces orientadas a mejorar y potenciar el talento de sus colaboradores, tanto en conocimientos como en competencias, a fin de alcanzar los objetivos fijados, aprovechando la diversidad de todos sus colaboradores para lograr un valor añadido a la tarea realizada. Implica fijar objetivos de desempeño claros y medibles para sus colaboradores, y asignar las responsabilidades correspondientes.

D

Capacidad para trabajar en base a métodos organizacionales diseñados para otorgar poder a los colaboradores y compartir con ellos tanto los éxitos como las consecuencias negativas de los resultados. Capacidad para emprender acciones eficaces para mejorar, tanto en conocimientos como en competencias, a fin de alcanzar los objetivos fijados y, al mismo tiempo, lograr un valor añadido a la tarea realizada. Capacidad para desempeñarse con eficacia sobre la base de objetivos de desempeño claros y medibles.

Nota: El grado D indica que la competencia está desarrollada en un nivel mínimo.

---

1 "Empowerment" es una palabra inglesa de difícil traducción, por lo cual se la utilizará en su lengua de origen. Su definición es: *procedimientos y políticas organizacionales tendientes a que las decisiones se tomen lo más cerca posible de la ocurrencia de un hecho en particular.* Es importante señalar que, en el tratamiento de competencias, se llamará *empowerment* a la capacidad para trabajar siguiendo tales procedimientos y políticas organizacionales.

Entrenador[2]

Capacidad para formar a otros tanto en conocimientos como en competencias. Implica un genuino esfuerzo para fomentar el aprendizaje a largo plazo y/o desarrollo de otros, más allá de su responsabilidad específica y cotidiana. El desarrollo a lograr en otros será sobre la base del esfuerzo individual y según el puesto que la otra persona ocupe en la actualidad o se prevé que ocupará en el futuro.

A Capacidad para ofrecer retroalimentación honesta, respetuosa y objetiva a sus colaboradores, señalándoles sus fortalezas y debilidades junto con las necesidades de desarrollo más eficaces; fomentar independencia, desarrollar las capacidades (conocimientos y competencias) y fortalecerlas con el objeto de fomentar el aprendizaje y crecimiento a largo plazo. Implica realizar seguimiento de la carrera individual de cada uno de sus colaboradores, brindarles consejo efectivo y considerar todas las variables relacionadas (tanto con la organización como con el colaborador).

B Capacidad para brindar retroalimentación, proporcionar consejo eficaz, delegar tareas, supervisar su cumplimiento y fomentar la autonomía y seguridad de sus colaboradores. Implica capacidad para interesarse, escuchar a sus colaboradores, guiarlos y promover entre ellos el aprendizaje. Capacidad para demostrar interés por el desarrollo de sus colaboradores, y comprender sus necesidades y planes personales para desarrollarlos y permitirles crecer dentro de la organización.

C Capacidad para dar retroalimentación y comunicar las expectativas respecto del desempeño de sus colaboradores, y brindar la autoridad y responsabilidad necesarias para realizar las tareas. Implica capacidad para escuchar a sus colaboradores, y ofrecer sugerencias para mejorar y aprender. Capacidad para realizar seguimiento sobre el grado de desarrollo de las personas a su cargo, y comprender sus planes personales para luego asignarles tareas desafiantes que les permitan desarrollar conocimientos y competencias en sus puestos de trabajo.

D Capacidad para realizar seguimiento sobre las tareas delegadas y proporcionar una retroalimentación constructiva. Implica demostrar confianza en sus colaboradores al delegarles una tarea y brindarles instrucciones prácticas. Capacidad para alentar a sus colaboradores cuando toma conocimiento de oportunidades dentro de la organización acordes con sus capacidades e intereses.

Nota: El grado D indica que la competencia está desarrollada en un nivel mínimo.

---

2 A esta competencia también se la podría denominar *Capacidad para ser entrenador de sus colaboradores.*

Entrepreneurial[3]

Capacidad para transformar su gestión o un área de negocios de baja productividad y rendimiento en una de alta productividad y rendimiento. Capacidad para buscar el cambio, responder cuando se presenta y aprovecharlo como una oportunidad, y guiar en este sentido tanto su accionar como el de otros, con iniciativa y habilidad para los negocios. Implica vivir y sentir la actividad empresarial y constituirse en un promotor de ella.

A
Capacidad para transformar una actividad de baja rentabilidad en otra de mayor rendimiento anticipándose a otros por su conocimiento, visión y calidad de sus decisiones, y, al mismo tiempo, realizar un adecuado análisis de las variables económicas, de mercado y de negocios, descubrir oportunidades aun donde otros no las ven y ponerlas en práctica, y fijar políticas y estrategias organizacionales relacionadas. Capacidad para buscar el cambio y responder a él con éxito, y guiar a la organización en esa dirección, visualizar las situaciones nuevas y/o cambiantes para luego transformarlas en oportunidades para su empresa. Implica ser un referente en el mercado y en su organización por su calidad de entrepreneur.

B
Capacidad para transformar el área o negocio a su cargo llevándola desde una zona de baja rentabilidad a una de mayor rendimiento; obrar con anticipación e iniciativa, y realizar un adecuado análisis de las variables económicas, de mercado y de negocios, descubrir oportunidades aun donde otros no las ven y proponer planes adecuados para toda la organización. Capacidad para buscar el cambio, responder a él con éxito y guiar al área a su cargo en esa dirección; visualizar las situaciones nuevas y/o cambiantes, y transformarlas en oportunidades para el área a su cargo. Implica ser un referente en su área de acción por su calidad de entrepreneur.

C
Capacidad para transformar el sector a su cargo llevándolo desde una zona de baja rentabilidad o productividad (según corresponda) a otra de mayor rendimiento; obrar con iniciativa, y realizar un adecuado análisis de las variables económicas y de mercado, descubrir oportunidades aun donde otros no las ven y proponer planes adecuados para toda su área de trabajo. Capacidad para buscar el cambio y responder a él, y guiar al sector o equipo a su cargo en esa dirección; visualizar las situaciones nuevas y/o cambiantes, y transformarlas en oportunidades para el sector o equipo a su cargo. Implica ser un referente en su sector (o para el equipo a su cargo) por su calidad de entrepreneur.

D
Capacidad para transformar las tareas bajo su responsabilidad, incrementar su productividad y rendimiento y realizar un adecuado análisis de las variables a su cargo, descubrir oportunidades aun donde otros no las ven y proponer planes adecuados en relación con sus responsabilidades. Capacidad para buscar el cambio y responder a él, y guiar a sus colaboradores en esa dirección; visualizar las situaciones nuevas y/o cambiantes, y transformarlas en oportunidades para sus colaboradores. Implica ser un referente para sus colaboradores por su calidad de entrepreneur.

Nota: El grado D indica que la competencia está desarrollada en un nivel mínimo.

---

3 Esta competencia hace referencia a la capacidad para ser *entrepreneur*, entendiendo por *entrepreneur* a aquel que lleva recursos económicos desde zonas de baja productividad y bajo rendimiento a zonas de alta productividad y alto rendimiento. Un *entrepreneur* puede ser corporativo (desempeñarse dentro de una empresa o corporación), o ser dueño de su propia compañía.

Liderar con el ejemplo

Capacidad para comunicar la visión estratégica y los valores de la organización a través de un modelo de conducción personal acorde con la ética, y motivar a los colaboradores a alcanzar los objetivos planteados con sentido de pertenencia y real compromiso. Capacidad para promover la innovación y la creatividad, en un ambiente de trabajo confortable.

A Capacidad para fijar y comunicar la visión estratégica y los valores de la organización a través de un modelo de conducción personal acorde con la ética. Capacidad para motivar a todos los integrantes de la organización a alcanzar los objetivos planteados, fomentar el sentido de pertenencia y promover la innovación y la creatividad, en un ambiente de trabajo confortable. Implica la capacidad para establecer políticas organizacionales que ayuden a alcanzar estos propósitos, y ser ejemplo de líder para sus pares y colaboradores. Capacidad para promover que cada uno de los máximos directivos de la organización se transforme en un ejemplo para sus respectivos equipos en materia de liderazgo, y sea promotor del buen ambiente laboral basado en el respeto. Capacidad para constituirse en un referente en el mercado y la organización por sus valores personales y como promotor de la innovación.

B Capacidad para comunicar la visión estratégica y los valores de la organización a través de un modelo de conducción personal acorde con la ética. Capacidad para motivar a sus colaboradores a que logren los objetivos propuestos, fomentar el sentido de pertenencia, y promover la innovación y la creatividad, en un ambiente de trabajo confortable. Implica cumplir y hacer cumplir las políticas organizacionales que ayuden a alcanzar estos propósitos, y ser un ejemplo para todos los integrantes de su área. Capacidad para constituirse en un referente para la organización por sus valores personales y como promotor de la innovación.

C Capacidad para comunicar la estrategia y los valores organizacionales, y conducir con valores éticos al personal a su cargo. Capacidad para motivar a sus colaboradores y fomentar en ellos el sentido de pertenencia, en un ambiente de trabajo confortable. Implica cumplir y hacer cumplir las políticas organizacionales, y ser un ejemplo para sus colaboradores, en lo que respecta tanto a los valores personales como a la capacidad de innovación.

D Capacidad para comunicar la estrategia y los valores organizacionales, y conducir con valores éticos al personal a su cargo. Capacidad para motivar a sus colaboradores y lograr un buen ambiente de trabajo, cumplir y hacer cumplir las políticas organizacionales y, al mismo tiempo, constituirse en un ejemplo para su equipo por sus valores éticos.

Nota: El grado D indica que la competencia está desarrollada en un nivel mínimo.

Liderazgo

Capacidad para generar compromiso y lograr el respaldo de sus superiores con vistas a enfrentar con éxito los desafíos de la organización. Capacidad para asegurar una adecuada conducción de personas, desarrollar el talento, y lograr y mantener un clima organizacional armónico y desafiante.

A

Capacidad para diseñar estrategias, procesos, cursos de acción y métodos de trabajo con el propósito de asegurar una adecuada conducción de personas, desarrollar el talento y, al mismo tiempo, lograr el compromiso y el respaldo de las distintas áreas que componen la organización para alcanzar la estrategia. Implica lograr y mantener un clima organizacional armónico y desafiante, y ser un referente por su liderazgo y capacidad de desarrollar a los otros en el marco de la organización, con una visión y proyección de largo plazo.

B

Capacidad para proponer y diseñar procesos, cursos de acción y métodos de trabajo con el propósito de asegurar una adecuada conducción de personas, desarrollar el talento y, al mismo tiempo, lograr el compromiso y el respaldo de sus superiores a fin de enfrentar con éxito los desafíos propuestos para su área. Implica promover y mantener un clima organizacional armónico y desafiante, y ser un ejemplo dentro de la organización por su liderazgo y capacidad de desarrollar a los otros, con una visión y proyección de mediano plazo.

C

Capacidad para proponer cursos de acción y nuevas formas de hacer las cosas con el propósito de asegurar una adecuada conducción de personas, desarrollar el talento y, al mismo tiempo, lograr el compromiso y el respaldo de sus superiores a fin de enfrentar con éxito los desafíos del equipo a su cargo. Implica propiciar un clima organizacional armónico y desafiante, y ser un ejemplo para su entorno próximo por su liderazgo y capacidad de desarrollar a los otros, con una visión y proyección de corto plazo.

D

Capacidad para asegurar una adecuada conducción de personas, desarrollar el talento y, al mismo tiempo, lograr el compromiso y el respaldo de sus superiores a fin de enfrentar con éxito los desafíos del equipo del cual forma parte. Implica la capacidad de contribuir a mantener un clima organizacional armónico y desafiante.

Nota: El grado D indica que la competencia está desarrollada en un nivel mínimo.

Liderazgo ejecutivo[4]

Capacidad para dirigir a un grupo o equipo de trabajo del que dependen otros equipos, y comunicar la visión de la organización, tanto desde su rol formal como desde la autoridad moral que define su carácter de líder. Implica ser un líder de líderes, al crear un clima de energía y compromiso junto con un fuerte deseo de guiar a los demás, que se verifica en el comportamiento de los otros al acompañar su gestión con entusiasmo.

A
Capacidad para definir y comunicar la visión organizacional y generar a su alrededor entusiasmo, ilusión y compromiso profundo con los objetivos y metas organizacionales. Capacidad para asumir el liderazgo de equipos diversos y aun problemáticos, mejorar su desempeño y lograr que estos alcancen sus respectivos objetivos organizacionales. Capacidad para brindar entrenamiento experto y formar a otros líderes y, al mismo tiempo, definir las metas globales e individuales de cada grupo y tomar decisiones que faciliten la consecución de las mismas. Implica constituirse en un referente interno y externo en materia de liderazgo ejecutivo (líder de líderes), tanto formal como informal.

B
Capacidad para comunicar la misión, visión, objetivos y políticas de la organización, y motivar a todos a identificarse y participar de ellos. Capacidad para conducir equipos a los que a su vez les reportan otros equipos, de manera eficaz y positiva, aun cuando exista cierta oposición inicial, y ser un modelo a seguir en materia de liderazgo para sus colaboradores directos e indirectos. Capacidad para analizar las metas globales e individuales de cada grupo y tomar decisiones que faciliten la consecución de las mismas. Implica ser considerado, dentro de su área, un referente en materia de liderazgo ejecutivo (líder de líderes), tanto formal como informal.

C
Capacidad para comunicar la misión, visión, objetivos y políticas de la organización, y motivar a las personas a su cargo a identificarse con ellos. Capacidad para conducir, de manera eficaz y positiva, equipos a los que a su vez reportan otros, y ser un modelo a seguir en materia de liderazgo para sus colaboradores directos. Capacidad para analizar las metas globales e individuales de cada grupo y tomar decisiones que faciliten la consecución de las mismas. Implica ser considerado un referente en materia de liderazgo ejecutivo (líder de líderes) entre sus colaboradores directos, quienes buscan y aprecian su opinión.

D
Capacidad para comunicar la misión, visión, objetivos y políticas de la organización; conducir equipos a los que a su vez reportan otros, de manera eficaz y positiva; y ser un modelo a seguir en materia de liderazgo, entre sus colaboradores directos. Capacidad para analizar las metas globales e individuales de cada grupo y apoya a sus integrantes en la consecución de las mismas. Implica ser un referente para sus colaboradores directos en materia de liderazgo ejecutivo.

Nota: El grado D indica que la competencia está desarrollada en un nivel mínimo.

4   *Liderazgo ejecutivo* es la competencia relacionada con la capacidad de ser líder de líderes.

Liderazgo para el cambio

Capacidad para comunicar la visión estratégica de la organización y lograr que la misma parezca no sólo posible sino también deseable para los *stakeholders*[5]. Capacidad para generar en los otros motivación y compromiso genuinos. Capacidad para promover la innovación y los nuevos emprendimientos, y lograr transformar las situaciones de cambio en oportunidades.

A

Capacidad para idear y diseñar la visión estratégica de la organización y lograr que la misma parezca no sólo posible sino también deseable para los *stakeholders*. Capacidad para generar en todos los integrantes de la organización motivación y compromiso genuinos. Capacidad para promover la innovación y los nuevos emprendimientos y lograr transformar las situaciones de cambio en oportunidades. Capacidad para transformarse en un referente en la organización y en la comunidad en donde actúa por ser un líder y promotor del cambio.

B

Capacidad para comunicar la visión estratégica de la organización y lograr que la misma parezca no sólo posible sino también deseable para los *stakeholders*. Capacidad para generar en todos los integrantes de su área motivación y compromiso genuinos. Capacidad para promover en su área la innovación y los nuevos emprendimientos, y lograr transformar las situaciones de cambio en oportunidades. Capacidad para transformarse en un referente en la organización por ser un líder y promotor del cambio.

C

Capacidad para comunicar la visión estratégica de la organización y generar entusiasmo, motivación y compromiso genuinos en sus colaboradores y pares. Capacidad para promover en su sector la innovación y lograr transformar las situaciones de cambio en oportunidades. Capacidad para transformarse en un referente en su área por ser un líder y promotor del cambio.

D

Capacidad para comunicar la visión estratégica de la organización y generar entusiasmo, motivación y compromiso genuinos entre sus compañeros y colaboradores (si corresponde). Capacidad para actuar frente al cambio y detectar en él oportunidades. Capacidad para transformarse en un referente para sus compañeros en materia de liderazgo para el cambio.

Nota: El grado D indica que la competencia está desarrollada en un nivel mínimo.

---

5   El término "stakeholders" hace referencia a los distintos sectores de interés en torno de una organización: accionistas, ejecutivos, colaboradores, clientes, proveedores, gobierno, bancos, organismos de control, etcétera.

Visión estratégica

Capacidad para anticiparse y comprender los cambios del entorno, y establecer su impacto a corto, mediano y largo plazo en la organización, con el propósito de optimizar las fortalezas, actuar sobre las debilidades y aprovechar las oportunidades del contexto. Implica la capacidad para visualizar y conducir la empresa o el área a cargo como un sistema integral, para lograr objetivos y metas retadores, asociados a la estrategia corporativa.

A
Capacidad para anticiparse y comprender los cambios del entorno, y establecer su impacto a corto, mediano y largo plazo en la organización. Capacidad para diseñar políticas y procedimientos que permitan, al mismo tiempo, optimizar la utilización de las fortalezas y actuar sobre las debilidades, con el propósito de aprovechar las oportunidades del contexto. Implica la capacidad para fijar la visión de la organización y conducirla como un sistema integral, para que en su conjunto pueda lograr objetivos y metas retadores, asociados a la estrategia corporativa. Capacidad para constituirse en el mercado como una autoridad en la materia.

B
Capacidad para anticiparse y comprender los cambios del entorno, y establecer su impacto a corto, mediano y largo plazo en la organización. Habilidad para modificar procedimientos en el área a su cargo a fin de optimizar fortalezas y actuar sobre las debilidades, a partir de la consideración de las oportunidades que ofrece el contexto. Implica la capacidad para conducir el área bajo su responsabilidad y tener en cuenta que la organización es un sistema integral, donde las acciones y resultados de un sector repercuten sobre el conjunto. Capacidad para comprender que el objetivo último es alcanzar metas retadoras asociadas a la estrategia corporativa.

C
Capacidad para comprender los cambios del entorno y establecer su impacto en la organización a corto y mediano plazo. Habilidad para proponer mejoras sobre aspectos relacionados con su ámbito de actuación, a fin de mejorar la utilización de los recursos y fortalezas, y reducir las debilidades. Capacidad para actuar y/o conducir al grupo a su cargo bajo la visualización de la empresa y su área específica como sistemas integrados.

D
Capacidad para adecuarse a los cambios del entorno y detectar nuevas oportunidades en el área de su especialidad en función de las necesidades y características organizacionales.

Nota: El grado D indica que la competencia está desarrollada en un nivel mínimo.

DICCIONARIO DE COMPETENCIAS

COMPETENCIAS ESPECÍFICAS POR ÁREA

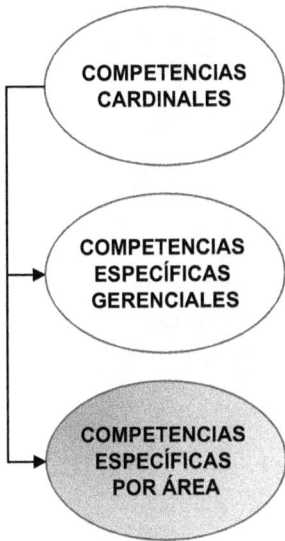

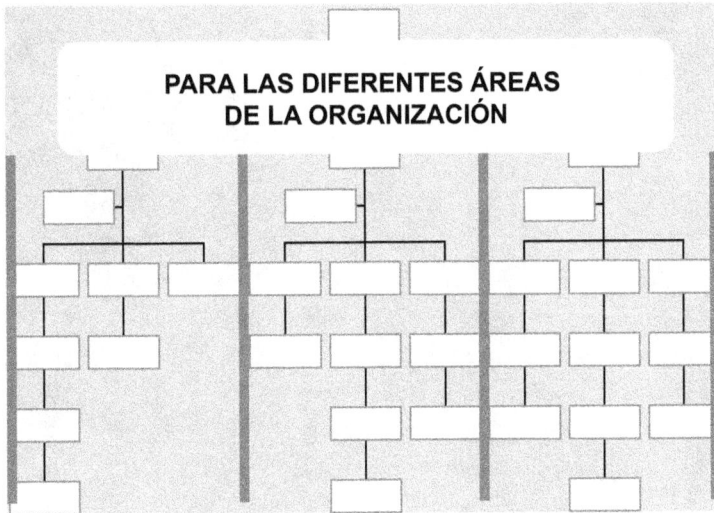

COMPETENCIAS CARDINALES

COMPETENCIAS ESPECÍFICAS GERENCIALES

COMPETENCIAS ESPECÍFICAS POR ÁREA

PARA LAS DIFERENTES ÁREAS DE LA ORGANIZACIÓN

Diccionario de competencias. Competencias específicas por área

En este capítulo se presentarán ejemplos de *competencias específicas por área*. Se eligió esta denominación por ser la de mayor utilización en la aplicación práctica del modelo. También se las podría haber denominado *específicas por familias de puestos*.

Como se expresara, lo más usual es hacer la agrupación de familias de puestos por áreas y, de ser necesario, estas pueden a su vez dividirse en subáreas, de allí el nombre utilizado para la preparación de la presente obra. Ejemplos de áreas: Producción, Finanzas, Sistemas, Recursos Humanos, Compras, Ventas, Mercadeo, etcétera.

Si una organización desea definir competencias por procesos, la forma de hacerlo es similar. Se eligen competencias para ser utilizadas en los diferentes procesos de la organización.

Como una breve introducción a la temática se incluyen a continuación algunas definiciones de conceptos relacionados.

Definiciones

Competencia. Hace referencia a las características de personalidad, devenidas en comportamientos, que generan un desempeño exitoso en un puesto de trabajo.

Competencia cardinal. Competencia aplicable a todos los integrantes de la organización. Las competencias cardinales representan su esencia y permiten alcanzar la visión organizacional.

Competencia específica. Competencia aplicable a colectivos específicos, por ejemplo, un área de la organización o un cierto nivel, como el gerencial.

Modelo de competencias. Conjunto de procesos relacionados con las personas que integran la organización y que tienen como propósito alinearlas en pos de los objetivos organizacionales o empresariales.

Las competencias seleccionadas como ejemplos de las que serían específicas por área para la preparación de esta obra son:

1. *Adaptabilidad - Flexibilidad*

2. *Calidad y mejora continua*

3. *Capacidad de planificación y organización*

4. *Cierre de acuerdos*

5. *Colaboración*

6. *Competencia "del náufrago"*

7. *Comunicación eficaz*

8. *Conocimiento de la industria y el mercado*

9. *Conocimientos técnicos*

10. *Credibilidad técnica*

11. *Desarrollo y autodesarrollo del talento*

12. *Dinamismo - Energía*

13. *Gestión y logro de objetivos*

14. *Habilidades mediáticas*

15. *Influencia y negociación*

16. *Iniciativa - Autonomía*

17. *Manejo de crisis*

18. *Orientación a los resultados con calidad*

19. *Orientación al cliente interno y externo*

20. *Pensamiento analítico*

21. *Pensamiento conceptual*

22. *Pensamiento estratégico*

23. *Productividad*

24. *Profundidad en el conocimiento de los productos*

25. *Relaciones públicas*

26. *Responsabilidad*

27. *Temple y dinamismo*

28. *Tolerancia a la presión de trabajo*

29. *Toma de decisiones*

30. *Trabajo en equipo*

Para la confección de esta obra hemos considerado unas competencias como cardinales y otras como específicas; sin embargo, es muy importante destacar que cualquiera de ellas puede ser considerada en una categoría u otra, según se requiera.

Las competencias mencionadas como cardinales podrían, también, ser consideradas específicas. Del mismo modo, cualquiera de las competencias mencionadas como específicas podría ser considerada cardinal.

Si bien no es tan frecuente, las competencias específicas gerenciales podrían ser consideradas tanto cardinales como específicas. Cada organización deberá diseñar su propio modelo de acuerdo con sus necesidades.

Una vez que se haya decidido el esquema final, en todos los casos los comportamientos asociados, que se reflejarán en el *Diccionario de comportamientos,* replicarán la misma categorización.

Usted tiene en sus manos un libro, no un modelo de una organización en particular. No obstante, se seguirá el lineamiento general consignado más arriba para la presentación de las competencias en las tres obras relacionadas: *Diccionario de competencias. La Trilogía. Tomo 1; Diccionario de comportamientos. La Trilogía. Tomo 2,* y *Diccionario de preguntas. La Trilogía. Tomo 3.*

Adaptabilidad - Flexibilidad

Capacidad para comprender y apreciar perspectivas diferentes, cambiar convicciones y conductas a fin de adaptarse en forma rápida y eficiente a diversas situaciones, contextos, medios y personas. Implica realizar una revisión crítica de su propia actuación.

A

Capacidad para comprender y apreciar (otorgar un valor especial) perspectivas diferentes, cambiar convicciones y conductas a fin de adaptarse en forma rápida y eficiente a diversas situaciones, contextos (interno o externo a la organización), medios y personas. Capacidad para llevar a cabo una revisión crítica de las estrategias y objetivos de su área, así como de su propia actividad y la de su equipo de trabajo, proponer cambios cuando resulte necesario, a fin de lograr una adecuada adaptación a las nuevas situaciones. Si corresponde, implica la capacidad de realizar una revisión crítica de las estrategias de la organización en su conjunto, y proponer los cambios pertinentes.

B

Capacidad para comprender y considerar perspectivas diferentes, cambiar convicciones y conductas a fin de adaptarse en forma rápida y eficiente a diversas situaciones, contextos (interno o externo a la organización), medios y personas. Capacidad para llevar a cabo una revisión crítica de los objetivos bajo su responsabilidad, así como de su propia actividad y la de su equipo de trabajo, proponer cambios cuando resulte necesario, a fin de lograr una adecuada adaptación a las nuevas situaciones. Capacidad para ajustar su accionar a los objetivos de la organización.

C

Capacidad para comprender perspectivas diferentes, cambiar convicciones y conductas a fin de adaptarse en forma eficiente a diversas situaciones, contextos, medios y personas. Capacidad para llevar a cabo una revisión crítica de los objetivos bajo su responsabilidad, así como de su propia actividad, y proponer cambios cuando resulte necesario, a fin de lograr una adecuada adaptación a las nuevas situaciones. Capacidad para ajustar su accionar a los objetivos de la organización.

D

Capacidad para comprender perspectivas diferentes, y cambiar conductas a fin de adaptarse a diversas situaciones. Capacidad para ajustar su accionar a los objetivos de la organización.

Nota: El grado D indica que la competencia está desarrollada en un nivel mínimo.

Calidad y mejora continua

Capacidad para optimizar los recursos disponibles –personas, materiales, etc.– y agregar valor a través de ideas, enfoques o soluciones originales o diferentes en relación con la tarea asignada, las funciones de las personas a cargo, y/o los procesos y métodos de la organización. Implica la actitud permanente de brindar aportes que signifiquen una solución a situaciones inusuales y/o aportes que permitan perfeccionar, modernizar u optimizar el uso de los recursos a cargo.

A Capacidad para diseñar métodos de trabajo organizacionales que permitan optimizar los recursos disponibles –personas, materiales, etc.– y agregar valor a través de ideas, enfoques o soluciones originales o diferentes en relación con las tareas de las personas a cargo y/o los procesos y métodos de la organización. Capacidad para generar y promover la disposición permanente a brindar aportes que signifiquen una solución a situaciones inusuales y/o que permitan perfeccionar, modernizar u optimizar el uso de los recursos a cargo. Capacidad para constituirse en un referente en la organización y el mercado en general en materia de calidad y mejora continua.

B Capacidad para diseñar métodos de trabajo para su área que permitan optimizar los recursos disponibles –personas, materiales, etc.– y agregar valor a través de ideas, enfoques o soluciones originales o diferentes en relación con las tareas de las personas a cargo y/o los procesos y métodos de la organización. Capacidad para generar la disposición permanente a brindar aportes que signifiquen una solución a situaciones inusuales y/o que permitan perfeccionar, modernizar u optimizar el uso de los recursos a cargo. Capacidad para constituirse en un referente en su área en materia de calidad y mejora continua.

C Capacidad para optimizar (o proponer acciones en ese sentido, según corresponda) los recursos disponibles –personas, materiales, etc.– y agregar valor a través de ideas o soluciones originales o diferentes en relación con las tareas de las personas a cargo y/o los procesos y métodos de su área de trabajo. Capacidad para brindar aportes que signifiquen una solución a situaciones inusuales y/o que permitan perfeccionar, modernizar u optimizar el uso de los recursos a cargo.

D Capacidad para proponer acciones con el propósito de optimizar los recursos disponibles –personas, materiales, etc.– y agregar valor al aportar soluciones factibles en relación con las tareas a cargo y/o los procesos y métodos de su área de trabajo. Capacidad para brindar aportes que signifiquen una solución a situaciones que puedan ser mejoradas y/u optimizar el uso de los recursos a cargo.

Nota: El grado D indica que la competencia está desarrollada en un nivel mínimo.

Capacidad de planificación y organización

Capacidad para determinar eficazmente metas y prioridades de su tarea, área o proyecto, y especificar las etapas, acciones, plazos y recursos requeridos para el logro de los objetivos. Incluye utilizar mecanismos de seguimiento y verificación de los grados de avance de las distintas tareas para mantener el control del proceso y aplicar las medidas correctivas necesarias.

A
Capacidad para diseñar métodos de trabajo organizacionales que permitan determinar eficazmente metas y prioridades para todos los colaboradores y especificar las etapas, acciones, plazos y recursos requeridos para el logro de los objetivos fijados, en general, así como los de cada etapa en particular. Capacidad para diseñar e implementar mecanismos de seguimiento y verificación de los grados de avance de las distintas etapas para mantener el control de los proyectos o procesos y poder, de ese modo, aplicar las medidas correctivas que resulten necesarias. Capacidad para constituirse en un referente en materia de planificación y organización tanto personal como organizacional.

B
Capacidad para diseñar métodos de trabajo para su área que permitan determinar eficazmente metas y prioridades para sus colaboradores y definir las etapas, acciones, plazos y recursos requeridos para el logro de los objetivos fijados, en general, así como los de cada etapa en particular. Capacidad para diseñar e implementar mecanismos de seguimiento y verificación de los grados de avance de las distintas etapas para mantener el control de los proyectos o procesos y poder, de ese modo, aplicar las medidas correctivas que resulten necesarias.

C
Capacidad para determinar eficazmente metas y prioridades para su área, sector o proyecto y definir las etapas, acciones, plazos y recursos requeridos para el logro de los objetivos fijados. Capacidad para utilizar mecanismos de seguimiento y control del grado de avance de las distintas etapas y aplicar las medidas correctivas que resulten necesarias.

D
Capacidad para determinar eficazmente metas y prioridades en relación con las tareas a cargo y definir las etapas, acciones, plazos y recursos requeridos para el logro de los objetivos fijados. Capacidad para aplicar mecanismos de seguimiento y control, y para realizar las medidas correctivas que sean necesarias.

Nota: El grado D indica que la competencia está desarrollada en un nivel mínimo.

Cierre de acuerdos

Capacidad para concretar y formalizar acuerdos y vínculos con los clientes, a través de propuestas y soluciones oportunas que respondan a sus necesidades y expectativas, y lograr beneficios para ambas partes.

A
Capacidad para concretar y formalizar acuerdos y vínculos beneficiosos y duraderos para la organización y para el cliente, mediante el desarrollo de propuestas y soluciones oportunas que respondan a las necesidades y expectativas de todas las partes interesadas. Capacidad para identificar los factores clave en la decisión del cliente, no siempre evidentes, a fin de focalizarse en ellos al presentarle las diversas propuestas. Capacidad para elaborar estrategias dirigidas a convencer al cliente y ganar su confianza y aceptación, sobre la base de decisiones mutuamente convenientes y favorables.

B
Capacidad para identificar el interés del cliente y en función de ello abocarse a concretar y formalizar de manera oportuna acuerdos que impliquen mutuos beneficios. Capacidad para eliminar aquellos aspectos de las propuestas que puedan provocar objeciones, y facilitar así su aceptación. Capacidad para generar confianza en el cliente y lograr de esa manera la consolidación de los vínculos comerciales.

C
Capacidad para desarrollar soluciones específicas, sobre la base de su conocimiento acerca de los productos disponibles y su experiencia previa, que le permitan concretar acuerdos puntuales con el cliente. Capacidad para lograr que este tome una decisión favorable con respecto a las propuestas ofrecidas.

D
Capacidad para desarrollar propuestas sobre la base de una adecuada comprensión de los requerimientos del cliente, y para proponer soluciones estándar que respondan estrictamente a las necesidades planteadas por él.

Nota: El grado D indica que la competencia está desarrollada en un nivel mínimo.

Colaboración

Capacidad para brindar apoyo a los otros (pares, superiores y colaboradores), responder a sus necesidades y requerimientos, y solucionar sus problemas o dudas, aunque las mismas no hayan sido manifestadas expresamente. Implica actuar como facilitador para el logro de los objetivos, a fin de crear relaciones basadas en la confianza.

A
Capacidad para brindar apoyo y ayuda a los otros (pares, superiores y colaboradores), responder a sus necesidades y requerimientos, mediante iniciativas anticipadoras y espontáneas, a fin de facilitar la resolución de problemas o dudas, aunque las mismas no hayan sido manifestadas expresamente. Capacidad para apoyar decididamente a otras personas y para difundir formas de relación basadas en la confianza. Capacidad para promover el espíritu de colaboración en toda la organización y constituirse en un facilitador para el logro de los objetivos planteados. Capacidad para implementar mecanismos organizacionales tendientes a fomentar la cooperación interdepartamental como instrumento para la consecución de los objetivos comunes.

B
Capacidad para brindar ayuda y colaboración a las personas de su área y de otros sectores de la organización relacionados, mostrar interés por sus necesidades aunque las mismas no hayan sido manifestadas expresamente, y apoyarlas en el cumplimiento de sus objetivos. Capacidad para crear relaciones de confianza. Capacidad para utilizar los mecanismos organizacionales que promuevan la cooperación interdepartamental, y para proponer mejoras respecto de ellos.

C
Capacidad para apoyar y colaborar activamente con los integrantes de su propia área mediante una clara predisposición a ayudar a otros, incluso antes de que hayan manifestado expresamente la necesidad de colaboración. Capacidad para escuchar los requerimientos de los demás y para ayudarlos en el cumplimiento de sus objetivos, sin descuidar los propios.

D
Capacidad para cooperar y brindar soporte a las personas de su entorno cuando se lo solicitan, y tener en cuenta las necesidades de los demás.

Nota: El grado D indica que la competencia está desarrollada en un nivel mínimo.

Competencia "del náufrago"

Capacidad para sobrevivir y lograr que sobreviva la organización o área a su cargo en épocas difíciles, aun en las peores condiciones del mercado, que afecten tanto al propio sector de negocios como a todos en general, en un contexto donde, según los casos, la gestión pueda verse dificultada por ruptura de la cadena de pagos, recesión, huelgas o paros. Incluye la capacidad de dirigir organizaciones en procesos de cesación de pagos o concurso preventivo de acreedores[1].

A

Capacidad para identificar las dificultades y las tendencias del mercado, así como las dificultades y fortalezas de su propia organización, en un contexto complejo y/o adverso, y fijar políticas y estrategias organizacionales para enfrentar la situación proactivamente, con visión de largo plazo, para alcanzar la visión organizacional. Capacidad para enfrentar con mirada positiva y asumir como un reto las situaciones o escenarios adversos, complejos y difíciles tanto del ámbito nacional como internacional, y para proponer e implementar acciones para controlar y/o minimizar y/o contrarrestar (según corresponda) las amenazas potenciales externas a la organización. Implica ser reconocido como un referente visionario y estratega, en especial en momentos críticos o de fuertes cambios.

B

Capacidad para identificar las dificultades y las tendencias del mercado, así como las dificultades y fortalezas de su área de trabajo, en un contexto complejo y/o adverso, e implementar las políticas y estrategias organizacionales para enfrentar la situación proactivamente, con visión de mediano plazo, para alcanzar los objetivos planteados a su área. Capacidad para enfrentar con mirada positiva y asumir como un reto las situaciones o escenarios adversos, complejos y difíciles de la organización y de su área de trabajo, e implementar las acciones definidas por la Dirección para controlar y/o minimizar y/o contrarrestar (según corresponda) las amenazas potenciales externas a la organización en su área de trabajo. Implica ser reconocido como un referente estratégico en su área, en especial en momentos críticos o de fuertes cambios.

C

Capacidad para identificar las dificultades del mercado, así como las dificultades y fortalezas relacionadas con su área de trabajo, en un contexto complejo y/o adverso, e implementar las políticas y acciones sugeridas por la Dirección para enfrentar la situación proactivamente, con visión de corto plazo, para alcanzar los objetivos planteados a su sector. Capacidad para enfrentar y asumir como un reto las situaciones adversas, complejas y difíciles de la organización y de su sector de trabajo, e implementar las acciones definidas por la Dirección para controlar y/o minimizar y/o contrarrestar (según corresponda) las amenazas potenciales externas a la organización en su sector de trabajo. Implica ser reconocido como un referente estratégico por sus colaboradores, en especial en momentos críticos o de fuertes cambios.

D

Capacidad para comprender las dificultades del mercado, así como las dificultades y fortalezas relacionadas con su puesto de trabajo, en un contexto complejo y/o adverso; implementar las acciones sugeridas por la Dirección para enfrentar la situación cuando se presente, y alcanzar los objetivos que se le han fijado de acuerdo a sus responsabilidades. Capacidad para enfrentar las situaciones adversas, complejas y difíciles de la organización y de su sector de trabajo, e implementar las acciones definidas por la Dirección para controlar y/o minimizar y/o contrarrestar (según corresponda) las amenazas potenciales del contexto. Implica ser reconocido por sus compañeros como un referente en momentos críticos para el sector en el cual se desempeña.

Nota: El grado D indica que la competencia está desarrollada en un nivel mínimo.

---

1   La situación de cesación de pagos puede tener diferentes nombres según la legislación de cada país. En la jerga del sector también se la denomina *Chapter Eleven*, en alusión al número de capítulo correspondiente en la Ley Federal de Bancarrota de los Estados Unidos.

Comunicación eficaz

Capacidad para escuchar y entender al otro, para transmitir en forma clara y oportuna la información requerida por los demás a fin de alcanzar los objetivos organizacionales, y para mantener canales de comunicación abiertos y redes de contacto formales e informales, que abarquen los diferentes niveles de la organización.

A Capacidad para escuchar y entender al otro, para transmitir en forma clara y oportuna la información requerida por los demás a fin de lograr los objetivos organizacionales, y para mantener siempre canales de comunicación abiertos. Capacidad para adaptar su estilo comunicacional a las características particulares de la audiencia o interlocutor. Capacidad para estructurar canales de comunicación organizacionales que permitan establecer relaciones en todos los sentidos (ascendente, descendente, horizontal) y promover el intercambio inteligente y oportuno de información necesaria para la consecución de los objetivos organizacionales. Capacidad para desarrollar redes de contacto formales e informales que resulten útiles para crear un ámbito positivo de intercomunicación.

B Capacidad para escuchar a los demás y para seleccionar los métodos más adecuados a fin de lograr comunicaciones efectivas. Capacidad para minimizar las barreras y distorsiones que afectan la circulación de la información, y que por ende dificultan la adecuada ejecución de las tareas y el logro de los objetivos. Capacidad para promover dentro de su sector el intercambio permanente de información, con el propósito de mantener a todas las personas adecuadamente informadas acerca de los temas que los afectan. Capacidad para hacer un uso efectivo de los canales de comunicación existentes, tanto formales como informales.

C Capacidad para comunicarse de manera clara y concisa, de acuerdo con el tipo de interlocutores con los que debe actuar. Capacidad para escuchar a los demás y asegurarse de comprender exactamente lo que quieren expresar. Capacidad para aprovechar los canales de comunicación existentes, tanto formales como informales, a fin de obtener la información que necesita para sus tareas.

D Capacidad para escuchar atentamente a sus interlocutores y comunicarse de manera clara y entendible. Capacidad para realizar las preguntas adecuadas a fin de obtener la información que necesita.

Nota: El grado D indica que la competencia está desarrollada en un nivel mínimo.

Conocimiento de la industria y el mercado

Capacidad para comprender las necesidades de los clientes y consumidores, tanto nacionales como internacionales. Implica conocer las tendencias y oportunidades del mercado, las amenazas de las empresas competidoras, los puntos fuertes y débiles de la propia organización, y el marco regulatorio, además de conocer a fondo los productos y evaluar la factibilidad y viabilidad de su adaptación a los requerimientos, gustos y necesidades del cliente.

A

Capacidad para detectar y comprender las necesidades actuales y futuras de los clientes, tanto nacionales como internacionales. Capacidad para identificar las tendencias, oportunidades y amenazas que el mercado presenta, en función del análisis de los puntos fuertes y débiles de la propia organización en ese contexto. Implica un profundo conocimiento del marco regulatorio y de los productos ofrecidos por la organización. Capacidad para evaluar la factibilidad y viabilidad de la adaptación de los productos a los requerimientos, gustos y necesidades de clientes y consumidores. Capacidad para constituirse como un referente en el mercado, tanto nacional como regional, en lo que respecta a los conocimientos sobre la materia.

B

Capacidad para detectar y comprender las necesidades actuales y futuras de los clientes, tanto nacionales como internacionales. Capacidad para identificar las tendencias, oportunidades y amenazas que el mercado presenta, y para analizar en tal contexto las fortalezas y debilidades de la organización. Implica un amplio conocimiento del marco regulatorio y de los productos ofrecidos por la organización. Capacidad para evaluar la viabilidad de la adaptación de los productos a las necesidades y preferencias de clientes y consumidores. Capacidad para constituirse en un referente en el mercado nacional en lo que respecta al conocimiento sobre la materia.

C

Capacidad para detectar y comprender las necesidades de los clientes (nacionales o internacionales, según corresponda) basado en su conocimiento del mercado. Capacidad para identificar las tendencias, oportunidades y amenazas que el mercado presenta en relación con las actividades de los clientes de su área, y para utilizar tal conocimiento a fin de detectar fortalezas y debilidades en el funcionamiento de su área. Implica conocimiento del marco regulatorio y de los productos ofrecidos por la organización, así como de las necesidades y preferencias de los clientes y los consumidores.

D

Capacidad para comprender las necesidades del cliente (nacional o internacional, según corresponda) basado en su conocimiento del mercado. Capacidad para identificar oportunidades y amenazas, y disposición a consultar a sus superiores sobre aspectos que desconoce en relación con las actividades del cliente o el marco regulatorio vigente. Implica conocer los productos ofrecidos y las necesidades y preferencias de los clientes y consumidores.

Nota: El grado D indica que la competencia está desarrollada en un nivel mínimo.

Conocimientos técnicos[2]

Capacidad para poseer, mantener actualizados y demostrar todos aquellos conocimientos y/o experiencias específicas que se requieran para el ejercicio de la función a cargo, y avivar de manera constante el interés por aprender y compartir con otros los conocimientos y experiencias propios.

A Capacidad para entender, conocer, demostrar y poner en práctica a nivel de experto todos los aspectos de su especialidad y función, aun los más complejos, y renovar y mantener de manera constante su interés y curiosidad por aprender. Capacidad para compartir sus conocimientos y experiencias y, al mismo tiempo, asumir el rol de entrenador de otros, para ayudarlos a desarrollar sus conocimientos en la materia. Capacidad para constituirse en un referente dentro y fuera de la organización por sus conocimientos técnicos sobre su especialidad. Implica ser reconocido como experto en la comunidad donde actúa.

B Capacidad para entender, conocer, demostrar y poner en práctica los diversos aspectos de su especialidad y función, aun los más complejos, y renovar de manera constante su interés y curiosidad por aprender. Capacidad para compartir sus conocimientos y experiencias y, al mismo tiempo, asumir el rol de entrenador de otros para ayudarlos a desarrollar sus conocimientos en la materia. Capacidad para constituirse en un referente dentro de la organización por sus conocimientos técnicos en relación con los temas a su cargo.

C Capacidad para entender, conocer y poner en práctica diferentes aspectos de su especialidad y función, y mantener constante su interés por aprender. Implica ser abierto a compartir sus conocimientos y experiencias y, al mismo tiempo, asumir el rol de entrenador de otros para que realicen sus tareas con eficacia. Capacidad para constituirse en un referente para su entorno próximo por sus conocimientos técnicos en relación con los temas relativos a su puesto de trabajo.

D Capacidad para entender, conocer y poner en práctica diferentes aspectos relacionados con su función, y mantener de manera constante su interés por aprender. Capacidad para compartir con otros sus conocimientos y experiencias.

Nota: El grado D indica que la competencia está desarrollada en un nivel mínimo.

---

2 El concepto "conocimientos técnicos" incluye el manejo de idiomas o de cualquier temática en particular que un puesto de trabajo pueda requerir.

Credibilidad técnica

Capacidad para alcanzar con precisión los objetivos planteados, superar los estándares de calidad establecidos, al comprender la esencia de los problemas complejos, generar soluciones prácticas y aplicables, y brindar beneficios tanto para el cliente como para la organización. Capacidad para generar confianza en los demás por su desempeño profesional y constituirse en un referente a quien consultar. Implica ser reconocido por poseer sólidos conocimientos y experiencia.

A

Capacidad para dominar su área de especialización mediante sólidos fundamentos derivados de su conocimiento general, de su permanente actualización en la materia y de su experiencia concreta. Capacidad para traducir estos conocimientos en acciones cotidianas tendientes a la obtención de resultados, tanto para la organización como para el cliente, con un alto grado de precisión y por encima de los estándares de calidad establecidos. Capacidad para comprender la esencia de los aspectos complejos de los problemas y para hallar soluciones prácticas y beneficiosas para la organización y el cliente. Capacidad y disposición para ayudar a solucionar los problemas de otras áreas. Capacidad para convertirse en un referente en su especialidad dentro de la organización y en el mercado, y ser un receptor habitual de consultas.

B

Capacidad para conocer su área de especialización mediante el manejo de las técnicas, normas y procedimientos correspondientes. Capacidad para aprovechar esa preparación en el desarrollo de las tareas a su cargo, a fin de obtener resultados que le permitan cumplir con los estándares de calidad requeridos y satisfacer los intereses de los clientes y de la organización. Capacidad para dar solución en tiempo y forma a problemas técnicos de alta complejidad. Capacidad para lograr que los demás perciban su nivel de preparación y confíen en él como fuente de consulta habitual. Capacidad para ser un referente dentro de su organización.

C

Capacidad para manejar los conocimientos esenciales requeridos en su área de especialización, y para llevar a cabo las tareas apropiadamente y responder a las necesidades técnicas. Capacidad para identificar y proponer soluciones a problemas técnicos de alta complejidad. Capacidad para generar confianza en los demás, para que perciban su experiencia e idoneidad técnicas y se inclinen a consultarlo.

D

Capacidad para llevar a cabo las tareas apropiadamente y responder a los requerimientos técnicos de su área de especialidad. Capacidad para identificar problemas técnicos de alta complejidad. Capacidad para generar confianza en los niveles operativos y que ellos se inclinen a consultarlo.

Nota: El grado D indica que la competencia está desarrollada en un nivel mínimo.

Desarrollo y autodesarrollo del talento

Capacidad para fomentar e incentivar el crecimiento del talento (conocimientos y competencias) propio y de los demás, y utilizar para ello diversas tecnologías, herramientas y medios, según sea lo más adecuado. Implica la búsqueda del aprendizaje continuo, mantenerse actualizado y poder incorporar nuevos conocimientos a su área de trabajo para obtener mejores resultados en el negocio.

A Capacidad para identificar permanentemente las oportunidades de crecimiento y desarrollo del talento (conocimientos y competencias) propio y de los colaboradores. Capacidad para instalar y difundir el concepto de autodesarrollo como una responsabilidad individual. Capacidad para maximizar la utilidad de las tecnologías, herramientas y medios disponibles para el desarrollo del talento. Capacidad para mantener una actitud proactiva hacia el aprendizaje continuo, la actualización permanente y la incorporación de nuevos conocimientos a la empresa, tendientes al mejoramiento de las actividades, de la gestión y de los resultados. Capacidad para transformarse en un referente organizacional en la materia.

B Capacidad para identificar oportunidades de desarrollo en conocimientos y competencias, tanto para sí mismo como para los demás integrantes de su equipo de trabajo. Capacidad para entender el concepto de autodesarrollo como responsabilidad individual. Capacidad para administrar de manera eficiente y adecuada las tecnologías, herramientas y medios existentes destinados al desarrollo del talento. Capacidad para buscar nuevos caminos de aprendizaje y la actualización permanente, útiles para su desempeño y el de sus colaboradores.

C Capacidad para identificar oportunidades de crecimiento del talento (conocimientos y competencias), para sí mismo y para sus colaboradores. Capacidad para utilizar adecuadamente las tecnologías, herramientas y medios disponibles para el desarrollo de las capacidades propias y ajenas. Capacidad para mantener la disposición a incorporar nuevos aprendizajes y mantenerse actualizado.

D Capacidad para reconocer oportunidades de mejora, para sí mismo y para sus colaboradores más directos, en cuanto a sus conocimientos y competencias. Capacidad para aceptar la retroalimentación ofrecida por los demás y para determinar los cursos de acción más adecuados.

Nota: El grado D indica que la competencia está desarrollada en un nivel mínimo.

Dinamismo - Energía

Capacidad para trabajar activamente en situaciones cambiantes y retadoras, con interlocutores diversos, en jornadas extensas de trabajo, sin que por esto se vean afectados su nivel de actividad o su juicio profesional. Implica seguir adelante en circunstancias adversas, con serenidad y dominio de sí mismo.

A
Capacidad para promover en toda la organización y a través del ejemplo la disposición a trabajar activamente en situaciones cambiantes y retadoras, con interlocutores diversos, en jornadas extensas de trabajo, sin que por esto se vean afectados su capacidad para tomar decisiones, tanto de largo como de corto plazo, o el nivel de actividad, propio y de los demás. Capacidad para seguir adelante y alentar a otros, en medio de circunstancias adversas, con serenidad y dominio de sí mismo. Capacidad para constituirse en un referente en materia de dinamismo y energía.

B
Capacidad para promover en su área y a través del ejemplo la disposición a trabajar activamente en situaciones cambiantes y retadoras, con interlocutores diversos, en jornadas extensas de trabajo, sin que por esto se vean afectados su capacidad para tomar decisiones, o el nivel de actividad, propio y de los demás. Capacidad para seguir adelante y alentar a otros, en circunstancias adversas, con serenidad y dominio de sí mismo.

C
Capacidad para trabajar activamente en situaciones cambiantes y retadoras, en jornadas extensas de trabajo, sin que por esto se vean afectados su nivel de actividad o su juicio profesional. Capacidad para seguir adelante y alentar a otros, en medio de circunstancias adversas, con serenidad y dominio de sí mismo.

D
Capacidad para trabajar activamente en situaciones cambiantes y retadoras, en jornadas extensas de trabajo, sin que por esto se vean afectados su nivel de actividad o su juicio profesional. Capacidad para seguir adelante con serenidad y dominio de sí mismo.

Nota: El grado D indica que la competencia está desarrollada en un nivel mínimo.

Gestión y logro de objetivos

Capacidad para orientarse al logro de los objetivos, seleccionar y formar personas, delegar, generar directrices, planificar, diseñar, analizar información, movilizar recursos organizacionales, controlar la gestión, sopesar riesgos e integrar las actividades de manera de lograr la eficacia, eficiencia y calidad en el cumplimiento de la misión y funciones de la organización.

A
Capacidad para fijar, tanto para sí mismo/a como para la organización, metas retadoras y desafiantes orientadas al logro de los objetivos. Capacidad para maximizar la obtención de resultados a partir de la selección y formación de personas, la adecuada delegación de tareas y la generación de directrices y diseño de estrategias y procesos basados en la planificación, el análisis de la información y la movilización de los recursos organizacionales. Capacidad para controlar la gestión, sopesar riesgos e integrar actividades, y fundar todas sus decisiones y acciones en criterios de eficacia, eficiencia y calidad para el cumplimiento de la misión y funciones de la organización.

B
Capacidad para fijar, tanto para sí mismo/a como para sus colaboradores, metas retadoras y desafiantes orientadas al logro de los objetivos. Capacidad para lograr la obtención de resultados a partir de la selección y formación de personas, la adecuada delegación de tareas y el trazado de líneas de dirección y diseño de estrategias y procesos basados en la planificación, el análisis de la información y la movilización de los recursos organizacionales. Capacidad para controlar la gestión, sopesar riesgos, integrar actividades, y aplicar en sus acciones criterios de eficacia, eficiencia y calidad para el cumplimiento de la misión y funciones de la organización.

C
Capacidad para fijar, tanto para sí mismo/a como para otros colaboradores, metas retadoras orientadas al logro de los objetivos. Capacidad para buscar la mejora de los resultados a partir de la selección y formación de personas, la adecuada delegación de tareas y el trazado de líneas de dirección y diseño de propuestas basadas en la planificación, el análisis de la información y la movilización de los recursos organizacionales. Capacidad para controlar la gestión, sopesar riesgos, integrar actividades, y utilizar criterios de eficacia, eficiencia y calidad para el cumplimiento de la misión y funciones de la organización.

D
Capacidad para fijarse a sí mismo/a metas retadoras orientadas al logro de los objetivos. Capacidad para buscar la obtención de resultados a partir de la selección y formación de personas y la adecuada delegación de tareas, realizando propuestas basadas en el análisis de la información y la planificación. Capacidad para controlar la gestión, sopesar riesgos, integrar actividades y aplicar criterios de eficacia, eficiencia y calidad para el cumplimiento de las tareas bajo su responsabilidad.

Nota: El grado D indica que la competencia está desarrollada en un nivel mínimo.

Habilidades mediáticas[3]

Capacidad para comunicarse a través de los medios de comunicación con efectividad y eficacia. Implica actuar con desenvoltura frente a los medios en general, en conferencias de prensa, en reuniones con sus pares y/o superiores, o con la comunidad, y en la grabación de videos, teleconferencias y cualquier otro medio de comunicación. Capacidad para mantener una buena relación con la prensa en todas sus variantes y comunicar lo que desea con claridad y sencillez.

A
Capacidad para manejarse con fluidez frente a los medios de comunicación, y mantener una buena relación con la prensa, nacional e internacional, con efectividad y eficacia aun en situaciones de crisis o adversas. Capacidad para manejarse con seguridad y desenvoltura frente a los medios, tanto en situaciones que se hayan planeado con anticipación como en circunstancias inesperadas, incluso frente a interlocutores agresivos, y utilizar un adecuado nivel de expresión verbal y corporal. Capacidad para exponer las ideas que planea comunicar, dando prioridad al mensaje que se desea transmitir y no responder aquello que no ha planeado ni desea decir. Implica ser un referente en el mercado y en la organización por su manejo de los medios de comunicación y su buena imagen pública.

B
Capacidad para manejarse con fluidez frente a los medios de comunicación, y mantener una buena relación con la prensa de su ciudad o región, con efectividad y eficacia aun en situaciones de crisis o adversas. Capacidad para manejarse con seguridad y desenvoltura frente a los medios, tanto en situaciones que se hayan planeado con anticipación como en circunstancias inesperadas, y utilizar un adecuado nivel de expresión verbal y corporal. Capacidad para exponer las ideas que planea comunicar y no responder aquello que no ha planeado ni desea decir. Implica ser un referente en la organización por su manejo de los medios de comunicación y su buena imagen dentro de la misma.

C
Capacidad para manejarse con fluidez frente a los medios de comunicación, y mantener una buena relación con la prensa de su área de actuación, con efectividad y eficacia. Capacidad para manejarse con seguridad y desenvoltura frente a los medios, en situaciones que se hayan planeado con anticipación, y resolver satisfactoriamente las situaciones inesperadas utilizando un adecuado nivel de expresión verbal y corporal. Capacidad para exponer las ideas que planea comunicar y no responder aquello que no ha planeado ni desea decir. Implica ser un referente en su área de trabajo por su manejo de los medios de comunicación y su buena imagen.

D
Capacidad para manejarse con fluidez frente a los medios de comunicación, y mantener una buena relación con la prensa de su área de actuación. Capacidad para manejarse con seguridad y desenvoltura frente a los medios, en situaciones que se hayan planeado con anticipación, y resolver satisfactoriamente las situaciones inesperadas, solicitando ayuda a sus superiores si es pertinente. Capacidad para exponer las ideas que planea comunicar y no responder aquello que no ha planeado ni desea decir. Implica ser un referente para sus compañeros de trabajo por su manejo de los medios de comunicación.

Nota: El grado D indica que la competencia está desarrollada en un nivel mínimo.

3   La expresión *habilidades mediáticas* hace referencia a la capacidad de relacionarse con los medios de comunicación no como parte de la tarea habitual (que sería el caso de, por ejemplo, un conductor de televisión), sino como parte de la función de un CEO o Director, para enfrentar determinadas circunstancias, especialmente de crisis, donde deba comunicarse, a través de los medios, con la comunidad de la región o el país en donde se opera.
El término *mediático* significa "perteneciente o relativo a los medios de comunicación" y no debe interpretarse de manera peyorativa en ningún caso. En la situación que nos ocupa hace referencia a cómo enfrentar a los medios de comunicación en relación con las responsabilidades del puesto de trabajo.

Influencia y negociación

Capacidad para persuadir a otras personas, utilizar argumentos sólidos y honestos, y acercar posiciones mediante el ejercicio del razonamiento conjunto, que contemple los intereses de todas las partes intervinientes y los objetivos organizacionales. Implica capacidad para influenciar a otros a través de estrategias que permitan construir acuerdos satisfactorios para todos, mediante la aplicación del concepto ganar-ganar.

A
Capacidad para persuadir a otras personas y exhibir actitudes que generen un impacto positivo en los demás, a fin de producir cambios de opiniones, enfoques o posturas mediante la utilización de argumentos sólidos y honestos. Capacidad para desarrollar conceptos, demostraciones y explicaciones fundadas y veraces, dirigidos a respaldar posiciones y criterios. Capacidad para inclinar y acercar posiciones mediante el ejercicio del razonamiento conjunto, y contemplar los intereses de todas las partes intervinientes y los objetivos organizacionales como base para alcanzar el resultado esperado. Capacidad para desarrollar estrategias complejas que le permitan influenciar a otros y construir acuerdos satisfactorios para todas las partes, mediante la aplicación del concepto ganar-ganar.

B
Capacidad para persuadir a otras personas mediante la utilización de argumentos sólidos y honestos. Capacidad para desarrollar, ante situaciones especiales, conceptos, demostraciones y explicaciones fundadas y veraces, dirigidos a respaldar posiciones y criterios. Capacidad para utilizar tales argumentaciones con el fin de inclinar y acercar posiciones mediante el ejercicio del razonamiento conjunto, y contemplar los intereses de todas las partes intervinientes y los objetivos de la organización como base para alcanzar el resultado esperado. Capacidad para influenciar a otros a través de estrategias que permitan construir acuerdos satisfactorios para todos al procurar utilizar técnicas basadas en el concepto ganar-ganar.

C
Capacidad para persuadir a otras personas de las que se necesita colaboración, a través de acciones concretas y argumentaciones adecuadas y honestas. Capacidad para llevar a cabo negociaciones que persuadan a la contraparte y contemplar sus intereses y los de la organización.

D
Capacidad para persuadir a los integrantes de la propia área de trabajo en asuntos específicos que sean de su incumbencia, a través de negociaciones y argumentaciones veraces y honestas.

Nota: El grado D indica que la competencia está desarrollada en un nivel mínimo.

Iniciativa - Autonomía

Capacidad para actuar proactivamente, idear e implementar soluciones a nuevas problemáticas y/o retos, con decisión e independencia de criterio. Implica capacidad para responder con rapidez, eficacia y eficiencia ante nuevos requerimientos. Capacidad para promover y utilizar las aplicaciones tecnológicas, herramientas y recursos cuando sea pertinente y aprovechar al máximo las oportunidades que se presentan en el entorno.

A
Capacidad para fijar políticas organizacionales destinadas a que los colaboradores actúen proactivamente, y diseñar métodos de trabajo que les permitan idear e implementar soluciones a nuevas problemáticas y/o retos, con decisión e independencia de criterio. Capacidad para desarrollar en otros la habilidad de responder con rapidez, eficacia y eficiencia ante nuevos requerimientos. Capacidad para promover y utilizar las aplicaciones tecnológicas, herramientas y recursos cuando sea pertinente, y aprovechar al máximo las oportunidades que se presentan en el entorno. Capacidad para constituirse en un referente en la organización por su iniciativa.

B
Capacidad para diseñar métodos de trabajo que permitan a sus colaboradores actuar proactivamente, e idear e implementar soluciones a nuevas problemáticas y/o retos con decisión e independencia de criterio. Capacidad para desarrollar en otros la habilidad de responder con rapidez, eficacia y eficiencia ante nuevos requerimientos. Capacidad para promover y utilizar las aplicaciones tecnológicas, herramientas y recursos cuando sea pertinente, y aprovechar al máximo las oportunidades que se presentan en el entorno. Capacidad para constituirse en un referente dentro de su área por su iniciativa.

C
Capacidad para actuar proactivamente, e idear e implementar soluciones a nuevas problemáticas y/o retos, con decisión e independencia de criterio. Capacidad para desarrollar en otros la habilidad de responder con rapidez, eficacia y eficiencia ante nuevos requerimientos. Capacidad para utilizar las aplicaciones tecnológicas, herramientas y recursos cuando sea pertinente, y aprovechar al máximo las oportunidades que se presentan.

D
Capacidad para actuar proactivamente y brindar soluciones a problemas y/o retos. Capacidad para responder con rapidez, eficacia y eficiencia ante nuevos requerimientos. Capacidad para utilizar las aplicaciones tecnológicas, herramientas y recursos cuando sea pertinente.

Nota: El grado D indica que la competencia está desarrollada en un nivel mínimo.

Manejo de crisis

Capacidad para identificar y administrar situaciones de presión, contingencia y conflicto, y, al mismo tiempo, crear soluciones estratégicas, oportunas y adecuadas al marco de la organización.

A Capacidad para definir estrategias, procesos, cursos de acción y métodos de trabajo que permitan identificar y administrar situaciones de presión, contingencia y conflicto para la organización. Capacidad para crear soluciones oportunas y adecuadas al marco organizacional. Implica ser un referente organizacional por su capacidad para identificar, administrar y resolver situaciones de presión, contingencia y conflicto tanto del entorno local como global, con una visión y proyección de largo plazo.

B Capacidad para proponer y diseñar procesos, cursos de acción y métodos de trabajo que permitan identificar y administrar situaciones de presión, contingencia y conflicto, considerando los objetivos de la organización. Capacidad para crear soluciones oportunas y adecuadas al marco organizacional. Implica ser un ejemplo dentro de su área por su capacidad para identificar, administrar y resolver situaciones de presión, contingencia y conflicto tanto del entorno local como global, con una visión y proyección de mediano plazo.

C Capacidad para proponer cursos de acción y nuevas formas de hacer las cosas que permitan identificar y administrar situaciones de presión, contingencia y conflicto, considerando los objetivos organizacionales. Capacidad para crear soluciones oportunas y adecuadas al marco organizacional. Implica ser un ejemplo para sus colaboradores por su capacidad para identificar, administrar y resolver situaciones de presión, contingencia y conflicto, con una visión y proyección de corto plazo.

D Capacidad para comprender, identificar y administrar situaciones de presión, contingencia y conflicto, considerando los objetivos organizacionales. Capacidad para crear soluciones oportunas y adecuadas al marco organizacional.

Nota: El grado D indica que la competencia está desarrollada en un nivel mínimo.

Orientación a los resultados con calidad

Capacidad para orientar los comportamientos propios y/o de otros hacia el logro o superación de los resultados esperados, bajo estándares de calidad establecidos, fijar metas desafiantes, mejorar y mantener altos niveles de rendimiento en el marco de las estrategias de la organización. Implica establecer indicadores de logro y hacer seguimiento permanente.

A

Capacidad para promover y desarrollar comportamientos, en sí mismo y en la organización en su conjunto, orientados al logro o la superación de los resultados esperados, y fijar estándares de calidad retadores. Capacidad para realizar las mediciones pertinentes que permitan evaluar el logro de metas planteadas a través de la correcta instrumentación de las herramientas correspondientes. Capacidad para fijar nuevos desafíos y metas retadoras para la organización, y alcanzar y mantener altos niveles de rendimiento que produzcan mejoras permanentes de la calidad tanto en la ejecución de las tareas como en los servicios o productos que se brindan. Capacidad para fomentar igual actitud en otros a través del ejemplo.

B

Capacidad para orientar los comportamientos propios y/o de otros hacia el logro o la superación de los resultados esperados, bajo estándares de calidad establecidos. Capacidad para participar proactivamente en la fijación de metas realistas y desafiantes, tanto para sí como para su equipo de trabajo, y mantener y mejorar sus niveles de rendimiento. Capacidad para realizar el seguimiento de las labores propias y de sus colaboradores a través del eficiente uso de las herramientas disponibles en la organización para tal fin. Capacidad para motivar a sus colaboradores directos a comportarse de igual manera.

C

Capacidad para mantener una actitud constante orientada al logro o superación de los resultados esperados, según los estándares de calidad establecidos. Capacidad para asumir metas desafiantes y orientarse a la mejora de los niveles de rendimiento en el marco de las estrategias de la organización. Capacidad para realizar el seguimiento establecido por la organización sobre las labores propias y las de sus colaboradores.

D

Capacidad para demostrar, a través de su comportamiento, una firme predisposición para realizar las acciones necesarias para alcanzar los objetivos asignados y asumir metas desafiantes. Capacidad para realizar el control de su propio trabajo.

Nota: El grado D indica que la competencia está desarrollada en un nivel mínimo.

Orientación al cliente interno y externo

Capacidad para actuar con sensibilidad ante las necesidades de un cliente y/o conjunto de clientes, actuales o potenciales, externos o internos, que se pueda/n presentar en la actualidad o en el futuro. Implica una vocación permanente de servicio al cliente interno y externo, comprender adecuadamente sus demandas y generar soluciones efectivas a sus necesidades.

A
Capacidad para crear el ambiente adecuado para que toda la organización trabaje en pos de la satisfacción de los clientes, a fin de lograr establecer una relación de largo plazo con ellos. Capacidad para diseñar políticas y procedimientos que brinden soluciones de excelencia para todos los clientes y lograr de ese modo reconocimiento en el mercado, el cual aprecia el valor agregado ofrecido, y reforzar de ese modo el prestigio organizacional. Capacidad para constituirse en un referente por ofrecer soluciones que satisfacen tanto a los clientes internos como externos.

B
Capacidad para anticiparse a los pedidos de los clientes tanto internos como externos y buscar permanentemente la forma de resolver sus necesidades. Capacidad para proponer en su área acciones de mejora, tendientes a incrementar el nivel de satisfacción de los clientes, y brindar soluciones de excelencia a sus necesidades. Capacidad para establecer con los clientes relaciones duraderas basadas en la confianza.

C
Capacidad para actuar orientado a la satisfacción del cliente (interno y externo). Capacidad para mantenerse atento y entender las necesidades de los clientes, escuchar sus pedidos y problemas, y brindar una respuesta efectiva en el tiempo y en la forma que ellos lo esperan.

D
Capacidad para interpretar las necesidades del cliente (interno o externo, según corresponda), solucionar sus problemas y atender sus inquietudes en la medida de las propias posibilidades; y de no estar a su alcance la respuesta adecuada, buscar la ayuda y/o el asesoramiento de las personas pertinentes.

Nota: El grado D indica que la competencia está desarrollada en un nivel mínimo.

Pensamiento analítico

Capacidad para comprender una situación, identificar sus partes y organizarlas sistemáticamente, a fin de determinar sus interrelaciones y establecer prioridades para actuar.

A
Capacidad para comprender situaciones o problemas complejos y desagregarlos en sus diversos componentes. Capacidad para interrelacionar dichos componentes, establecer los vínculos causales complejos y reconocer las posibles causas de un hecho, o las consecuencias de una acción o una cadena de acontecimientos. Capacidad para identificar las relaciones existentes entre los distintos elementos de un problema o situación para, así, anticipar los obstáculos y planificar los pasos a seguir. Capacidad para desarrollar cursos de acción alternativos en línea con las posibles derivaciones de la situación.

B
Capacidad para interrelacionar los componentes de una situación, establecer las relaciones de causa-efecto que se producen y reconocer las posibles consecuencias de una acción o una cadena de acontecimientos. Capacidad para identificar las relaciones existentes entre los distintos elementos de un problema o situación complejos. Capacidad para desarrollar cursos de acción alternativos, de posible aplicación.

C
Capacidad para desagregar las situaciones o problemas en partes, establecer relaciones causales sencillas, identificar las ventajas y desventajas de las decisiones, y marcar prioridades en las opciones según su importancia.

D
Capacidad para desagregar las situaciones en sus principales componentes y para establecer las grandes relaciones causales que caracterizan el problema.

Nota: El grado D indica que la competencia está desarrollada en un nivel mínimo.

Pensamiento conceptual

Capacidad para identificar problemas, información significativa/clave y vínculos entre situaciones que no están obviamente conectadas, y para construir conceptos o modelos, incluso en situaciones difíciles. Capacidad para entender situaciones complejas, descomponiéndolas en pequeñas partes y puntos clave, identificar paso a paso sus implicaciones y las relaciones causa-efecto que se generan, con el objetivo de actuar de acuerdo con un orden de prioridades a fin de conseguir la mejor solución. Implica la aplicación de razonamiento creativo, inductivo o conceptual.

A   Capacidad para diseñar métodos de trabajo organizacionales que permitan identificar problemas, detectar información significativa/clave, realizar vínculos entre situaciones que no están obviamente conectadas y construir conceptos o modelos, incluso en situaciones difíciles. Capacidad para promover en otros el desarrollo de la capacidad de entender situaciones complejas, descomponerlas en pequeñas partes y puntos clave, identificar paso a paso sus implicaciones y las relaciones causa-efecto que se establecen, y definir prioridades para lograr la mejor solución. Capacidad para aplicar razonamiento creativo, inductivo o conceptual. Capacidad para constituirse en un referente en materia de pensamiento conceptual.

B   Capacidad para diseñar métodos de trabajo para su área que permitan identificar problemas, detectar información significativa/clave, realizar vínculos entre situaciones que no están obviamente conectadas y construir conceptos o modelos, incluso en situaciones difíciles. Capacidad para entender situaciones complejas, descomponerlas en pequeñas partes y puntos clave e identificar paso a paso sus implicaciones y las relaciones causa-efecto que se establecen, y definir prioridades para lograr la mejor solución. Capacidad para aplicar razonamiento creativo, inductivo o conceptual.

C   Capacidad para identificar problemas, información significativa/clave, vínculos entre situaciones que no están obviamente conectadas y construir modelos, incluso en situaciones difíciles. Capacidad para entender situaciones complejas, descomponerlas en pequeñas partes y puntos clave e identificar las relaciones causa-efecto que se establecen, y definir prioridades para lograr su solución. Capacidad para aplicar razonamiento creativo, inductivo o conceptual.

D   Capacidad para identificar problemas, información significativa/clave y vínculos entre situaciones que no están obviamente conectadas. Capacidad para entender situaciones complejas, descomponerlas en pequeñas partes, y establecer prioridades para su solución. Capacidad para utilizar razonamiento inductivo o conceptual.

Nota: El grado D indica que la competencia está desarrollada en un nivel mínimo.

Pensamiento estratégico

Capacidad para comprender los cambios del entorno y establecer su impacto a corto, mediano y largo plazo en la organización, optimizar las fortalezas internas, actuar sobre las debilidades y aprovechar las oportunidades del contexto. Implica la capacidad para visualizar y conducir la organización con un enfoque integral, y lograr objetivos y metas retadores, que se reflejen positivamente en el resultado organizacional.

A
Capacidad para comprender los cambios del entorno y establecer su impacto a corto, mediano y largo plazo en la organización. Capacidad para diseñar políticas y procedimientos que permitan, al mismo tiempo, optimizar el uso de las fortalezas internas y actuar sobre las debilidades, con el propósito de aprovechar las oportunidades del contexto. Implica la capacidad para fijar la visión de la organización y conducirla como un sistema integral, para que en su conjunto pueda lograr objetivos y metas retadores, que se reflejen positivamente en el resultado corporativo. Capacidad para constituirse en el mercado como una autoridad en la materia.

B
Capacidad para comprender los cambios del entorno y establecer su impacto a corto, mediano y largo plazo en la organización. Capacidad para modificar procedimientos en el área a su cargo a fin de optimizar fortalezas internas, actuar sobre las debilidades, y considerar las oportunidades que ofrece el contexto. Implica la capacidad para conducir el área bajo su responsabilidad y tener en cuenta que la organización es un sistema integral, donde las acciones y resultados de un sector repercuten sobre el conjunto. Capacidad para comprender que el objetivo último de las acciones de las distintas áreas es que se reflejen de manera positiva en el resultado corporativo.

C
Capacidad para comprender los cambios del entorno y establecer su impacto en la organización a corto y mediano plazo. Capacidad para proponer mejoras sobre aspectos relacionados con su ámbito de actuación, a fin de mejorar la utilización de los recursos y fortalezas, y reducir las debilidades. Capacidad para actuar y/o conducir al grupo a su cargo en función de los objetivos corporativos en su conjunto.

D
Capacidad para adecuarse a los cambios del entorno y detectar nuevas oportunidades en el área de su especialidad en función de las necesidades y características organizacionales.

Nota: El grado D indica que la competencia está desarrollada en un nivel mínimo.

Productividad

Capacidad para fijarse objetivos de alto desempeño y alcanzarlos exitosamente, en el tiempo y con la calidad requeridos, agregar valor y contribuir a que la organización mantenga e incremente su liderazgo en el mercado.

A Capacidad para plantear, para sí mismo y para otros, metas superiores a lo esperado por la organización, y alcanzarlas exitosamente. Capacidad para fomentar igual actitud entre los colaboradores de la organización. Capacidad para establecer metas ambiciosas y alcanzables y transmitirlas a los demás, e involucrarlos en su consecución, a fin de mantener e incrementar el liderazgo de la organización en el mercado. Capacidad para ser considerado como un referente a nivel organizacional en materia de productividad.

B Capacidad para establecer objetivos de trabajo por encima de los esperados por la organización, y alcanzarlos. Capacidad para mejorar los requerimientos que la organización determina para su área y contribuir así a mantener el liderazgo en el mercado. Capacidad para alcanzar resultados, caracterizándose por la eficiencia y calidad de su desempeño.

C Capacidad para cumplir con los requerimientos planteados y superar las expectativas, mejorar los objetivos establecidos en el tiempo y la forma requeridos. Capacidad para seguir una ruta lógica para la obtención de resultados y ejecutar las tareas planteadas.

D Capacidad para cumplir con lo que le solicitan en el tiempo y con la calidad requeridos, y demostrar preocupación por la obtención de resultados, así como también por la manera como se ejecutan las tareas.

Nota: El grado D indica que la competencia está desarrollada en un nivel mínimo.

Profundidad en el conocimiento de los productos

Capacidad para conocer los productos y/o servicios de la organización y evaluar la factibilidad de su adaptación a los requerimientos, preferencias y necesidades de los clientes. Implica la capacidad para relacionar las ventajas de los productos o servicios que se ofrecen con las necesidades de los clientes, y presentar propuestas o soluciones que agreguen valor.

A
Capacidad para conocer en profundidad cada uno de los servicios y productos que ofrece la organización y para relacionar sus ventajas con las necesidades de los clientes. Capacidad para presentar propuestas o soluciones adecuadas a esas necesidades, y para explicar a los clientes el valor que los productos y servicios agregan a sus negocios y los beneficios que producen. Capacidad para anticiparse a las observaciones que los clientes puedan realizar a las propuestas o soluciones presentadas, y responder a ellas con argumentos sólidos, veraces y fundados.

B
Capacidad para conocer los productos y servicios ofrecidos por la organización, realizar propuestas de calidad de acuerdo con las características particulares de cada cliente y responder con argumentos convincentes a las objeciones que presentan. Capacidad para comunicar claramente el valor agregado y los beneficios que producirían las soluciones ofrecidas para el negocio del cliente.

C
Capacidad para conocer adecuadamente los productos y servicios de la organización, presentar los beneficios fundamentales que representan y exponer sus ventajas, a través de propuestas que expliquen cómo agregan valor al negocio del cliente. Capacidad para responder en forma clara y consistente a las observaciones de los clientes respecto de las propuestas y soluciones ofrecidas.

D
Capacidad para comunicar a los clientes las ventajas de los servicios, responder efectivamente a las objeciones y, en el caso de no tener una respuesta adecuada, comprometerse a investigar o buscar ayuda, según corresponda, para proporcionarla lo más rápidamente posible.

Nota: El grado D indica que la competencia está desarrollada en un nivel mínimo.

Relaciones públicas[4]

Capacidad para establecer relaciones con redes complejas de personas cuya colaboración es necesaria para tener influencia sobre los referentes sociales, económicos y políticos de la comunidad, o bien sobre los clientes o proveedores. Implica poseer conocimientos no sólo referidos al área de especialidad, sino también a aspectos generales de la cultura, lo que le permite relacionarse y desenvolverse en el medio empresario en los momentos y las formas adecuados. Capacidad de identificar quién es quién, y a qué personas se debe recurrir en caso de necesitar ayuda o consejo, y efectivamente hacerlo cuando es pertinente.

A Capacidad para establecer rápida y efectivamente relaciones con redes complejas de personas y lograr la cooperación de aquellas que resultan necesarias para tener influencia sobre referentes de la sociedad así como sobre los clientes o proveedores de la organización. Capacidad para desenvolverse adecuadamente en el medio empresario, político y social, en base a sus conocimientos no sólo del área de su especialidad sino también culturales en general, lo cual le posibilita interrelacionarse con personas provenientes de ámbitos diferentes al propio. Implica ser un referente del mercado por su hábil manejo de las relaciones a las cuales recurre en las formas y circunstancias pertinentes.

B Capacidad para establecer adecuadas y efectivas relaciones con redes complejas de personas y lograr apoyo y cooperación a largo plazo de aquellas que resultan necesarias para influenciar a los referentes del mercado al cual pertenece la organización así como a los clientes o proveedores. Capacidad para vincularse adecuadamente con los integrantes de la comunidad de negocios y para establecer con ellos intereses afines basados no sólo en la especialidad profesional sino también en aspectos culturales, lo cual puede ayudar a enriquecer y profundizar los vínculos.

C Capacidad para lograr relaciones específicas convenientes para la organización, obteniendo la cooperación de las personas pertinentes de acuerdo con los objetivos planteados. Capacidad para vincularse positivamente con diversas personalidades del medio empresarial y para desenvolverse adecuadamente en toda clase de eventos sociales.

D Capacidad para conseguir el apoyo y la cooperación de las personas adecuadas pertenecientes a su red de contactos, la cual se encuentra integrada por relaciones específicas respecto de sus responsabilidades y puesto de trabajo.

Nota: El grado D indica que la competencia está desarrollada en un nivel mínimo.

---

4   La competencia *Relaciones públicas* no hace referencia al conocimiento de la disciplina que lleva este mismo nombre sino a la capacidad para generar relaciones con otras personas para fines específicos, tal cual surge de la definición dada a la competencia.

Responsabilidad

Capacidad para encontrar satisfacción personal en el trabajo que se realiza y en la obtención de buenos resultados. Capacidad para demostrar preocupación por llevar a cabo las tareas con precisión y calidad, con el propósito de contribuir a través de su accionar a la consecución de la estrategia organizacional. Capacidad para respetar las normas establecidas y las buenas costumbres tanto en el ámbito de la organización como fuera de ella.

A

Capacidad para encontrar satisfacción personal en el trabajo que se realiza y en la obtención de buenos resultados, y fomentar este comportamiento en toda la organización. Capacidad para demostrar preocupación por realizar las tareas con precisión y calidad con el propósito de contribuir a través de su accionar a la consecución de la estrategia organizacional, con un enfoque de largo plazo. Capacidad para diseñar normas y políticas organizacionales destinadas a fomentar la responsabilidad personal y las buenas costumbres. Implica ser un referente por su responsabilidad profesional y personal, tanto en el ámbito de la organización como en la comunidad en la que actúa.

B

Capacidad para encontrar satisfacción personal en el trabajo que se realiza y en la obtención de buenos resultados, y fomentar este comportamiento en su área. Capacidad para demostrar preocupación por realizar las tareas con precisión y calidad con el propósito de contribuir a través de su accionar a la consecución de la estrategia organizacional, con un enfoque de mediano plazo. Capacidad para implementar las normas y políticas organizacionales establecidas, con el objetivo de fomentar la responsabilidad personal y las buenas costumbres. Implica ser un referente dentro de su área y en el ámbito de la organización por su responsabilidad profesional y personal.

C

Capacidad para encontrar satisfacción personal en el trabajo que se realiza y en la obtención de buenos resultados, y fomentar este comportamiento entre sus colaboradores. Capacidad para demostrar preocupación por realizar las tareas con precisión y calidad con el propósito de contribuir a través de su accionar a la consecución de la estrategia organizacional con un enfoque de corto plazo. Capacidad para aplicar normas y políticas organizacionales establecidas, con el objetivo de fomentar la responsabilidad personal y las buenas costumbres. Ser un referente para sus colaboradores y dentro de su área por su responsabilidad profesional y personal.

D

Capacidad para encontrar satisfacción personal en el trabajo que se realiza y en la obtención de buenos resultados, y demostrar preocupación por llevar a cabo las tareas con precisión y calidad. Capacidad para aplicar los lineamientos recibidos en relación con la responsabilidad personal y las buenas costumbres. Implica ser un referente para sus compañeros por su responsabilidad profesional y personal.

Nota: El grado D indica que la competencia está desarrollada en un nivel mínimo.

Temple y dinamismo

Capacidad para actuar con serenidad, determinación, firmeza, entusiasmo y perseverancia a fin de alcanzar objetivos retadores o para llevar a cabo acciones y/o emprendimientos que requieran compromiso y dedicación. Implica mantener un alto nivel de desempeño en todas las situaciones y con interlocutores diversos.

A
Capacidad para actuar con serenidad, determinación, firmeza, entusiasmo y perseverancia en situaciones y/o emprendimientos que conduzcan al cumplimiento de objetivos organizacionales retadores que requieren compromiso y dedicación, y promover en otros la misma actitud. Capacidad para superar los obstáculos y mantener un nivel de desempeño óptimo aun en circunstancias de alta exigencia o ante interlocutores muy diversos, y servir así de ejemplo al resto de la organización. Implica ser un referente en materia de temple y dinamismo.

B
Capacidad para actuar con determinación, firmeza, perseverancia y compromiso a fin de llevar a cabo las acciones que permiten alcanzar los objetivos asignados al área que conduce, superar las situaciones exigentes con éxito y mantener en toda ocasión un nivel de desempeño acorde con los estándares establecidos para su posición. Implica constituirse en un ejemplo para su área en materia de firmeza y dinamismo.

C
Capacidad para mantener firmeza y perseverancia en la realización de aquellas acciones que permiten alcanzar los objetivos asignados a su sector / puesto de trabajo, aun en situaciones difíciles, y sostener un nivel constante en su desempeño.

D
Capacidad para trabajar con un adecuado nivel de constancia y firmeza en pos del logro de los resultados que se le plantean y mantener un nivel de desempeño acorde con lo esperado.

Nota: El grado D indica que la competencia está desarrollada en un nivel mínimo.

Tolerancia a la presión de trabajo

Capacidad para trabajar con determinación, firmeza y perseverancia a fin de alcanzar objetivos difíciles o para concretar acciones/decisiones que requieren un compromiso y esfuerzo mayores que los habituales. Implica mantener un alto nivel de desempeño aun en situaciones exigentes y cambiantes, con interlocutores diversos que se suceden en cortos espacios de tiempo, a lo largo de jornadas prolongadas.

A
Capacidad para trabajar con determinación, firmeza y perseverancia para alcanzar objetivos difíciles con eficacia, diseñar políticas y procedimientos que permitan llevar a cabo los planes organizacionales en contextos complejos, y tomar decisiones que requieren un compromiso y esfuerzo mayores que los habituales. Implica trabajar con energía y mantener un alto nivel de desempeño aun en situaciones exigentes y cambiantes, con interlocutores diversos que se suceden en cortos espacios de tiempo, a lo largo de jornadas prolongadas. También, ser un ejemplo para la organización al cuidar las relaciones interpersonales en momentos difíciles y motivar a otros a obrar del mismo modo, para lograr un clima laboral armónico y de alta productividad.

B
Capacidad para trabajar con determinación y perseverancia a fin de alcanzar objetivos difíciles con eficacia, diseñar procedimientos y métodos de trabajo que permitan llevar a cabo los planes de su área en contextos complejos, y tomar decisiones que requieren un compromiso y esfuerzo mayores que los habituales. Implica trabajar con energía y mantener un alto nivel de desempeño aun en situaciones exigentes y cambiantes, con interlocutores diversos que se suceden en espacios de tiempo acotados, a lo largo de jornadas prolongadas. También, ser un ejemplo para su área al cuidar las relaciones interpersonales en momentos difíciles y motivar a sus colaboradores a obrar del mismo modo, para lograr un clima laboral armónico y de alta productividad.

C
Capacidad para trabajar con perseverancia a fin de alcanzar objetivos difíciles con eficacia, e implementar procedimientos y métodos de trabajo que permitan llevar a cabo los planes de su sector en contextos complejos. Implica trabajar con energía y mantener un alto nivel de desempeño aun en situaciones exigentes y cambiantes, con interlocutores diversos, en jornadas prolongadas. También, ser un ejemplo para sus colaboradores al cuidar las relaciones interpersonales en momentos difíciles y motivarlos a obrar del mismo modo, para lograr un clima laboral armónico y de alta productividad.

D
Capacidad para trabajar con perseverancia y eficacia a fin de alcanzar los objetivos que se le han fijado, aun en contextos complejos. Implica trabajar con energía y mantener el nivel de desempeño esperado incluso en circunstancias exigentes y cambiantes, a lo largo de jornadas prolongadas. También, ser un ejemplo para sus compañeros en momentos difíciles.

Nota: El grado D indica que la competencia está desarrollada en un nivel mínimo.

Toma de decisiones

Capacidad para analizar diversas variantes u opciones, considerar las circunstancias existentes, los recursos disponibles y su impacto en el negocio, para luego seleccionar la alternativa más adecuada, con el fin de lograr el mejor resultado en función de los objetivos organizacionales. Implica capacidad para ejecutar las acciones con calidad, oportunidad y conciencia acerca de las posibles consecuencias de la decisión tomada.

A
Capacidad para encarar el proceso de toma de decisiones, mediante la elección sistemática de opciones viables y convenientes, considerar las circunstancias existentes, los recursos disponibles y su impacto en el negocio. Capacidad para convencer a sus colaboradores de la necesidad de generar opciones múltiples frente a cada situación a resolver, y especialmente ante cuestiones críticas o sensibles para la organización. Capacidad para establecer mecanismos de selección de opciones que contemplen el mejor resultado, desde diversos puntos de vista, en función de los objetivos organizacionales. Implica capacidad para controlar el desarrollo de las opciones elegidas para asegurarse de que respetan las pautas de calidad y oportunidad fijadas, y tomar conciencia de sus posibles consecuencias.

B
Capacidad para tomar decisiones, mediante el desarrollo de opciones viables y convenientes, considerar las circunstancias existentes, los recursos disponibles y su impacto en el negocio. Capacidad para generar opciones múltiples frente a cada situación a resolver, y especialmente ante cuestiones críticas o sensibles para la organización. Capacidad para aplicar el mecanismo de selección de opciones establecido, a fin de obtener el mejor resultado, desde diversos puntos de vista, en función de los objetivos organizacionales. Implica capacidad para ejecutar y supervisar las opciones elegidas con calidad y oportunidad.

C
Capacidad para generar opciones múltiples frente a cada situación a resolver y especialmente ante cuestiones críticas o sensibles para la organización. Capacidad para aplicar el mecanismo de selección de opciones establecido, a fin de obtener el mejor resultado, desde diversos puntos de vista, en función de los objetivos organizacionales. Implica capacidad para ejecutar las opciones elegidas con calidad y oportunidad.

D
Capacidad para generar más de una opción frente a cada situación a resolver, aplicar el mecanismo de selección de opciones establecido y ejecutar las opciones elegidas según los procedimientos vigentes.

Nota: El grado D indica que la competencia está desarrollada en un nivel mínimo.

Trabajo en equipo

Capacidad para colaborar con los demás, formar parte de un grupo y trabajar con otras áreas de la organización con el propósito de alcanzar, en conjunto, la estrategia organizacional, subordinar los intereses personales a los objetivos grupales. Implica tener expectativas positivas respecto de los demás, comprender a los otros, y generar y mantener un buen clima de trabajo.

A Capacidad para fomentar el espíritu de colaboración en toda la organización, promover el intercambio entre áreas y orientar el trabajo de pares y colaboradores a la consecución de la estrategia organizacional. Implica expresar satisfacción por los éxitos de otros, pertenecientes o no al grupo inmediato de trabajo. Capacidad para subordinar los intereses personales a los objetivos grupales, con el propósito de alcanzar las metas organizacionales de corto, mediano y largo plazo, y apoyar el trabajo de todas las áreas que forman parte de la organización. Capacidad para constituirse en un ejemplo de colaboración y cooperación en toda la organización, comprender a los otros, y generar y mantener un buen clima de trabajo.

B Capacidad para fomentar el espíritu de colaboración en su área, promover el intercambio con otros sectores de la organización y orientar el trabajo de pares y colaboradores a la consecución de la estrategia organizacional. Implica expresar satisfacción por los éxitos de otros, pertenecientes o no al grupo inmediato de trabajo. Capacidad para subordinar los intereses personales a los objetivos grupales, con el propósito de alcanzar las metas organizacionales de corto y mediano plazo, y apoyar el trabajo de otras áreas de la organización. Capacidad para constituirse dentro de su área como un ejemplo de colaboración y cooperación, comprender a los otros, y generar y mantener un buen clima de trabajo.

C Capacidad para fomentar la colaboración y cooperación en su sector, promover el intercambio con otras áreas y orientar el trabajo de pares y colaboradores a la consecución de los objetivos fijados. Implica reconocer los éxitos de otros, pertenecientes o no al grupo inmediato de trabajo. Capacidad para subordinar los intereses personales a los objetivos grupales, con el propósito de alcanzar los objetivos fijados de corto plazo, y apoyar el trabajo de otros sectores de la organización. Capacidad para constituirse como un ejemplo de cooperación entre sus colaboradores y mantener un buen clima de trabajo.

D Capacidad para colaborar y cooperar con otras personas, tanto de su sector como de otras áreas de la organización, con el propósito de alcanzar los objetivos fijados, y reconocer los éxitos y aportes de otras personas. Capacidad para subordinar los intereses personales a los objetivos grupales y apoyar el trabajo de otros sectores de la organización. Implica ser un ejemplo para sus compañeros por su cooperación y buen trato con todas las personas.

Nota: El grado D indica que la competencia está desarrollada en un nivel mínimo.

Otras competencias

Otras competencias según las diferentes estrategias y actividades organizacionales

- *Actitud dinámica y positiva*
- *Adaptabilidad al cambio - Flexibilidad*
- *Anticipación a los eventos del entorno*
- *Autodesarrollo y desarrollo de personas*
- *Autodesarrollo y desarrollo del talento*
- *Calidad de trabajo y excelencia*
- *Calidad en los resultados*
- *Calidad y excelencia*
- *Capacidad analítica*
- *Capacidad de análisis, planificación y organización*
- *Capacidad para adaptarse a viajes y otras culturas*
- *Capacidad para aprender*
- *Capacidad para cuidar a otros*
- *Capacidad para cuidar de sí mismo*
- *Capacidad para emprender*
- *Capacidad para transformarse en un jefe entrenador*
- *Claridad en los conceptos técnicos*
- *Comprender el negocio del cliente*
- *Compromiso con el cliente (interno y externo)*
- *Compromiso con el medio ambiente*
- *Compromiso con la reducción de costos y la mejora continua*

- *Compromiso con la rentabilidad y el crecimiento sostenido*
- *Compromiso con la rentabilidad y la eficiencia económica*
- *Compromiso con los objetivos de la organización*
- *Compromiso con los valores organizacionales*
- *Compromiso social*
- *Conducción de gente*
- *Conocimiento de la industria, del mercado y de los productos*
- *Conocimiento del negocio y manejo de relaciones*
- *Cosmopolitismo*
- *Cosmopolitismo externo*
- *Cosmopolitismo interno*
- *Creatividad aplicada a la tarea*
- *Creatividad aplicada a los negocios*
- *Creatividad aplicada a los procesos*
- *Desarrollo de equipos de alto desempeño*
- *Desarrollo de la relación con el cliente*
- *Desarrollo de relaciones*
- *Desarrollo estratégico de los recursos humanos*
- *Detección de necesidades*
- *Dirección de equipos de alto desempeño*
- *Dirección de personas*
- *Eficiencia y mejora continua*
- *Establecimiento de prioridades*
- *Ética e integridad*
- *Franqueza - Confiabilidad - Integridad*
- *Innovación aplicada a la tarea*
- *Innovación aplicada a los negocios*
- *Innovación aplicada a los procesos*
- *Innovación para crecer*
- *Innovación y flexibilidad*
- *Inspirar confianza*

- *Integridad y compromiso*
- *Integridad y confiabilidad*
- *Manejo de crisis y contingencias*
- *Manejo de relaciones de negocios*
- *Manejo de relaciones profesionales*
- *Motivar a otros*
- *Nivel de compromiso - Disciplina personal*
- *Orientación al consumidor*
- *Pensamiento estratégico y sistémico*
- *Pensamiento global*
- *Pensamiento sistémico*
- *Perseverancia*
- *Perspectiva internacional del negocio*
- *Preocupación por el orden y la calidad*
- *Productividad con calidad*
- *Profundo conocimiento de los productos*
- *Relación con el entorno y articulación de redes*
- *Resolución de problemas comerciales*
- *Trabajo en equipo centrado en objetivos*
- *Visión de conjunto*
- *Visión estratégica y sistémica*

Otras competencias incluidas en versiones anteriores de esta obra[1]

- *Adaptabilidad al cambio*
- *Alta adaptabilidad - Flexibilidad*

---

1 Si bien los nombres de las competencias presentadas en esta obra, en algunos casos, pueden ser parecidos o iguales, sin embargo, las definiciones de las mismas, así como sus aperturas en grados, son diferentes. Del mismo modo, los comportamientos relacionados serán diferentes ya que, en todos los casos, tienen relación con la definición de la competencia y su apertura en grados.

- *Aprendizaje continuo*
- *Autocontrol*
- *Búsqueda de información*
- *Calidad de trabajo*
- *Capacidad de aprender*
- *Capacidad de entender a los demás*
- *Capacidad de planificación y organización*
- *Colaboración*
- *Competencia "del náufrago"*
- *Compromiso*
- *Comunicación*
- *Conciencia organizacional*
- *Confianza en sí mismo*
- *Conocimiento de la industria y el mercado*
- *Construcción de relaciones de negocios*
- *Credibilidad técnica*
- *Desarrollo de las personas*
- *Desarrollo de relaciones*
- *Desarrollo de su equipo*
- *Desarrollo estratégico de recursos humanos*
- *Dinamismo - Energía*
- *Dirección de equipos de trabajo*
- *Empowerment*
- *Entrepreneurial*
- *Ética*
- *Flexibilidad*
- *Fortaleza*
- *Franqueza - Confiabilidad - Integridad*
- *Habilidad analítica*
- *Habilidades mediáticas*
- *Impacto e influencia*

- *Iniciativa*
- *Iniciativa - Autonomía*
- *Iniciativa - Autonomía - Sencillez*
- *Innovación*
- *Integridad*
- *Justicia*
- *Liderazgo*
- *Liderazgo para el cambio*
- *Manejo de relaciones de negocios*
- *Modalidades de contacto*
- *Negociación*
- *Nivel de compromiso - Disciplina personal - Productividad*
- *Orientación a los resultados*
- *Orientación al cliente*
- *Orientación al cliente interno y externo*
- *Pensamiento analítico*
- *Pensamiento conceptual*
- *Pensamiento estratégico*
- *Perseverancia*
- *Portability - Cosmopolitismo - Adaptabilidad*
- *Preocupación por el orden y la claridad*
- *Presentación de soluciones comerciales*
- *Productividad*
- *Profundidad en el conocimiento de los productos*
- *Prudencia*
- *Relaciones públicas*
- *Resolución de problemas comerciales*
- *Responsabilidad*
- *Sencillez*
- *Temple*
- *Tolerancia a la presión*
- *Trabajo en equipo*

Otras competencias para redes de conocimiento[2]

- *Apoyo a los compañeros*
- *Autodirección basada en el valor*
- *Competencias de los profesionales del conocimiento*
- *Comprensión del negocio del cliente*
- *Comunicación para compartir conocimientos*
- *Conocimiento inteligente*
- *Creación de equipos de alto rendimiento que ofrezcan oportunidades desafiantes*
- *Demostrar valor*
- *Desarrollo de la relación con el cliente*
- *Desarrollo de profesionales inteligentes*
- *Desarrollo de redes flexibles*
- *Desarrollo de redes inteligentes*
- *Expectativas de desarrollo profesional*
- *Gerenciamiento (management) de proyectos*
- *Herramientas al servicio del negocio*
- *Innovación del conocimiento*
- *Manejo de relaciones de negocios (networking)*
- *Metodología para la calidad*
- *Motivaciones para el cambio*
- *Orientar y desarrollar a otras personas*
- *Profesionales inteligentes*
- *Redes a partir de comunidad de intereses*
- *Responsabilidad personal*
- *Trabajo en equipo centrado en objetivos*

---

2   En las ediciones anteriores estas competencias se han denominado *Competencias del conocimiento*. Algunos nombres pueden parecer similares a otros, pero no así sus definiciones.

Otras competencias para organizaciones virtuales[3]

- *Adaptabilidad al cambio*
- *Competencia asesina*
- *Competencia "del náufrago"*
- *Construcción de relaciones de negocios*
- *Empowerment*
- *Entrepreneurial digital*
- *Expectativas de desarrollo profesional*
- *Desarrollo del equipo*
- *Desarrollo estratégico de los recursos humanos*
- *Dinamismo - Energía*
- *Dirección de equipos de trabajo*
- *Habilidades mediáticas*
- *Innovación*
- *Liderazgo para el cambio*
- *Manejo de relaciones de negocios (networking)*
- *Modalidades de contacto*
- *Motivaciones para el cambio*
- *Pensamiento estratégico*
- *Portability - Cosmopolitismo - Adaptabilidad*
- *Relaciones públicas*
- *Temple*

---

3   En las ediciones anteriores estas competencias se han denominado *E-competences*. Algunos nombres pueden parecer similares a otros, pero no así sus definiciones.

Anexos

Anexo I. Cómo tratan la temática de *competencias* otros autores

En esta sección, a modo de estado del arte, se presenta un breve análisis de los autores que han tratado la temática desde diferentes vertientes.

Anexo II. Libros de Martha Alles relacionados con *Gestión por competencias*

Se ha tratado *Gestión por competencias* en una serie de obras previas de la misma autora. En esta sección se explica el tratamiento de la temática en los diversos libros que ha publicado.

Anexo III. Herramientas de la Metodología Martha Alles International para *Gestión por competencias*

En esta sección se describen las diferentes herramientas diseñadas con el propósito de poner en práctica los diversos aspectos de *Gestión por competencias*.

Anexo I

Cómo tratan la temática de *competencias* otros autores

En esta sección, a modo de estado del arte[1], se presenta un breve análisis de los autores que han tratado la temática desde diferentes vertientes.

Competencias laborales y conductuales. Diferencias

Existe en diversos medios, aun en los académicos, una profunda confusión sobre términos que, siendo parecidos, significan cosas muy diferentes: *las competencias laborales* y *las competencias conductuales*.

La Organización Internacional del Trabajo (OIT) impulsa a nivel mundial una serie de programas tendientes a lograr la certificación en *competencias laborales* de personas que no poseen un título o certificado que permita acreditar sus conocimientos o especialidad. Estos programas de certificación son impulsados, a su vez, desde los gobiernos de los respectivos países.

Veamos una definición dada por Cinterfor (Centro Interamericano de Investigación y Documentación sobre Formación Profesional), perteneciente a la OIT: *Existen múltiples y variadas definiciones en torno a la competencia laboral. Un concepto generalmente aceptado la establece como una capacidad efectiva para llevar a cabo exitosamente una actividad laboral plenamente identificada. La competencia laboral no es una probabilidad de éxito en la ejecución del trabajo; es una capacidad real y demostrada.*

La mayoría de las definiciones de competencias laborales plantean una mezcla de conceptos necesarios para desempeñarse adecuadamente en un puesto de trabajo: conocimientos específicos y habilidades necesarias para un desempeño adecuado.

A modo de ejemplo comentaremos un documento del Consejo de Normalización y Certificación (CoNoCer) de competencias laborales de México, de 1998, donde se presenta el modelo a aplicar en ese país en mate-

---

1   Los párrafos de este anexo fueron tomados de la tesis doctoral de la autora, titulada *Incidencia de las competencias en la empleabilidad de profesionales*. Universidad de Buenos Aires, junio de 2007.

ria de competencias laborales. La definición de competencias laborales para este organismo es: *Capacidad productiva de un individuo que se define y mide en términos de desempeño en un determinado contexto laboral, y no solamente de conocimientos, habilidades, destrezas y actitudes; estas son necesarias pero no suficientes por sí mismas para un desempeño efectivo.*

Dice el mencionado documento: *Se reconoce, de manera general, que una persona es competente para hacer algo cuando demuestra que lo sabe hacer. Si el algo a que se ha hecho referencia tiene que ver con el trabajo, puede decirse que la persona es competente en su trabajo; es decir, tiene o posee competencia laboral. La competencia laboral es, entonces, uno más de los diferentes atributos de la persona –en su carácter de trabajador– y dicha competencia es, por lo tanto, identificable en la persona misma. La identificación de la competencia laboral de un trabajador resulta posible si y sólo si está también definido el referente laboral en el que se aplicará la competencia.*

En otras partes del mencionado documento se plantea la necesidad de establecer parámetros comparativos por segmento de la economía y/o por zonas geográficas. Asimismo, se consigna que la norma se refiere a *un trabajador que se ha hecho en la práctica, como es frecuente que suceda en países como los nuestros (los latinoamericanos).*

Las competencias laborales se relacionan con oficios y por extensión se aplican a profesiones de tipo universitario, y en algunos países se han aplicado en relación con la educación. Más allá del nivel educacional que abarque, en nuestra opinión, la principal diferencia que esta concepción de las competencias tiene con la metodología de Gestión por competencias radica en el punto de partida.

En resumen, las competencias laborales fijan su atención en el individuo, que puede pertenecer o no a una organización. La OIT promueve la certificación de las competencias laborales de los individuos como una forma de incrementar su empleabilidad. Si se desea trabajar sobre la empleabilidad de las personas, en especial sobre la de aquellos que no tienen trabajo, promover este tipo de programas será una gestión muy útil para la sociedad.

Cuando se desea trabajar desde el ámbito de las organizaciones se requiere el uso de los denominados modelos de management o de gestión, que permiten "manejar" los recursos humanos de la entidad con el propósito de alinearlos a su estrategia de negocios. Cuando esta modelización se hace correctamente, da lugar a una relación de ganar-ganar entre el empleado y el empleador, ya que es beneficioso, al mismo tiempo, tanto para uno como para el otro. Estos modelos se basan, usualmente, en las denominadas "competencias conductuales". En la práctica, tanto académica como profesional, a las denominadas "competencias conductuales" se las denomina "competencias" sin aditamento alguno, y a las que se definieron en la OIT, "competencias laborales".

Los estudios de competencias basados en las conductas se apoyan en los trabajos de David McClelland: *Human Motivation* (obra original de 1987) y otros, posteriores, del mismo autor. Entre los principales exponentes sobre la temática de competencias –seguidores de McClelland– se puede distinguir a los norteamericanos Spencer & Spencer, que definen el concepto de competencia como *una característica subyacente de un individuo que está causalmente relacionada a un estándar de efectividad y/o a una performance superior en un trabajo o situación* (1993: 9). El trabajo de estos autores aporta un esquema completo sobre cómo implantar, en una organización, un modelo de competencias. Otro exponente muy reconocido es la profesora francesa Claude Levy-Leboyer (1992).

Las competencias laborales en ningún caso se plantean como un modelo de management o administrativo, aunque pueden ser aplicadas en el marco de las organizaciones. Tan es así que, si se observa, en la mayoría del material existente al respecto se podrá apreciar que los ejemplos que se presentan son –mayoritariamente– en relación con posiciones de tipo operativo, como por ejemplo operarios, enfermeros, vendedores, etcétera.

Según Cinterfor (organismo de la OIT), *la certificación es la culminación de un proceso de reconocimiento formal de las competencias de los trabajadores; implica la expedición, por parte de una institución autorizada, de una acreditación acerca de la competencia poseída por el trabajador. En muchas instituciones de formación la certificación se otorga como un reconocimiento a la culminación de un proceso de formación, basada en el tiempo de capacitación y práctica, así como en los contenidos evaluados. Ello no necesariamente asegura que se esté haciendo una evaluación de competencias.*

A lo largo de los años he consultado abundante bibliografía sobre la temática de competencias y para mi trabajo he elegido una de las vertientes existentes de la concepción de competencias, en la firme creencia de que es la que se relaciona con el marco organizacional y la Administración de Empresas.

En esta parte de la obra se presentará la temática de *Gestión por competencias* según algunos autores seleccionados, que representan las ten-

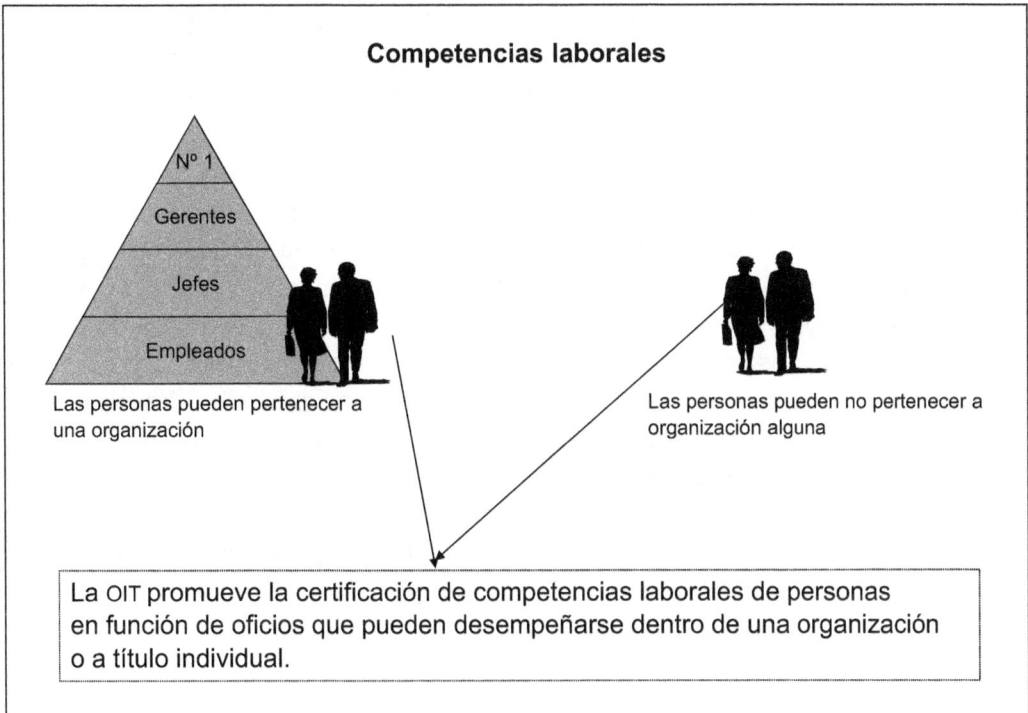

Competencias laborales

Nº 1

Gerentes

Jefes

Empleados

Las personas pueden pertenecer a
una organización

Las personas pueden no pertenecer a
organización alguna

La OIT promueve la certificación de competencias laborales de personas
en función de oficios que pueden desempeñarse dentro de una organización
o a título individual.

dencias más divulgadas y que, a su vez, exponen de manera más precisa los distintos aspectos relacionados. En el capítulo denominado *Las buenas prácticas en Recursos Humanos. Gestión por competencias* se integran los diferentes temas de la metodología de Gestión por competencias desde la perspectiva de quien esto escribe, sobre la base de la experiencia práctica en consultoría.

Orígenes de la Gestión por competencias

Unánimemente se considera la obra de David C. McClelland (más precisamente su libro *Human Motivation* –1999, publicado en su origen en 1987–) como la base sobre la cual luego se construye la metodología de Gestión por competencias. Este libro, como su nombre lo indica, está dedicado al estudio de la motivación humana.

Comprender la motivación humana lleva a una definición del término *motivo,* entendido como el interés recurrente para el logro de un objetivo basado en un incentivo natural; un interés que energiza, orienta y selecciona comportamientos.

La explicación de los términos clave de esta definición debería ayudarnos a clarificar y resumir lo que los psicólogos han aprendido acerca de la motivación humana. Básicamente, un motivo puede darse cuando se piensa con frecuencia acerca de un objetivo, es decir, se trata de un interés recurrente y no de pensamientos ocasionales. Una persona que acaba de comer puede a veces pensar acerca de estar sin alimento, pero una persona que piensa continuamente en la posibilidad de verse privada de alimentos, aun cuando no está hambrienta, es aquella que podríamos caracterizar como fuertemente motivada por la comida.

Los estudios de David McClelland sobre la motivación describen los logros en el conocimiento acerca de qué son los motivos y cómo pueden ser medidos, avances que han llevado a un progreso sustancial en la comprensión de tres importantes sistemas motivacionales (definidos por este autor) que gobiernan el comportamiento humano:

- *Los logros como motivación.* La primera motivación que se investigó intensamente fue la determinada *por el logro* o *"n achievement".* A medida que se progresó en esta investigación fue resultando evidente que podría haber sido mejor denominarla *eficiencia,* porque representa un interés recurrente por hacer algo mejor. Hacer algo *mejor* implica algún estándar de comparación interno o externo, y quizá sea mejor concebido en términos de eficiencia o como un ratio *input/output.* Mejorar significa obtener el mismo *output* con menos trabajo, obtener un mayor *output* con el mismo trabajo o, lo mejor de todo, obtener un mayor *output* con menos trabajo.

    De esta manera, la gente con alto *"n achievement"* prefiere actuar en situaciones donde hay alguna posibilidad de mejoras de esta clase. Esas personas no son atraídas por situaciones donde no hay posibilidades de lograr mejoras, esto es, en trabajos muy fáciles o muy difíciles; y por lo tanto no trabajan más duro cuando deben desempeñarse en ellos. Las personas con alta orientación al logro prefieren tener responsabilidad personal por el resultado. Si es bueno, les da información de cuán bien lo están haciendo. Los *entre-preneurs* exitosos tienen alto *"n achievement"*.

- *El poder como motivación.* La necesidad de poder como clave en el pensamiento asociativo representa una preocupación recurrente que impacta sobre la gente y quizá también sobre las cosas. Se ha demostrado, con experiencias que involucran sentimientos de fortaleza física o psicológica, que los más altos resultados han sido recolectados de individuos con alto *"n power"*.

  Altos niveles de *"n power"* están asociados a muchas actividades competitivas y asertivas con un interés en obtener y preservar prestigio y reputación. Sin embargo, desde que la competencia y particularmente las actividades agresivas son altamente controladas por la sociedad, debido a sus efectos potencialmente destructivos, la *válvula de escape* para esta motivación por el poder varía considerablemente de acuerdo con las normas que las personas han internalizado como comportamientos aceptables.

- *La pertenencia como motivación.* Se sabe menos de esta motivación que sobre las dos anteriores. Derivaría de la necesidad de estar con otros, pero no hay certeza de cuál es la causa natural del amor o el deseo de estar con otras personas como motivación.

Estas motivaciones se combinan con otras características para determinar acción.

Los autores que se mencionarán a continuación provienen de diversos países. De los Estados Unidos hemos seleccionado a Lyle y Signe Spencer; de Francia, a Claude Levy-Leboyer; del Reino Unido, a Gerald Cole, y varios otros de Italia. De este modo se pretende mostrar la uniformidad de ciertos criterios que pueden considerarse como básicos dentro de la metodología de Gestión por competencias.

Para una mejor explicación de la teoría sobre Gestión por competencias se dividirá el tema en los siguientes aspectos:

- Definiciones, donde se explicará qué significa el término competencias y la Gestión por competencias y cómo se definen las mismas en el marco de una organización.

- Asignación de competencias a puestos.

Gestión por competencias. Definiciones

Definición de competencias según Spencer & Spencer

En la obra *Competence at work* (1993: 9-11), estos autores aportan una definición de competencia, considerando que es una *característica profunda* de un individuo que se encuentra *causalmente relacionada con un desempeño efectivo (que se toma como criterio de referencia) y/o superior* en un puesto de trabajo o situación laboral.

"Característica profunda" significa que la competencia es una parte integradora y permanente de la personalidad de un individuo, por lo que puede predecir el comportamiento en una gran variedad de situaciones y tareas laborales.

"Causalmente relacionada" significa que la competencia es la causa o predice el comportamiento y desempeño de la persona que la posee.

"Criterio de referencia" significa que la competencia realmente predice quién hará algo bien o mal, y se mide en relación con un estándar o *criterio específico*. Los ejemplos de criterio: volumen de ventas en dólares para las personas de ventas, o la cantidad de pacientes que permanecen "sobrios" para los consejeros de alcohólicos.

Las competencias son *características profundas* del hombre e indican "formas de comportamiento o de pensar", habituales en diferentes situaciones y que permanecen por un largo período.

Cinco tipos de características:

1. *Motivación.* Aquellas cosas que una persona considera o desea en forma consistente. Las motivaciones "dirigen, conllevan y seleccionan" el comportamiento hacia ciertas acciones u objetivos y lo alejan de otros. Ejemplo: las personas motivadas que desean éxito se establecen objetivos, constantemente toman responsabilidad propia para alcanzarlos y utilizan la retroalimentación para desempeñarse mejor.

2. *Rasgos.* Características físicas y respuestas consistentes a situaciones o información.
   Ejemplo: reacción rápida y buena vista son ejemplos de competencias físicas para los pilotos de combate.
   El autocontrol y la iniciativa son "respuestas consistentes a situaciones" más complejas. Algunas personas no "molestan" a otras y actúan

"por encima y más allá del llamado del deber" para resolver problemas bajo estrés. Estas competencias son características de los gerentes exitosos.

Los motivos y las competencias son rasgos intrínsecos o "características supremas" propias de un individuo que determinan cómo se desempeñará en su puesto de trabajo a largo plazo sin una supervisión cercana.

3. *Concepto de uno mismo.* Lo que cada persona considera que es, con respecto a sus valores, características, actitudes e imagen.

   Ejemplo: *autoconfianza,* la confianza que una persona tiene en sí misma con relación a su propio desempeño.

   Los *valores* de un individuo permiten predecir cómo se desempeñará en su puesto a corto plazo y en situaciones donde otras personas están a cargo. Por ejemplo, es más probable que una persona que valora ser líder demuestre un comportamiento de liderazgo si se le dice que la tarea o empleo representa "una evaluación de su habilidad de liderazgo".

   Por lo general, las personas que desean ser gerentes pero no les gusta o no consideran como un valor el hecho de influenciar a otros y motivarlos, pueden ser designados en puestos de gerencia o jefatura, pero fracasan en ese rol.

4. *Conocimiento.* La información que una persona posee sobre áreas específicas.

   Ejemplo: conocimiento quirúrgico de los nervios y músculos en el cuerpo humano.

   El conocimiento es una competencia compleja. En general, las evaluaciones de conocimiento no logran predecir el desempeño laboral (futuro) porque usualmente no es posible medir el conocimiento y las habilidades considerando con precisión la manera como se utilizarán en el puesto de trabajo. En primer lugar, muchas evaluaciones del conocimiento miden la memoria, cuando lo que realmente importa es cómo se usa la información. El conocimiento basado en la memoria respecto de hechos específicos es menos importante que la capacidad de determinar cuáles son los hechos relevantes frente a un problema determinado. O, desde otra perspectiva, saber cómo encontrar ciertos conocimientos cuando estos son necesarios es más importante que "recordarlos". En segundo lugar, las evaluaciones de conocimiento miden, generalmente, la habilidad de la persona para determinar cuál es la respuesta adecuada entre una serie de alternativas, pero no se evalúa si una persona puede actuar sobre la base del conocimiento. Por ejemplo, la habilidad para determinar el mejor argumento es muy diferente a la habilidad para enfrentar una situación conflictiva y discutir persuasivamente. En tercero y último lugar, el conocimiento predice lo que una persona *puede* hacer, no lo que realmente hará.

5. *Habilidad.* Se refiere a la capacidad de desempeñar adecuadamente ciertas tareas físicas o mentales.

Ejemplo: la habilidad física de un dentista para arreglar una caries sin dañar el nervio; la habilidad de un programador de organizar 50.000 líneas de código en un orden lógico secuencial.

Entre las competencias mentales o cognoscitivas se incluyen las de *pensamiento analítico* (procesamiento de conocimiento y datos, determinando causa y efecto, organizando datos y planos) y *pensamiento conceptual* (reconocimiento de características en datos complejos).

El tipo o el nivel de las competencias tiene implicaciones prácticas para el planeamiento de recursos humanos. Como lo ilustra el gráfico "Modelo del iceberg", las competencias de conocimiento y habilidad tienden a ser características de las personas de tipo visible y relativamente superficiales (en el sentido de que están en la superficie de la personalidad, por lo que son fácilmente observables). El concepto de uno mismo o propio, los rasgos de personalidad y las motivaciones están más escondidos, en una zona más profunda de la mente de las personas.

El conocimiento y las competencias en relación con ciertas habilidades son relativamente fáciles de desarrollar; la manera más adecuada y efectiva de mejorar estas capacidades es mediante el entrenamiento y la capacitación.

Las motivaciones y los rasgos de personalidad presentan una dificultad mucho mayor tanto para su evaluación como para su desarrollo; lo más adecuado –siempre que sea posible– será *seleccionar* empleados que ya posean las características de personalidad y las motivaciones requeridas para cada posición.

Modelo del iceberg

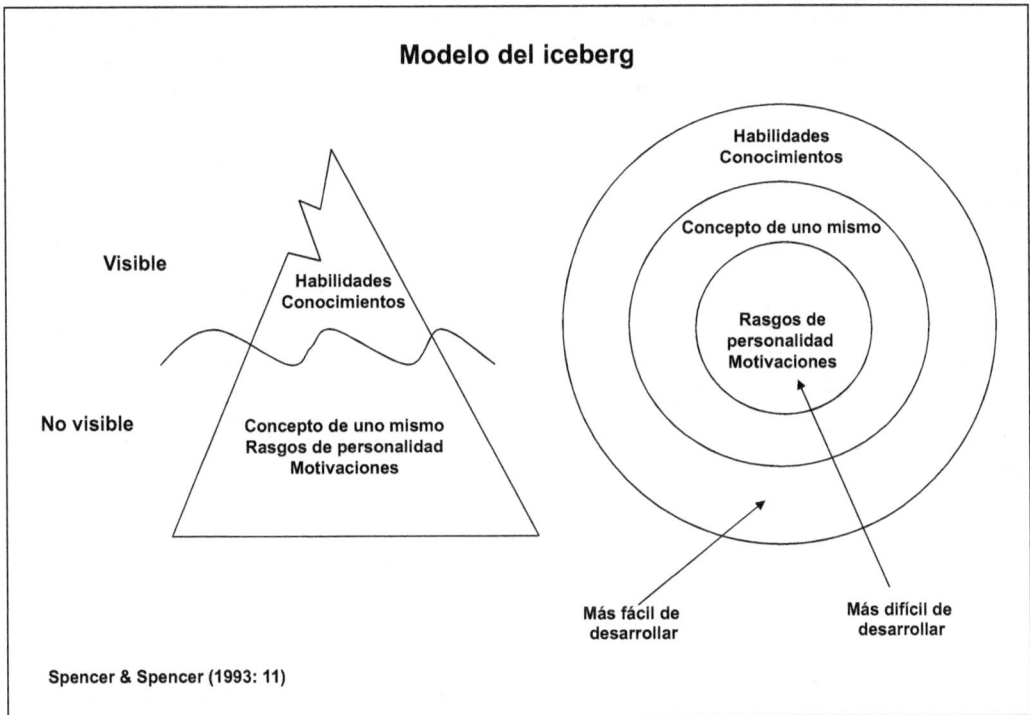

Spencer & Spencer (1993: 11)

En la obra *Competence at work* (Spencer & Spencer, 1993) dicen sus autores (p. 12) que *muchas organizaciones seleccionan en base a conocimiento superficial y habilidades (contratamos a* MBA *de buenas universidades) y asumen que los nuevos empleados poseen la motivación fundamental y las características necesarias o que estas competencias se pueden infundir mediante buen management. Probablemente, lo contrario sea más económico: las organizaciones deberían seleccionar en base a buenas competencias de motivación y características y enseñar el conocimiento y habilidades que se requieren para los puestos específicos.*

En los puestos complejos, las competencias son más importantes que las habilidades relacionadas a la tarea, la inteligencia o las credenciales para predecir un desempeño superior.

En empleos de niveles superiores –técnicos, de management y profesionales–, casi todos poseen un coeficiente intelectual alto y estudios avanzados en una buena universidad. Lo que distingue a los que se desempeñan mejor en estos puestos es la motivación, habilidades interpersonales y habilidades políticas, las cuales son competencias. Los estudios de competencia son la manera más económica para cubrir estas posiciones.

Continuando con la definición de Spencer & Spencer, estos autores mencionan los siguientes conceptos y a su vez los explican del siguiente modo:

Causalmente relacionada. La motivación, los rasgos de personalidad y el concepto de uno mismo predicen el comportamiento, que a la vez predice el desempeño laboral (ver el gráfico siguiente, "Flujo del comportamiento relacionado").

Las competencias siempre incluyen o se inician en una *intención,* que es el motivo o la característica que origina el comportamiento; se podría decir que es la causa de la acción para lograr un resultado. Por ejemplo, el conocimiento y las habilidades siempre incluyen un motivo, ciertas características o rasgos de personalidad, y el concepto de uno mismo, que proporciona la dirección o el "empuje" para que el conocimiento o la habilidad puedan ser utilizados.

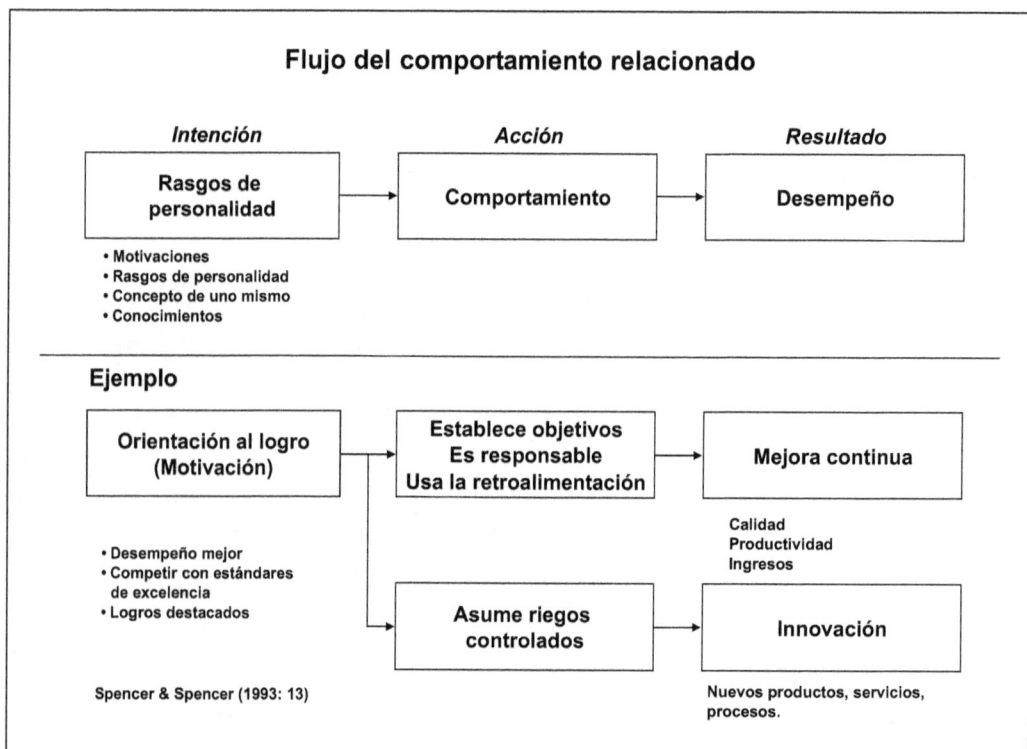

Flujo del comportamiento relacionado

Intención	*Acción*	*Resultado*
Rasgos de personalidad	**Comportamiento**	**Desempeño**

- Motivaciones
- Rasgos de personalidad
- Concepto de uno mismo
- Conocimientos

Ejemplo

Orientación al logro (Motivación)	**Establece objetivos / Es responsable / Usa la retroalimentación**	**Mejora continua**
		Calidad / Productividad / Ingresos
Asume riegos controlados		**Innovación**

- Desempeño mejor
- Competir con estándares de excelencia
- Logros destacados

Spencer & Spencer (1993: 13)

Nuevos productos, servicios, procesos.

El comportamiento sin intención no define una competencia. Un ejemplo podría ser: "se observa a un gerente caminando por la oficina". Si quien observa no sabe *por qué* esa persona camina o pasea por la oficina, no podrá saber qué competencia está utilizando o qué se está observando. El motivo del gerente que lo lleva a caminar puede ser: aburrimiento, un calambre en una pierna, supervisar el trabajo de sus colaboradores y comprobar si todo está bien, o sólo el deseo de "ser visible", como una forma –quizá– de que los empleados trabajen más.

Los comportamientos pueden incluir pensamientos no visibles, que preceden y predicen el comportamiento. Ejemplos: motivación (pensar en desempeñarse mejor), planeamiento, o análisis de un problema previo a su resolución.

Criterio de referencia. Los autores de *Competence at work* (p. 13) continúan diciendo que el criterio de referencia es esencial para la definición de competencias. *Un rasgo o característica no es una competencia a menos que prediga algo importante en el mundo real.* El psicólogo William James aseguró que la regla principal de los científicos debería ser: "una diferencia que no *hace* diferencia no *es* diferencia". Una característica o credencial que no hace diferencia en el desempeño no es una competencia y no debería utilizarse como referencia para evaluar personas.

Los criterios que se utilizan con más frecuencia en los estudios de competencia son:

- *Desempeño superior.* Es una desviación tipo por encima del promedio de desempeño. Aproximadamente una de cada diez personas alcanza el nivel superior en una situación laboral.

- *Desempeño eficaz.* Por lo general, esto significa un nivel "mínimamente aceptable" de trabajo. Es el punto que debe alcanzar un empleado; de lo contrario, no se lo consideraría competente para el puesto.

Categorías de competencias

Las competencias se dividen en dos categorías: "punto inicial" y "diferenciales" (Spencer & Spencer, 1993: 13):

- *Competencias de punto inicial.* Son características esenciales (generalmente conocimientos o habilidades básicas) que se necesitan en un empleo para desempeñarse adecuadamente. Competencias de punto inicial son, por ejemplo, para un vendedor, el conocimiento del producto que ofrece y la habilidad para hacer facturas.

- *Competencias diferenciales.* Estos factores distinguen a las personas de niveles superiores de los demás. Por ejemplo, la competencia *Orientación al logro,* que implica establecerse objetivos más altos que los que la organización requiere.

Según Spencer & Spencer, las competencias se pueden clasificar en:

Competencias de logro y acción:

- *Orientación al logro o a los resultados*
- *Preocupación por el orden, la calidad y la precisión*
- *Iniciativa*
- *Búsqueda de información*

Competencias de ayuda y servicio:

- *Entendimiento interpersonal*
- *Orientación al cliente*

Competencias de influencia:

- *Influencia e impacto*
- *Construcción de relaciones*
- *Conciencia organizacional*

Competencias gerenciales:

- *Desarrollo de personas*
- *Dirección de personas*
- *Trabajo en equipo y cooperación*
- *Liderazgo*

Competencias cognoscitivas:

- *Pensamiento analítico*
- *Razonamiento conceptual*
- *Experiencia técnica/profesional/de dirección*

Competencias de eficacia personal:

- *Autocontrol*
- *Confianza en sí mismo*

- *Comportamiento ante los fracasos*
- *Flexibilidad*

En la obra ya citada (pp. 343-344), Spencer & Spencer presentan una serie de competencias para niveles ejecutivos y gerenciales. Dado que el libro de referencia fue publicado hace más de diez años, lo que en aquel entonces se denominó "del futuro" se podría interpretar como "actual".

Para ejecutivos:
- *Pensamiento estratégico*
- *Liderazgo de cambio*
- *Relaciones públicas (habilidad para establecer relaciones e influenciar sobre redes complejas de personas)*

Para gerentes:
- *Flexibilidad*
- *Implementación del cambio*
- *Innovación*
- *Relaciones interpersonales*
- *Empowerment*
- *Dirección de equipos*
- *Adaptabilidad*

Para concluir el análisis sobre estos autores, transcribimos la siguiente reflexión de la obra *Competence at work* (p. 347): *La dirección de recursos humanos agrega valor cuando ayuda a que las personas y las organizaciones mejoren el nivel actual de desempeño. Los métodos de competencia descriptos se centran en la identificación de las características humanas que se pueden medir y desarrollar y que (con una buena concordancia persona-puesto) predicen desempeño superior y satisfacción laboral, sin discriminar por raza, edad, sexo, cultura o educación. El enfoque por competencias es más justo, más libre y más eficaz. Las competencias proporcionan un lenguaje y un método en común que pueden integrar todas las funciones y servicios de recursos humanos –selección, evaluación de desempeño, planeamiento de carrera y sucesión, capacitación y desarrollo y remuneración– para ayudar a que las personas, las firmas e incluso las sociedades sean más productivas en los difíciles años que vienen.*

Definición de competencias según Levy-Leboyer

En la obra *Gestión de las competencias* (1996: 54) Levy-Leboyer define competencias como *repertorios de comportamientos que algunas personas dominan mejor que otras, lo que las hace eficaces en una situación determinada.*

Esos comportamientos son observables en la realidad cotidiana del trabajo e, igualmente, en situaciones de evaluación. Ponen en práctica, de forma integrada, aptitudes, rasgos de personalidad y conocimientos adquiridos.

Las competencias *representan un trazo de unión entre las características individuales y las cualidades requeridas para llevar a cabo misiones profesionales precisas.*

En este punto deseamos señalar que esta autora incluye el concepto de *comportamientos* en la definición de competencias, aspecto que considero muy importante ya que es clave a la hora de implantar una metodología de Gestión por competencias en el marco de una organización.

Levy-Leboyer presenta un listado de competencias universales para los cuadros superiores:

- *Presentación oral*
- *Comunicación oral*
- *Comunicación escrita*
- *Análisis de problemas de la organización*
- *Comprensión de los problemas de la organización*
- *Análisis de los problemas de fuera de la organización*
- *Comprensión de los problemas de fuera de la organización*
- *Planificación y organización*
- *Delegación*
- *Control*
- *Desarrollo de sus subordinados*
- *Sensibilidad*
- *Autoridad sobre individuos*
- *Autoridad sobre grupos*
- *Tenacidad*
- *Negociación*
- *Vocación para el análisis*

- *Sentido común*
- *Creatividad*
- *Toma de riesgos*
- *Decisión*
- *Conocimientos técnicos y profesionales*
- *Energía*
- *Apertura a otros intereses*
- *Iniciativa*
- *Tolerancia al estrés*
- *Adaptabilidad*
- *Independencia*
- *Motivación*

La autora plantea diferentes listados de competencias. Uno que resulta interesante es el de aquellas que denomina *supracompetencias:*

Intelectuales:
- *Perspectiva estratégica*
- *Análisis y sentido común*
- *Planificación y organización*

Interpersonales:
- *Dirección de colaboradores*
- *Persuasión*
- *Decisión*
- *Sensibilidad interpersonal*
- *Comunicación oral*

Adaptabilidad:
- *Adaptación al medio*

Orientación a resultados:
- *Energía e iniciativa*
- *Deseos de éxito*
- *Sensatez para los negocios*

¿Las competencias son individuales? Si es así, ¿cuál es su relación con las empresas? Para Levy-Leboyer las competencias individuales y competencias clave de la empresa están en estrecha relación: las competencias de la empresa están constituidas ante todo por la integración y la coordinación de las competencias individuales, al igual que, a otra escala, las competencias individuales representan una integración y una coordinación de *savoir faire*, conocimientos y cualidades individuales. De ahí la importancia, para la empresa, de administrar bien su stock de competencias individuales, tanto actuales como potenciales.

En otras palabras, así como las competencias individuales son la base del desempeño de las personas, y muy importantes para ellas, las competencias de la empresa también lo son para esta.

¿Cómo se identifican unas y otras? Las competencias individuales se identifican a través del análisis de los comportamientos. Las competencias de la empresa, en cambio, utilizando métodos de análisis de mercado y de evolución de los proyectos de la organización.

Los diagnósticos de competencias individuales permiten saber lo que cada persona aporta al ejercicio de una misión que le ha sido encargada para realizarla lo mejor posible. El análisis de las competencias de la empresa permite definir los espacios del mercado en los que la empresa es competitiva a largo y corto plazo.

Las competencias individuales son patrimonio del individuo. Las competencias de la empresa son desarrolladas en común por los individuos, pero pertenecen a la empresa.

De todos modos, los diferentes autores coinciden en que la supervivencia de las empresas depende de su capacidad para crear conocimiento en sus recursos humanos, y utilizarlo.

Definición de competencias según otros autores

Lucia y Lepsinger (1999: 6-7) aportan una mirada interesante sobre el modelo de competencias, desde una perspectiva diferente de las que hemos visto hasta aquí.

Se realiza una distinción entre competencias innatas y adquiridas, presentando un gráfico ilustrativo que denominan *"Competency Pyramid". Un modelo de competencias* –dicen– *debería incluir las habilidades innatas y las adquiridas. De este modo sería esencialmente una pirámide construida sobre la base de los talentos inherentes (innatos) e incorporando los tipos de habilidades y conocimientos que pueden ser adquiridos a través del estudio, el esfuerzo y la experiencia. El tope de la pirámide es un conjunto específico de comportamientos que son la manifestación de todas las habilidades innatas y adquiridas (...).*

Expresar aquellas habilidades en términos de comportamientos es importante por dos razones: 1) permite definir ejemplos para su más sencilla evaluación y 2) los comportamientos se pueden desarrollar de alguna manera.

Competency Pyramid

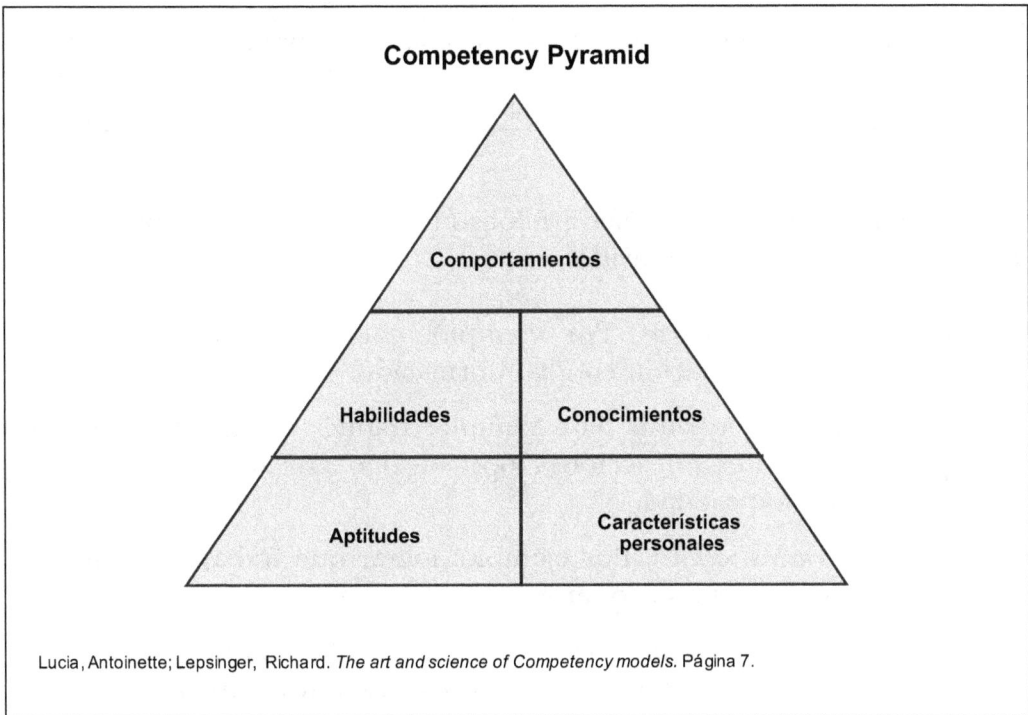

- Comportamientos
- Habilidades
- Conocimientos
- Aptitudes
- Características personales

Lucia, Antoinette; Lepsinger, Richard. *The art and science of Competency models.* Página 7.

Para Colardyn (1996: 53) las competencias se pueden definir como *el conjunto de las capacidades demostradas en la vida profesional y social presente. Las competencias son individuales, son particulares de cada individuo y están íntimamente ligadas y dependen del contexto social general donde el individuo actúa o se desenvuelve y, muy especialmente, en relación con su campo de actividad, su especialidad y el sector profesional en el cual él vive cotidianamente.*

La autora hace una diferenciación interesante entre *competencias* y *calificaciones;* incluiremos a continuación sólo algunos de los ejemplos que la autora brinda (p. 54).

Calificaciones	Competencias
Capacidades adquiridas y reconocidas por la educación formal	Capacidades demostradas en la vida profesional y social presente
Certificadas por examen	Evaluación de competencias (observación de comportamientos)
Se centran en el conocimiento de ciertas disciplinas	Se centran en la producción de resultados relacionados a un contexto profesional o personal preciso

Para la autora francesa Nadine Jolis (1998: 29-30) las competencias se correlacionan entre sí y se dividen en:

a) *Competencias teóricas.* Por ejemplo: conectar saberes adquiridos durante la formación con la información.

b) *Competencias prácticas.* Por ejemplo: traducir la información y los conocimientos en acciones operativas o enriquecer los procedimientos con calidad.

c) *Competencias sociales.* Por ejemplo: lograr que trabaje un equipo o capacidad para relacionarse.

d) *Competencias del conocimiento (combinar y resolver).* Por ejemplo: conjugar información con saber, coordinar acciones, buscar nuevas soluciones, poder (y saber) aportar innovaciones y creatividad.

Las tres primeras categorías convergen en la última.

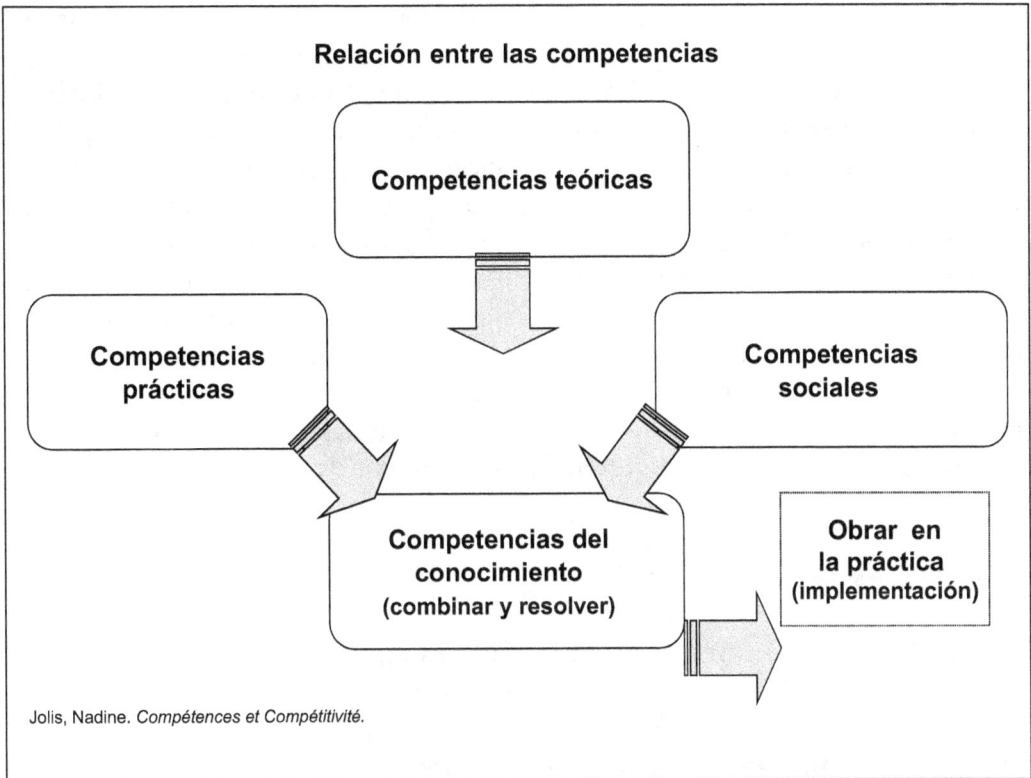

Relación entre las competencias

Competencias teóricas

Competencias prácticas

Competencias sociales

Competencias del conocimiento
(combinar y resolver)

Obrar en la práctica
(implementación)

Jolis, Nadine. *Compétences et Compétitivité.*

El reconocimiento de las diferentes competencias tiene mucha importancia en la implementación de los procesos de Recursos Humanos. Para capacitar o evaluar al personal podrá ser de gran ayuda comprender las diferencias entre unas y otras, ya que pueden requerir diferentes caminos o soluciones a desarrollar.

Una reflexión sobre las definiciones de competencias

Como se aprecia en los apartados anteriores, el concepto de competencias es complejo e implica una serie de elementos a tener en cuenta. Lamentablemente, en la práctica profesional, en especial en Argentina, se le ha dado al término un uso corriente, quitándole su verdadero significado.

Para referirse a competencias se debe tener en cuenta que se trata de características profundas de personalidad que se componen por los rasgos propiamente dichos, las motivaciones y el concepto de uno mismo. Los tres factores en su conjunto determinan el comportamiento del individuo, elemento que luego se utiliza para la medición de las competencias. Ahora bien, una competencia (rasgos, motivaciones y concepto de uno mismo) se entiende con relación "a algo", que es un estándar de efectividad o desempeño superior. Dicen Spencer & Spencer (1993: 9), en su definición de *competencia,* que esta se mide en relación con un estándar o *criterio específico.* Por lo tanto, la metodología de Gestión por competencias difiere del tradicional enfoque referido a las "características de personalidad" evaluadas en base a un estándar poblacional, ya que en Gestión por competencias el criterio o estándar con el cual se mide una competencia es particular de cada organización.

Un modelo estratégico

Renato Boccalari, en una obra que reúne trabajos de varios autores titulada *Competenze. Leva di eccellenza delle persone e delle organizzazioni* (Boccalari *et al.,* 2004), se refiere a la diferencia entre un modelo de competencias psicológico y uno de tipo estratégico. *La máxima conducción de la empresa podrá asegurar la continuidad de la misma sólo desarrollando las competencias distintivas; estas deberán reflejar –a su vez– la fuente duradera donde se recogerá el producto futuro. ¿Cómo definir una "competencia distintiva"? Como aquella que reúne una serie de competencias y tecnologías que permite a una empresa ofrecer un beneficio a su cliente* (p. 24-27). Brinda como ejemplo el de una empresa tradicional de correo privado cuyo lema es la puntualidad en la entrega al cliente. Allí la competencia distintiva se relaciona con una compleja y sofisticada actividad logística. A su vez, la competencia es distintiva cuando:

- Agrega valor para el cliente.

- Diferencia a la empresa de otras que brindan el mismo servicio o producto.

- Permanece en el tiempo (es una característica temporalmente estable y que está presente en los diferentes escenarios donde la organización actúa y en los diversos productos que ofrece).

Más adelante plantea los pasos a seguir:

- *Identificar la competencia distintiva.*
- *Elaborar un programa para su adquisición (de la competencia distintiva).*
- *Construir la nueva competencia.*
- *Distribuir la competencia distintiva a todos los productos, a todos los mercados.*
- *Determinar cómo llevar la competencia distintiva a los gerentes y empleados.*

Este último es –usualmente– el aspecto más difícil. Cómo transformar una competencia organizacional (la competencia distintiva) en competencias individuales.

La estrategia de la organización también es mencionada por Spencer & Spencer en su obra *Competence at work* (1993: 264-265), donde se considera que la evaluación del desempeño es un ciclo donde los gerentes y sus subordinados realizan una serie de pasos o superan determinadas etapas, y mencionan que *para ello se plantean algunos requisitos: 1) Definir la estrategia organizacional. 2) Definir objetivos organizacionales. 3) Definir objetivos por área o unidad de trabajo.*

Si bien tanto estos autores como Boccalari presentan otros métodos para la recolección de competencias, como el estudio de ciertos casos de éxito (Spencer & Spencer, 1993: 94-95), en algunos pasajes de sus respectivas obras introducen la necesidad de considerar los planes estratégicos de la organización dentro del modelo de competencias.

Asignación de competencias a puestos

Para asignar competencias a un puesto de trabajo debe existir una "descripción del puesto o cargo". Para definir un puesto de trabajo hay que tener en cuenta el propósito general del puesto y sus principales responsabilidades (Cole, 1997: 125). De todos modos, la tarea no es sencilla, ya que muchas veces se dejan sin describir pequeños detalles que son fundamentales.

Spencer & Spencer, en el capítulo 18 de su obra *Competence at work*, el cual trata la temática de la selección de personas y la adecuación persona-puesto, plantean (p. 254) los "Métodos de concordancia entre el puesto y la persona" y mencionan que en un modelo de Recursos Humanos fundado en competencias, tanto la selección como la reubicación de personas debe basarse en la adecuación de cada persona con el puesto que ocupa. Retomando lo planteado por estos autores en el capítulo 2 de su obra (pp. 9-13), hay que decir que las competencias de una persona surgen de la combinación de una serie de elementos: los rasgos de personalidad, las motivaciones y el concepto de uno mismo. Por lo tanto, la adecuación persona-puesto implica comparar lo que el puesto requiere con las competencias de las personas, conformadas por los diferentes conceptos mencionados.

En resumen, estos autores aseguran (p. 254) que en *los sistemas de management de Recursos Humanos basados en las competencias, las decisiones de selección y ubicación se basan en el encuadre o concordancia entre los requisitos del puesto, en materia de competencias, y las competencias de la persona. Una premisa importante es que "cuanto mayor sea la concordancia entre los requisitos del puesto y las competencias de la persona, mejor será el desempeño y la satisfacción laboral de esta". El desempeño y la satisfacción elevada, a su vez, predicen la retención (1) porque las personas con un buen desempeño no se despiden; y (2) porque es menos probable que los empleados satisfechos renuncien.*

Boccalari *et al.* han reunido, en la obra *Competenze* (2004, 98 y ss), trabajos de diversos autores relacionados con la práctica profesional en Europa. Entre ellos uno de Enrico Oggioni donde se trata la "mappadura", nombre con el cual llaman a la asignación o identificación del grado necesario de una competencia según el puesto. *Si no se identifica la competencia necesaria, no son posibles ni la medición ni el desarrollo de las competencias. La importancia de una competencia es diferente en cada caso y tiene directa relación con la organización, con cómo esta desea desenvolverse en un futuro. La determinación de "la competencia necesaria" se relaciona con los planes estratégicos de la organización, de sus valores y objetivos.*

La asignación de competencias puede realizarse por roles organizacionales, por funciones y familias de puestos, por procesos, entre otras variantes. La asignación de competencias (mappadura) por funciones o familias de puestos implica reunir a todos aquellos que desempeñen funciones similares o que pertenezcan a una misma familia profesional.

Para una mejor medición de las competencias, estas deben ser abiertas en grados. Renato Boccalari (2004: 60) presenta un ejemplo en el que la competencia es abierta en tres niveles. El siguiente cuadro es una versión resumida del presentado por el autor en relación con los niveles de una competencia que él considera clave para un gerente.

Grado básico	Efectúa la tarea asignada transmitiendo su propia experiencia, verificando la calidad del servicio prestado al cliente.
Grado experto	Organiza y planifica las actividades relacionadas con los clientes; promueve el cambio.
Grado excelente	Realiza seguimiento de las actividades y promueve nuevas acciones con el propósito de afianzar la relación con el cliente.

La apertura de una competencia en grados que corresponden a determinados comportamientos observables será lo que permitirá su evaluación y medición.

A modo de resumen del Anexo I

El término *competencia* hace referencia a las características de personalidad que, en las organizaciones, se las reconoce en la gestión de los recursos humanos, ya sea bajo el nombre de competencias –para los que utilizan esta metodología– o bajo la denominación más universal de *características de personalidad.*

Otro concepto que es importante reiterar: no se trata de una moda. Se trabaja bajo modelos de competencias desde hace decenas de años, con sus variantes y evolución.

Existe en diversos medios, aun en los académicos, una profunda confusión sobre conceptos que, siendo parecidos, significan cosas muy diferentes: las *competencias laborales* y las *competencias conductuales.*

En el caso de las empresas que han implementado un modelo de Gestión por competencias, es importante tener en cuenta que se trata de una metodología de management, una manera de "manejar" los recursos humanos de una organización para lograr alinearlos a la estrategia de negocios. Cuando esta modelización se hace correctamente es beneficiosa, al mismo tiempo, tanto para la empresa como para sus empleados.

La Organización Internacional del Trabajo impulsa a nivel mundial una serie de programas tendientes a lograr la Certificación en *competencias laborales* de personas que no poseen un título o certificado que permita acreditar un conocimiento o especialidad determinado. Estos programas de certificación son impulsados, a su vez, desde los gobiernos de los respectivos países.

La mayoría de las definiciones de competencias laborales plantean una mezcla de conceptos requeridos para un puesto de trabajo: conocimientos específicos y habilidades necesarias para un desempeño adecuado.

Las competencias laborales se relacionan con oficios y por extensión se aplican a profesiones de tipo universitario, y en algunos países se han aplicado en relación con el sistema educativo formal. Más allá del nivel educacional que abarque, en nuestra opinión, la principal diferencia entre competencias laborales y la Gestión por competencias radica en el propósito con que cada una de ellas fue concebida (una para certificar capacidades de los trabajadores, otra como modelo de gestión para las organizaciones).

En la práctica, tanto académica como profesional, a las "competencias conductuales" se las denomina simplemente "competencias", sin aditamento alguno, y a las que se definieron en la OIT, "competencias laborales".

Es decir que respecto del concepto de competencias existen dos definiciones relevantes: la que se origina en la OIT y la que se utiliza en modelos de management –las competencias conductuales–. Estas fueron las consideradas en este trabajo.

Los estudios e investigaciones sobre competencias en las organizaciones se basan en los trabajos de David McClelland (*Human Motivation,* obra original de 1987, y otros posteriores). Entre los principales exponentes sobre la temática de competencias –seguidores de McClelland– se puede distinguir a los norteamericanos Spencer & Spencer, que definen *competencia* como *una característica subyacente de un individuo que está causalmente relacionada a un estándar de efectividad y/o a una performance superior en un trabajo o situación.* La obra de estos autores aporta un esquema completo sobre cómo implantar, en una organización, un modelo de competencias. Otro exponente muy reconocido es la profesora francesa Claude Levy-Leboyer.

Quizá se ha dejado fuera a otros autores que –también– tratan el tema de competencias. No obstante, creo haber citado a los pioneros y más importantes. Esta no es sólo mi opinión, sino que la misma es compartida por otros estudiosos del tema y especialistas en la materia.

ANEXO II

Libros de Martha Alles sobre Gestión por competencias

Serie Martha Alles - Recursos Humanos. Ediciones Granica

Gestión por competencias es una temática tratada por la autora en una serie de obras, las cuales abarcan los diferentes aspectos que la componen.

Cambio cultural	
	Comportamiento organizacional. Cómo lograr un cambio cultural a través de Gestión por competencias En esta obra se trata la temática relacionada con el comportamiento organizacional. En relación con competencias se sugiere al lector: • Capítulo 5. *Nuevas tendencias en management* • Capítulo 6. *Cómo relacionar el comportamiento organizacional con la función y los subsistemas de Recursos Humanos* • Capítulo 7. *Cómo lograr un cambio cultural*

Recursos Humanos y Gestión por competencias. Su aplicación a los distintos subsistemas	
	5 pasos para transformar una oficina de personal en un área de Recursos Humanos Es una obra de tipo introductorio donde a través de seis capítulos se lleva al lector, paso a paso, a lo prometido desde el título: transformar un área de personal donde sólo se atienden temas administrativos y en relación con el cumplimiento de las leyes, en un soporte estratégico de la Dirección General. Los 5 pasos son: 1. *Descripción de puestos* 2. *Formación / selección* 3. *Compensaciones* 4. *Desempeño* 5. *Carreras* Sobre el final se relaciona la obra con Gestión por competencias.

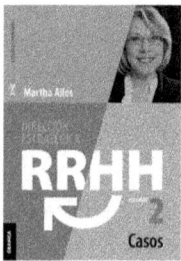

	Dirección estratégica de Recursos Humanos. **Gestión por competencias. Nueva edición** Para una correcta aplicación de las buenas prácticas en Recursos Humanos se debe comenzar por conocer y poner en uso los distintos subsistemas de Recursos Humanos. Esta obra es introductoria para los estudiosos del tema, así como para los profesionales del área que deseen conocer acerca de las buenas prácticas. En el Capítulo 2 se brinda al lector una breve introducción a la Gestión por competencias. A continuación, cada uno de los subsistemas de Recursos Humanos es tratado de manera general y luego, en particular, bajo la metodología de Gestión por competencias. Esta obra, que fue publicada originalmente en el año 2000, fue revisada en una nueva edición.
	Dirección estratégica de Recursos Humanos. **Gestión por competencias. CASOS. Nueva edición** (en prensa) Es una obra complementaria de la anterior. Por lo tanto, para cada capítulo se ofrecen casos prácticos basados en circunstancias reales, con los debidos cambios para no identificar de manera directa a las organizaciones sobre las cuales están basados.

Definición del modelo de competencias. Trilogía

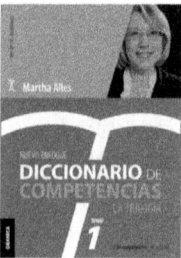

	Diccionario de competencias. La Trilogía. Tomo 1 En esta obra se presenta al lector las 60 competencias más utilizadas en el siglo XXI junto a las buenas prácticas en Recursos Humanos en la materia y un glosario de términos. Además: *Cómo explicarle al número 1 por qué implantar Gestión por competencias; La Trilogía. Los tres diccionarios en Gestión por competencias. Su aplicación práctica;* y *Diccionario de competencias. Cómo utilizarlo.* La obra incluye tres anexos que la complementan. Este es uno de ellos, que se presenta junto con: *Cómo tratan la temática de competencias otros autores* (en esta sección, a modo de "estado del arte", se presentan los autores que han estudiado la temática desde diferentes vertientes) y *Herramientas de la Metodología Martha Alles International para Gestión por competencias* (donde se describen las diferentes herramientas diseñadas con el propósito de poner en práctica los distintos aspectos relacionados con Gestión por competencias).

Diccionario de comportamientos. La Trilogía. Tomo 2

El *Diccionario de comportamientos* presenta al lector 1.500 comportamientos relacionados con las 60 competencias más utilizadas en el siglo xxi que se exponen en el *Diccionario de Competencias. La Trilogía. Tomo 1.*

Se incluye además un capítulo específico para explicar cómo se lee un diccionario de comportamientos y su utilización práctica.

Al igual que la obra mencionada anteriormente, se incluye un capítulo con las buenas prácticas en Recursos Humanos en la materia y un glosario de términos, y L*a Trilogía. Los 3 diccionarios en Gestión por competencias.*

La obra incluye tres anexos que la complementan. Al igual que el libro referido anteriormente: *Diccionario de competencias. La Trilogía. Tomo 1,* y en *Diccionario de preguntas. La Trilogía. Tomo 3.*

Diccionario de preguntas. La Trilogía. Tomo 3

El *Diccionario de preguntas* presenta al lector 344 preguntas, relacionadas con las 60 competencias más utilizadas en el siglo xxi, que se presentan en el *Diccionario de Competencias. La Trilogía. Tomo 1.*

Se incluye además un capítulo específico para explicar cómo se formulan las preguntas y la utilización práctica del *Diccionario de preguntas.*

Al igual que las dos obras mencionadas anteriormente, se incluye un capítulo con las buenas prácticas en Recursos Humanos en la materia y un glosario de términos, y *La Trilogía. Los 3 diccionarios en Gestión por competencias.*

La obra incluye tres anexos que la complementan, al igual que dos de los libros referidos anteriormente: *Diccionario de competencias. La Trilogía. Tomo 1,* y *Diccionario de comportamientos. La Trilogía. Tomo 2.*

Selección y competencias

Selección por competencias. 20 pasos para un proceso exitoso

A través de diez capítulos se tratan todos los temas relacionados con la selección de personas, haciendo foco en la selección por competencias.

Especialmente se destacan los siguientes temas: Talento y competencias; El rol de la motivación; La selección de personas en contextos de alto desempleo; Reclutamiento y selección; Selecciones internacionales y globalización; Quién puede ser un buen selector; Definición del perfil; Planificación de una selección; Gestión por competencias y selección; La entrevista por competencias; La entrevista BEI *(Behavioral Event Interview)* o entrevista por incidentes críticos; *Assessment Center Method* (ACM); Negociación, oferta e incorporación; Comunicación y ética durante un proceso de selección; Aplicación de índices de control de gestión en un proceso de selección.

	Elija al mejor. Cómo entrevistar por competencias Es una obra eminentemente práctica dedicada especialmente a la entrevista. Presenta preguntas para explorar diferentes aspectos del entrevistado, entre ellos, sus competencias. Fue la primera obra de la autora sobre competencias. La misma apareció por primera vez en el año 1999 y para su nueva edición fue totalmente revisada.

Desempeño y competencias

	Desempeño por competencias. Evaluación de 360°. **Nueva edición revisada, 2008** La obra presenta al lector dos tipos bien diferenciados de evaluaciones de desempeño. La evaluación de desempeño vertical, que combina *objetivos* con *competencias*, y las evaluaciones que se realizan para el desarrollo de personas, como la evaluación de 360° y la de 180°. En todos los casos, utilizando competencias. En este trabajo de la autora se destacan la profusión de formularios, ejemplos y aplicaciones prácticas para ilustrar todos los temas, las distintas evaluaciones y muy especialmente el Capítulo 8: *Caso práctico de evaluación de desempeño por competencias sobre la base de comportamientos observables.* Se pueden destacar los siguientes temas: Cómo relacionar la estrategia de los negocios con el desempeño; Evaluación de desempeño vertical; Cómo analizar comportamientos; Las Fichas de evaluación en la Metodología Martha Alles; Evaluación de 360°; Evaluación de 180°; Entrenamiento a evaluadores.

Formación y desarrollo de competencias

	Desarrollo del talento humano. Basado en competencias. **Nueva edición revisada, 2008** Como su nombre lo indica, esta obra está destinada al desarrollo de competencias. En este libro la autora plantea que el talento que asegura el éxito en una determinada posición laboral está conformado por las competencias requeridas por el puesto. De esta manera le quita al concepto de *talento* un halo mágico que usualmente lo envuelve, dándole una significación objetiva que permite así definirlo, medirlo y, por sobre todas las cosas, desarrollarlo positivamente, en beneficio de las organizaciones y de las personas que las integran. Muchos sostienen que las competencias se poseen o no. En el libro se plantea, primero, que las competencias se pueden desarrollar. Luego, la obra explica cómo se desarrollan las competencias y los métodos para el desarrollo de competencias, los cuales, en orden de eficacia, son: • Autodesarrollo • Entrenamiento experto • Codesarrollo

	No obstante, su mejor aplicación es sistémica, combinando los tres métodos. Para el autodesarrollo se plantean una serie de vías, tales como deportes, hobbies, actividades extracurriculares, lecturas, análisis de películas y referentes. La obra presenta un capítulo sobre *Gestión del conocimiento y el desarrollo de competencias,* y en su Capítulo 8 ofrece un esquema completo para la intranet destinado al desarrollo de personas. En la nueva edición 2008 se presentan por primera vez nuevas técnicas para el autodesarrollo dentro de la organización bajo el formato de *Guías de desarrollo dentro del trabajo.*
	Codesarrollo. Una nueva forma de aprendizaje El siglo XXI enfrenta a las organizaciones con un problema que incluye a los países desarrollados y, también, a Latinoamérica: la escasez de talento. Por lo tanto, no sólo hay que poder atraerlo sino que, además, se debe retener y desarrollar al propio. El aprendizaje de adultos no es un tema nuevo y las teorías existentes hasta el presente, si bien son eficaces, no se ven reflejadas en los métodos utilizados por las organizaciones. Ante esta carencia surge un nuevo método de aprendizaje: codesarrollo. El codesarrollo es un método de aprendizaje que ha surgido del Centro de Investigaciones de Nuevas Aplicaciones de Martha Alles International, firma que lo ha lanzado al mercado hace unos pocos años con notable éxito y experiencias altamente positivas. A lo largo de siete capítulos se tratan los siguientes temas: Desarrollo de personas fuera del trabajo; Las buenas prácticas en formación; Modelo organizacional de formación; El codesarrollo es un método de aprendizaje; Codesarrollo, la importancia del diseño; Caminos para poner en práctica el codesarrollo; Codesarrollo, estrategia y cambio cultural.
Programas para el desarrollo de personas dentro de la organización	
	Construyendo talento Una buena gestión de RRHH implica desarrollar a las personas que integran la organización tanto en conocimientos como en competencias. En esta obra el lector encontrará una amplia gama de programas internos para el desarrollo de personas, desde aquellos que aseguran la continuidad organizacional, como los planes de sucesión y los diagramas de reemplazo, hasta otros que, dentro de las nuevas tendencias, consideran los diferentes intereses y capacidades de las personas al ofrecer carreras de tipo gerencial (jerárquicas) junto con otras denominadas "de especialista", donde el foco no es el crecimiento vertical. El libro abarca —también— todos los programas tendientes a generar o crear talento, una verdadera cantera de personas formadas, listas para asumir nuevos desafíos, como los planes de carrera, de jóvenes profesionales y de personas clave. Por último, la obra trata sobre los programas que involucran a los jefes, como *mentoring,* entrenamiento experto y jefe entrenador. Para que estos programas sean eficaces, en la primera parte se describe cómo medir las capacidades y cómo elegir entre varias opciones. Y al final, de qué manera plasmar todo en planes individuales y colectivos.

	**Rol del jefe. Cómo ser un buen jefe**
	Esta obra está destinada a los jefes de cualquier nivel y los temas allí tratados son enfocados desde la metodología de Gestión por competencias.
	La palabra *jefe* implica un concepto referido a todos aquellos que tienen personas a su cargo, sin importar su nivel jerárquico. El número uno de la organización es jefe al igual que otros que reportan a él y también tienen personas a su cargo. Del mismo modo, es jefe aquel que posee una pequeña empresa en la que trabajan otras personas junto a él, familiares o no, y también es jefe el director de una película o de una orquesta, ballet o equipo deportivo.
	A partir de ese concepto, se identifica un aspecto totalmente descuidado hasta ahora en la gestión de los recursos humanos en las organizaciones: todo jefe debe cumplir una doble función. Por un lado, la que responde al requerimiento evidente de su puesto, esto es, efectuar las tareas que requiere el día a día de su sector, y, por otra parte, el rol de gestión de los recursos humanos a su cargo, lo que implica que deberá agregar a sus tareas específicas las de seleccionar a sus colaboradores, evaluarlos, delegarles tareas, alentarlos, comunicarles la misión, visión, valores y estrategia organizacionales, entrenarlos y, lamentablemente, desvincularlos cuando ello sea necesario.
	En este trabajo se presentan temas complejos con un estilo simple, considerando que la mayoría de los potenciales lectores tienen múltiples responsabilidades y, además, son jefes.
	Como complemento de esta obra, se han preparado tres libros-cuaderno: *Cómo ser un buen jefe en 12 pasos*, *Cómo delegar efectivamente en 12 pasos* y *Cómo transformarse en un jefe entrenador en 12 pasos*. Todos constituyen un material de tipo práctico y de reflexión para mejorar paso a paso el desempeño como jefe.

La mayoría de las obras mencionadas precedentemente tienen sus correspondientes materiales para profesores en *www.marthaalles.com*, sección *Sala de profesores*.

Allí podrá encontrar material para el dictado de clases y casos prácticos para cada uno de los temas tratados.

PARA TODOS LOS LECTORES

Disponible en formato digital un Anexo donde se ha realizado un análisis detallado de libros y subsistemas que complementa las temáticas abordadas en esta obra.

PARA PROFESORES

La *Trilogía* está compuesta por tres obras relacionadas entre sí:

❖ *Diccionario de competencias*
❖ *Diccionario de comportamientos*
❖ *Diccionario de preguntas*

Para una mejor explicación de la aplicación práctica de la *Trilogía* hemos preparado:

→ Casos prácticos y/o ejercicios para una mejor comprensión de los temas tratados.
→ Material de apoyo para el dictado de clases.

Los profesores que hayan adoptado esta obra para sus cursos, tanto de grado como de posgrado, pueden solicitar de manera gratuita las obras:

• *Trilogía. CASOS PRÁCTICOS*
• *Trilogía. CLASES*

Únicamente disponibles en formato digital en *www.marthaalles.com*

ANEXO III

**Herramientas de la Metodología Martha Alles International
para *Gestión por competencias***

La Metodología de Gestión por competencias y Recursos Humanos de
Martha Alles se basa en una serie de desarrollos y herramentales que permiten una implantación sistémica. Se los expone en los siguientes cuadros,
organizados tema por tema. Por un lado se mencionan las obras relacionadas, publicadas en su totalidad por Ediciones Granica. Los lectores pueden
conocer más acerca de ellas en los respectivos sitios web, tanto de la editorial como los indicados al final de esta obra. Por otro, una serie de productos específicos.

Rogamos que el lector entienda que la información brindada no representa una publicidad de nuestra empresa de consultoría. No se consigna
"todo" lo que hace una firma de este tipo, sino sólo aquellos "productos" de
utilización práctica, que en todos los casos se diseñan a medida del cliente y
en relación con su modelo de competencias. La mayoría de ellos han sido
elaborados pensando en el denominado cliente interno (en relación con el
área de Recursos Humanos), es decir, personas que trabajen en Ventas,
Mercadeo, Producción, Administración, Sistemas, Finanzas, etcétera.

La inclusión de esta información se hace con un propósito informativo,
pero también, muy especialmente, tiene el objetivo de enfatizar que los
métodos de trabajo planteados en esta y otras obras donde se presenta la
Metodología Martha Alles deben ser llevados a su mínimo detalle práctico,
ya que serán utilizados por personas no especialistas en el tema que
–además– por lo general están muy ocupadas en sus tareas y responsabilidades específicas. Producto de esta preocupación constante es que se ha
desarrollado la guía que se expone a continuación.

Tema	El rol del profesional de Recursos Humanos. Los desafíos para el siglo xxi. Cómo agregar valor desde la función de Recursos Humanos o Capital Humano
Obras relacionadas	*5 pasos para transformar una Oficina de Personal en un Área de Recursos Humanos* *Comportamiento Organizacional. Cómo lograr un cambio cultural a través de Gestión por competencias*
Productos de la firma consultora	Programas ejecutivos: • Cómo agregar valor desde el área de Recursos Humanos[1] • Todo lo que un gerente general debe saber sobre Recursos Humanos[2]

Tema	Indicadores de gestión para el área de Recursos Humanos
Obras relacionadas	*Selección por competencias (Capítulo 10, con indicadores estratégicos para el área de Selección)* *Comportamiento Organizacional. Cómo lograr un cambio cultural a través de Gestión por competencias* *Dirección Estratégica de Recursos Humanos (Capítulo 1)* *Codesarrollo. Una nueva forma de aprendizaje (Capítulo 6)*
Productos de la firma consultora	Programas ejecutivos: • Cómo agregar valor desde el área de Recursos Humanos • Todo lo que un gerente general debe saber sobre Recursos Humanos

---

1 Su lanzamiento fue en el año 2006.
2 Su lanzamiento fue en el año 2006.

Tema	Revisión de la misión, visión, valores y planes estratégicos. Cultura organizacional
Obras relacionadas	*Dirección Estratégica de Recursos Humanos. Gestión por competencias* *Dirección Estratégica de Recursos Humanos. Gestión por competencias. CASOS* *Comportamiento Organizacional. Cómo lograr un cambio cultural a través de Gestión por competencias*
Productos de la firma consultora	Juegos didácticos Encuesta de satisfacción laboral (también conocida como encuesta de clima) Medición de cultura en base a cuestionarios personalizados Encuestas sobre valores y proyectos personales

Tema	**Modelo de valores** Cuando la organización desea mantener por separado los valores de las competencias
Obras relacionadas	*Comportamiento Organizacional. Cómo lograr un cambio cultural a través de Gestión por competencias* *Diccionario de competencias. La Trilogía. Tomo 1* *Diccionario de comportamientos. La Trilogía. Tomo 2* *Construyendo talento. Programas de desarrollo para el crecimiento de las personas y la continuidad de las organizaciones*
Productos de la firma consultora	Indicadores para la medición de valores Para la evaluación de *valores* se sugiere como técnica el *Assessment Center Method* (ACM) y las *Fichas de evaluación* en sus dos formatos, completas y reducidas. Martha Alles International ha desarrollado, en relación con esta metodología, ambos métodos que se diseñan –en todos los casos– a medida del modelo de cada organización, lo cual no sólo permite una mayor eficacia, sino que asegura que los conceptos mencionados son medidos o evaluados en relación con los objetivos estratégicos de cada modelo. En resumen, con relación a los valores es posible diseñar todos los instrumentos de medición y desarrollo que requieren los distintos subsistemas de Recursos Humanos, como diccionarios de preguntas, su inclusión en la herramienta de selección, *Assessment Center Method* (ACM), codesarrollo, entre otros.

Tema	Armado del modelo de competencias
Obras relacionadas	*Dirección Estratégica de Recursos Humanos. Gestión por competencias* *Dirección Estratégica de Recursos Humanos. Gestión por competencias. CASOS* *Comportamiento Organizacional. Cómo lograr un cambio cultural a través de Gestión por competencias* *Diccionario de competencias. La Trilogía. Tomo 1* *Diccionario de comportamientos. La Trilogía. Tomo 2* *Construyendo talento. Programas de desarrollo para el crecimiento de las personas y la continuidad de las organizaciones*
Productos de la firma consultora	Diccionarios a medida junto con una base de datos de numerosas competencias. Diplomado en Gestión por competencias[3] Diplomados avanzados en Gestión por competencias *Mapa del modelo de competencias.* Permite conocer cómo se interrelacionan las distintas competencias del modelo de cada organización. *Programas de difusión del modelo:* codesarrollo para la difusión del modelo y aplicación de e-learning (en la difusión del modelo). Para la evaluación de *competencias* al inicio de un proceso de implantación de competencias o de *Balanced Scorecard* se sugiere como técnica el *Assessment Center Method* (ACM) y las *Fichas de evaluación* de competencias en sus dos formatos, completas y reducidas. Martha Alles International ha desarrollado, en relación con esta metodología, ambos métodos que se entregan a medida de los modelos de competencias de cada organización.

---

3 *Diplomado.* Actividad de transmisión de conocimientos sobre la Metodología Martha Alles. Implica por parte del participante la aprobación de un examen. El mismo tiene una revalidación gratuita cada dos años. Los programas de Diplomado son realizados directamente por la firma Martha Alles International o en el marco de otras instituciones educativas en las cuales el Diplomado se imparte de manera conjunta. No obstante, en ambos casos, la aprobación del examen y la extensión del respectivo diploma lo hace la empresa mencionada (Martha Alles International) y no se ha conferido a institución alguna la autorización para otorgarlo en nuestro nombre.

Tema	Modelo de conocimientos
Obras relacionadas	*Construyendo talento. Programas de desarrollo para el crecimiento de las personas y la continuidad de las organizaciones*
Productos de la firma consultora	Indicadores para la medición de conocimientos. Se sugiere su diseño para aquellos conocimientos clave de la organización. Para la evaluación de *conocimientos* se sugieren las *Fichas de evaluación* en sus dos formatos, completas y reducidas. Martha Alles International ha desarrollado, en relación con esta metodología, ambos métodos que se entregan a medida de los modelos de cada organización. Para trabajar sobre *conocimientos* se diseñan todos los instrumentos adicionales que requieren los distintos subsistemas de Recursos Humanos, como diccionarios de conocimientos, diccionarios de preguntas, su inclusión en la herramienta de selección, entre otros.

Tema	Análisis y descripción de puestos
Obras relacionadas	*Dirección Estratégica de Recursos Humanos. Gestión por competencias* *Dirección Estratégica de Recursos Humanos. Gestión por competencias. CASOS* *Diccionario de Competencias. La Trilogía. Tomo 2*
Productos de la firma consultora	Instructivos específicos Estructura de puestos o cargos Diplomado en Gestión por competencias Diplomados avanzados en Gestión por competencias

Tema	Selección e incorporación de personas
	Assessment Center Method (ACM)
	Entrevistas BEI (Behavioral Event Interview), o Entrevistas por incidentes críticos o eventos conductuales
	Entrevista por competencias
Obras relacionadas	*Selección por competencias*
	Elija al mejor. Cómo entrevistar por competencias
	Diccionario de preguntas. La Trilogía. Tomo 3
	Diccionario de comportamientos. La Trilogía. Tomo 2
Productos de la firma consultora	Juegos didácticos
	Diplomado en Gestión por competencias
	Diplomados avanzados en Gestión por competencias
	Codesarrollo[4] sobre Selección
	Formador de formadores sobre Selección
	Herramientas para selección: *Entrevista estructurada por niveles.* Incluye formularios e instructivos, tanto para los especialistas de Recursos Humanos como para funcionarios de otras áreas de la organización.
	Entrevista BEI (por incidentes críticos); incluye formularios e instructivos.
	Fichas de evaluación de competencias. Consiste en un documento donde el evaluado (cuando realiza su propia evaluación –autoevaluación–), el jefe o ambos, elige/n una serie de comportamientos representativos del cotidiano accionar del individuo sujeto a evaluación. Luego, a través de una fórmula matemática, se determina el grado o nivel de la competencia. Incluye un procesamiento vía Web, lo que permite la aplicación *on line* del método de evaluación.
	Manual de Assessment (Assessment Center Method) en sus versiones estándar[5] y a medida del modelo de competencias de cada organización.

---

4   Codesarrollo: el término implica el desarrollo de una competencia con la ayuda y guía del instructor del taller. Para que el codesarrollo se verifique es necesaria la realización de una serie de pasos, desde "poner en juego la competencia o el conocimiento" hasta inducir al participante a la acción, junto con la preparación de un plan de acción específico que permitirá su desarrollo posterior. Si bien en su primera fase sólo se había diseñado este método para el desarrollo de competencias, a partir del año 2006 se ha preparado un diseño especial de codesarrollo para conocimientos. Es un diseño exclusivo de Martha Alles International, presentado al mercado en diciembre de 2004 e incluido por primera vez en una publicación en la obra *Desarrollo del talento humano. Basado en competencias*, en el año 2005.
5   Su lanzamiento fue en el año 2004.

Tema	Evaluación de competencias para diferentes momentos de la organización
	Diagnósticos específicos para medir competencias y la adecuación persona-puesto
	Diseño de planes de formación
Obras relacionadas	*Selección por competencias*
	Elija al mejor. Cómo entrevistar por competencias
	Diccionario de preguntas. La Trilogía. Tomo 3
	Diccionario de comportamientos. La Trilogía. Tomo 2
Productos de la firma consultora	*Fichas de evaluación de competencias*[6]. Consisten en un documento donde el evaluado (cuando realiza su propia evaluación –autoevaluación–), el jefe o ambos, elige/n una serie de comportamientos representativos del cotidiano accionar del individuo sujeto a evaluación. Luego, a través de una fórmula matemática, se determina el grado o nivel de la competencia. Incluye un procesamiento vía Web, lo cual permite la aplicación *on line* del método de evaluación.
	Fichas reducidas. Similares a las anteriores, permiten una evaluación menos sofisticada en menor tiempo. Se recomiendan cuando se debe evaluar a muchas personas y/o mediante un número relevante de evaluadores. Las mismas se ofrecen en diseño Web, lo que permite la aplicación *on line* del método de evaluación o utilizando planillas de cálculo.
	Estas fichas ya mencionadas son utilizadas como herramienta para la medición de competencias en una Evaluación de 360° (Feedback 360°) y en una Evaluación de 180°.
	Asimismo, pueden ser utilizadas para la realización de Diagnósticos (Diagnóstico múltiple circular) en talleres de autoevaluación junto con talleres para evaluaciones múltiples y estas pueden ser –a su vez– realizadas por jefes, clientes internos y externos, etcétera.
	Manual de Assessment (Assessment Center Method) en sus versiones estándar y a medida del modelo de competencias de cada organización.

---

6   Su lanzamiento fue en el año 2003, con una serie de adaptaciones y *up grades* posteriores.

Tema	Evaluación de desempeño vertical[7]
	Feedback 360° o Evaluación de 360° y Evaluación de 180°
	Diagnóstico múltiple circular
Obras relacionadas	*Desempeño por competencias. Evaluación de 360°*
	Diccionario de comportamientos. La Trilogía. Tomo 2
Productos de la firma consultora	Juegos didácticos
	Diplomado en Gestión por competencias
	Diplomados avanzados en Gestión por competencias
	Codesarrollo sobre Desempeño
	Formador de formadores sobre Desempeño
	Herramienta de evaluación del desempeño vertical. Incluye formularios e instructivos.
	Fichas de evaluación de competencias. Consisten en un documento donde el evaluado (cuando realiza su propia evaluación –autoevaluación–), el jefe o ambos, elige/n una serie de comportamientos representativos del cotidiano accionar del individuo sujeto a evaluación. Luego, a través de una fórmula matemática, se determina el grado o nivel de la competencia. Incluye un procesamiento vía Web, lo que permite la aplicación *on line* del método de evaluación.
	Las *Fichas de evaluación* en su versión *reducida* son utilizadas para evaluaciones verticales, 180°, 360° y diagnósticos circulares. Incluyen un procesamiento vía Web, lo que permite la aplicación *on line* del método de evaluación.

7 Evaluación de desempeño vertical es aquella en la que el jefe evalúa a su colaborador, este se autoevalúa y el jefe del jefe avala el proceso en su conjunto. Usualmente combina Objetivos y Competencias. Para una mayor explicación del tema se sugiere la lectura del Capítulo 1 de la obra *Desempeño por competencias. Evaluación de 360°*.

Tema	Compensaciones
Obras relacionadas	*Dirección Estratégica de Recursos Humanos. Gestión por competencias* *Dirección Estratégica de Recursos Humanos. Gestión por competencias. CASOS* *5 pasos para transformar una Oficina de Personal en un Área de Recursos Humanos*
Productos de la firma consultora	Los mencionados en Evaluación del desempeño vertical: • Codesarrollo sobre Desempeño • Formador de formadores sobre Desempeño • Herramienta de evaluación del desempeño vertical (incluye formularios e instructivos)

Tema	Desarrollo de personas (incluye desarrollo de competencias)
Obras relacionadas	*Construyendo talento. Programas de desarrollo para el crecimiento de las personas y la continuidad de las organizaciones* *Codesarrollo. Una nueva forma de aprendizaje* *Desarrollo del talento humano. Basado en competencias* *Diccionario de comportamientos. La Trilogía. Tomo 2*
Productos de la firma consultora	***Mapa del modelo de competencias.*** Permite conocer cómo se interrelacionan las distintas competencias del modelo de cada organización. En relación con Desarrollo es fundamental conocer, además, cuáles competencias potencian a otras y cómo esta relación puede ayudar y apoyar el desarrollo de competencias. Codesarrollo sobre Desarrollo Formador de formadores sobre Desarrollo Diplomado en Gestión por competencias Diplomados avanzados en Gestión por competencias *(continúa en la página siguiente)*

Tema	Desarrollo de personas (incluye desarrollo de competencias)
Productos de la firma consultora	*Manual de Desarrollo con las Guías de Desarrollo*[8] dentro y fuera del trabajo, codesarrollo y otras modalidades para incrementar las capacidades de los programas específicos para jefes, como *Rol del jefe* y *Jefe entrenador.* Estos conceptos se identifican con los siguientes productos: *Guías de desarrollo de competencias,* bajo el nombre de *Manual de Desarrollo.* Consiste en una serie de actividades que permiten el desarrollo de competencias de las personas en función de los gustos y preferencias de cada uno. Las guías se acompañan con una breve descripción teórica e instructivos para su utilización, tanto para el usuario como para el área de Recursos Humanos. Las guías de desarrollo se han diseñado en dos variantes: • *Dentro del trabajo.* Acciones sugeridas para el desarrollo de competencias a realizar en el ámbito laboral. • *Fuera del trabajo.* Como su nombre lo indica, sugerencias para el desarrollo de competencias que no tienen relación alguna con el ámbito laboral. Ambas guías, dentro y fuera del trabajo, se confeccionan por niveles: Básico, Intermedio e Intensivo. A su vez, en las guías fuera del trabajo se diferencian dos caminos posibles: *Reflexionar para cambiar* y *Entrando en acción.* *Codesarrollo:* actividades de formación especialmente diseñadas para el desarrollo de competencias de las personas bajo el concepto de *Formador de formadores* (para cada una de las competencias del modelo de competencias y a medida de cada organización). Formador de formadores sobre las distintas temáticas. Codesarrollo para todos los niveles de dirección y jefaturas con el propósito de desarrollar tanto la capacidad de ser un buen jefe como la competencia *Entrenador.* Programas denominados *Rol del jefe* y *Jefe entrenador.* Formador de formadores sobre todas las temáticas mencionadas. *(continúa en la página siguiente)*

---

8   Para la preparación de las guías de desarrollo primero se preparó una cuantiosa base de datos que incluye un sinnúmero de actividades que pueden ser utilizadas para el desarrollo de competencias. Martha Alles International realizó una investigación previa de más de dos años antes de lanzar este producto al mercado, en el año 2004.

Estas guías se denominan *Guías de acción* cuando los valores se manejan por separado del modelo de competencias (modelo de valores).

Tema	Desarrollo de personas (incluye desarrollo de competencias)
Productos de la firma consultora	***Mapa y ruta de talentos.*** Manuales prácticos que permiten implementar los distintos programas organizacionales para el desarrollo de personas dentro de la organización. Incluye productos para *medir y evaluar las capacidades de las personas* utilizando, por ejemplo, *Fichas de evaluación* para medir conocimientos, valores y competencias, hasta *Cómo elegir entre varias opciones.* En ambos casos, estos productos cuentan con un soporte en Excel. Esto implica que el usuario sólo debe ingresar los datos, y las fórmulas matemáticas incluidas en el software de apoyo darán el resultado esperado. Los programas para el desarrollo de personas dentro de la organización son: • Planes de sucesión • Diagramas de reemplazo • Carrera gerencial y especialista • Planes de carrera • Plan de jóvenes profesionales • Personas clave • Mentoring • Entrenamiento experto • Jefe entrenador Cuando es aconsejable, estos programas se soportan en un diseño en Excel.

Tema	Programas específicos en relación con el gerenciamiento de personas Liderazgo y Empowerment
Obras relacionadas	*Rol del jefe. Como ser un buen jefe* *Cómo ser un buen jefe en 12 pasos* *Cómo delegar efectivamente en 12 pasos* *Cómo transformarse en un jefe entrenador en 12 pasos* *Agenda Ejecutiva 2008* *Agenda Ejecutiva 2009* *Desarrollo del talento humano. Basado en competencias* *Diccionario de Comportamientos. La Trilogía. Tomo 2* *Comportamiento Organizacional. Cómo lograr un cambio cultural a través de Gestión por competencias*
Productos de la firma consultora	Programas *Rol del Jefe* y *Jefe entrenador:* bajo un esquema similar al denominado *Formador de formadores.* *Codesarrollo.* Se han diseñando una serie de variantes para el desarrollo, en las personas que tienen otras a su cargo o bajo su supervisión, desde las diferentes funciones inherentes a un jefe, hasta la capacidad de ser un *entrenador* de sus colaboradores. Se sugiere una implantación "en cascada" para las actividades mencionadas, es decir, desde la máxima conducción de la organización. Se ha implementado con mucho éxito cuando los mismos jefes imparten las actividades prediseñadas bajo la modalidad de *Formador de formadores.* Codesarrollo para las competencias relacionadas: • Liderazgo: enfoque siglo XXI • Liderar con el ejemplo • Líder emprendedor • Liderazgo para el cambio • Entrepreneurial • Empowerment y Delegación • Sinergia organizacional • Dirección de equipos de trabajo • Trabajo en equipo • Colaboración Entre otros, y siempre diseñados a medida de la organización. *Formador de formadores* sobre todas las temáticas mencionadas.

Martha Alles es la autora más difundida en materia de Recursos Humanos. Sus libros sirven, hoy como textos de estudio en la mayoría de las universidades latinoamericanas. El conjunto de sus obras conforma un todo armónico que permite la visión sistémica de una disciplina que está llamada a ser indispensable para que las organizaciones puedan enfrentar el principal desafío de las próximas décadas: cómo gestionar el talento humano, devenido en recurso estratégico escaso.

Con *Las 50 herramientas de Recursos Humanos que todo profesional debe conocer*, la autora nos ofrece una guía completa sobre los métodos, los procedimientos y, en esencia, las herramientas disponibles para encarar los diferentes problemas y situaciones en relación con las personas que integran una organización de cualquier tipo. En este sentido, constituye un corte transversal de toda la obra de Martha Alles, y especialmente de la metodología de Gestión por competencias, al identificar las cincuenta principales herramientas aplicables en situaciones problemáticas típicas.

Este libro, de carácter eminentemente práctico y que está dirigido a un público amplio: al no especialista, ya sea un directivo o jefe de un grupo de colaboradores, le permitirá relacionar un problema o tema que le preocupa con una o varias herramientas existentes. Al especialista en Recursos Humanos, que seguramente ya conoce los distintos temas aquí expuestos, la obra le aportará una suerte de guía completa de los instrumentos necesarios para solucionar diversas situaciones y podrá convertirse, así, en su "caja de herramientas" de uso cotidiano.

Martha Alicia Alles, doctora por la Universidad de Buenos Aires, área Administración, y contadora pública nacional, es consultora internacional en Gestión por competencias. Con más de treinta títulos publicados, es la autora latinoamericana que ha escrito la mayor cantidad de obras sobre la temática, con colecciones destinadas a management personal, recursos humanos y liderazgo. Sus libros se comercializan en toda Hispanoamérica. Es presidenta de Martha Alles International, consultora regional que opera en toda Latinoamérica, lo que le permite unir sus amplios conocimientos técnicos con su práctica profesional diaria.

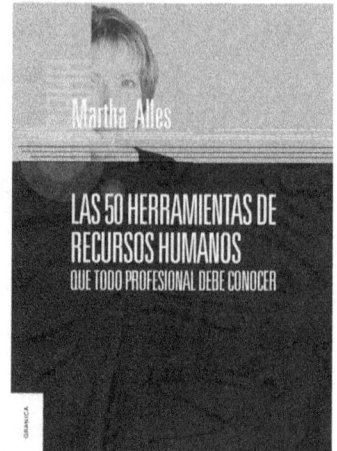

Bibliografía

Alles, Martha Alicia. *5 pasos para transformar una oficina de personal en un área de Recursos Humanos*. Ediciones Granica, Buenos Aires, 2008.

———. *Codesarrollo. Una nueva forma de aprendizaje*. Ediciones Granica, Buenos Aires, 2009.

———. *Cómo delegar efectivamente en 12 pasos*. Ediciones Granica, Buenos Aires, 2010.

———. *12 pasos para ser un buen jefe*. Ediciones Granica, Buenos Aires, 2008.

———. *Cómo transformarse en un jefe entrenador en 12 pasos*. Ediciones Granica, Buenos Aires, 2010.

———. *Comportamiento organizacional. Cómo lograr un cambio cultural a través de Gestión por competencias*. Ediciones Granica, Buenos Aires, 2008.

———. *Conciliar vida profesional y personal. Dos miradas: organizacional e individual*. Ediciones Granica, Buenos Aires, 2010.

———. *Construyendo talento*. Ediciones Granica, Buenos Aires, 2009.

———. *Desarrollo del talento humano. Basado en competencias*. Ediciones Granica, Buenos Aires. Nueva edición: 2008.

———. *Desempeño por competencias. Evaluación de 360°*. Ediciones Granica. Buenos Aires. Obra original: 2002. Nueva edición revisada: 2009.

———. *Diccionario de comportamientos. Gestión por competencias*. Ediciones Granica, Buenos Aires. Obra original: 2004.

———. *Diccionario de comportamientos. La Trilogía. Tomo 2*. Ediciones Granica, Buenos Aires, 2015.

———. *Diccionario de preguntas. Gestión por competencias*. Ediciones Granica, Buenos Aires. Obra original: 2009.

———. *Diccionario de preguntas. La Trilogía. Tomo 3*. Ediciones Granica, Buenos Aires, 2015.

———. *Diccionario de términos de Recursos Humanos*. Ediciones Granica, Buenos Aires, 2011.

———. *Dirección estratégica de Recursos Humanos. Gestión por competencias*. Ediciones Granica, Buenos Aires, 2015.

———. *Dirección estratégica de Recursos Humanos. Gestión por competencias. CASOS*. Ediciones Granica, Buenos Aires, 2015 (en preparación).

———. *12 pasos para conciliar vida profesional y personal. Desde la mirada individual*. Ediciones Granica, Buenos Aires, 2013.

————. *Elija al mejor. Cómo entrevistar por competencias.* Ediciones Granica, Buenos Aires. Obra original: 1999. Última versión revisada y ampliada: 2003.

————. *Incidencia de las competencias en la empleabilidad de profesionales.* Universidad de Buenos Aires, junio de 2007.

————. *La marca Recursos Humanos.* Ediciones Granica, Buenos Aires, 2014.

————. *Las 50 herramientas de Recursos Humanos que todo profesional debe conocer.* Ediciones Granica, Buenos Aires, 2011.

————. *Rol del jefe.* Cómo ser un buen jefe. Ediciones Granica, Buenos Aires, 2008.

————. *Selección por competencias. 20 pasos para un proceso exitoso.* Ediciones Granica, Buenos Aires, 2006.

————. *Social media y Recursos Humanos.* Ediciones Granica, Buenos Aires, 2012.

Bacal, Robert. *Performance Management.* McGraw-Hill, New York, 1999.

Becker, Brian E.; Huselid, Mark A.; Ulrich, Dave. *El cuadro de mando de Recursos Humanos.* Gestión 2000, Barcelona, 2002.

Bell, Chip R. *Managers as mentors.* Berrett-Koehler Publishers, San Francisco, 1998.

Boccalari, R.; Caroni, L.; Oggioni, E.; Piccolo, A.; Rullani, E.; Vergeat, M. *Competenze. Leva di eccellenza delle persone e delle organizzazioni.* Franco Angeli, Milano, 2004.

Bonani, Gian Paolo. *La sfida del capitale intellettuale. Principi e strumenti di Knowledge Management per organizzazioni intelligenti.* Franco Angeli, Milano, 2002.

Boulding, Kenneth E. *Las tres caras del poder.* Paidós, Barcelona, 1993.

Brooking, Annie. *El capital intelectual.* Paidós, Buenos Aires, 1997.

Carretta, Antonio; Dalziel, Murray M.; Mitrani, Alain. *Dalle Risorse Umane alle Competenze.* Franco Angeli Azienda Moderna, Milano, 1992.

Colardyn, Danielle. *La gestion des compétences. Perspectives internationales.* Presses Universitaires de France, Paris, 1996.

Cole, Gerald. *Personnel Management.* Letts Educational Aldine Place, London, 1997.

————. *Organisational Behaviour.* DP Publications, London, 1995.

Corominas, Joan. *Breve diccionario etimológico de la lengua castellana.* Gredos, Madrid, 1998.

Dessler, Gary. *Administración de Personal.* Prentice-Hall Hispanoamericana, México, 1994.

Diccionario de la Lengua Española. Real Academia Española (www.rae.es).

Diccionario Latino-Español Sopena. Editorial Ramón Sopena, Barcelona, 1999.

Diccionario Moderno Océano. Langenscheidt, Barcelona, 1999.

Drucker, Peter F. *Las nuevas realidades.* Editorial Sudamericana, Buenos Aires, 1995.

Edvinsson, Leif; Malone, Michael. *El capital intelectual.* Norma, Bogotá, 1998.

Fernández Loureiro de Pérez, Emma. *Estadística no paramétrica. A modo de introducción.* Ediciones Cooperativas, Buenos Aires, 2000.

Ferrater Mora, José. *Diccionario de Filosofía.* Ariel Filosofía, Barcelona, 1999.

Fulmer, Robert M.; Conger, Jay A. *Growing your company's leaders.* Amacom, New York, 2004.

Gil Aluja, Jaime. *La gestión interactiva de los Recursos Humanos en la incertidumbre.* Editorial Centro de Estudios Ramón Aredes, Madrid, 1996.

Gómez-Mejía, Luis R.; Balkin, David B.; Cardy, Robert L. *Gestión de Recursos Humanos.* Prentice-Hall, Madrid, 1998.

Harrison, Michael I.; Shiron, Arie. *Organizational diagnosis and assessment.* Sage Publications, Thousand Oaks (California), 1999.

Hax, Arnoldo; Majluf, Nicolás. *Estrategias para el liderazgo competitivo. De la visión a los resultados.* Ediciones Granica, Buenos Aires, 1997.

Heene Aim; Sanchez, Ron (editores). *Competence Based. Strategic Management.* John Wiley & Sons, London, 1997.

Jaques, Elliott. *La organización requerida.* Ediciones Granica, Buenos Aires, 2000.

Jolis, Nadine. *Compétences et Compétitivité.* Les éditions d'organisation, Paris, 1998.

Kelly, Charles M. *The interrelationship of ethics and power in today's organizations.* Organizational Dynamics, 1987, 16, Summer, 5:18.

Kets de Vries, Manfred F. R.; Florent-Treacy, Elizabeth. *Los nuevos líderes globales.* Grupo Editorial Norma, Colombia, 1999.

Kolb, David A. *Experience as the source of learning and development.* Prentice-Hall, New Jersey, 1984.

Lazzari, Luisa L.; Machado, Emilio A. M.; Pérez, Rodolfo H. *Teoría de la Decisión Fuzzy.* Ediciones Macchi, Buenos Aires, 1998.

Levy-Leboyer, Claude. *Gestión de las competencias.* Gestión 2000, Barcelona, 1997.

Lucia, Antoinette; Lepsinger, Richard. *The art and science of Competency models.* Jossey-Bass / Pfeiffer, San Francisco, 1999.

Majchrzak, Ann; Wang, Qianwei. "Romper la mentalidad funcional en las organizaciones orientadas a los procesos". En: Dave Ulrich (comp.), *Evaluación de resultados,* Ediciones Granica, Barcelona, 2000.

Malone, Thomas W. *The Future of Work.* Harvard Business School Press, Boston, 2004.

Maslow, Abraham H. *El management según Maslow.* Paidós Empresa, Barcelona, 2005.

Mathis, Robert L.; Jackson John H. *Human Resource Management.* South-Western College Publishing, a division of Thompson Learning; Cincinatti, Ohio; 2000.

McClelland, David C. *Human Motivation.* Cambridge University Press, Cambridge, England, 1999. (Obra original de 1987.)

————. *Intelligence is not the best predictor of job performance.* Current Directions in Psychological Science, 1993, 2(1), 5:6.

————, David C.; Boyatzis, Richard E. *Opportunities for counselors from the Competency Assessment Movement.* The Personnel and Guidance Journal, 1980, Jan, 368:72.

————, David C.; Burnham, David H. *Power is the great motivator.* Harvard Business Review, 1976, March-April, 100-110 (Reimp. 1995, Jan-Feb, 126:39).

————, David C.; Franz, Carol E. *Motivational and other sources of work accomplishments in mid-life: a longitudinal study.* Journal of Personality, 1992, 60(4), 679:707.

————, David C.; Teague, Gregory. *Predicting risk preferences among power-related tasks.* Journal of Personality, 1975, 43, 266:85.

————, David C.; Watson, Robert Jr. *Power motivation and risk-taking behavior.* Journal of Personality, 1973, 41(1) 121:39.

————, David C. *How motives, skills, and values determine what people do?* American Psychologist, 1985, 40(7), 812:25.

————, David C. *Identifying competencies with Behavioral-event interviews.* Psychological Science, 1998, 9(5), 331:9.

————, David C. *Motivational factors in health and disease.* American Psychologist, 1989, 44(4), 675:83.

————, David C. *The knowledge - testing - educational complex strikes back.* American Psychologist, 1994, 49(1), 66:9.

————, David C.; Koestner, Richard; Weinberger, Joel. *How do self-attributed and implicit motives differ?* Psychological Review, 1989, 96(4), 690:702.

McLagan, Patricia. *Competencies.* Training & Development, 1997, May, 40:7.

Michaels, Ed; Handfield-Jones, Helen; Axelrod, Beth. *The war for talent.* Harvard Business School Press. Boston, 2001.

Milkovich, George T.; Boudreau, John W. *Dirección y Administración de Recursos Humanos.* Addison-Wesley Iberoamericana, México, 1994.

Mintzberg, Henry; Ahlstrand, Bruce; Joseph, Lampel. *Safari a la estrategia.* Ediciones Granica, Barcelona, 1999.

Montironi, Marina. *Capitale Umano e Imprese di Servizi.* Il Sole 24 Ore Media e Impresa, Milano, 1997.

New Oxford Advanced Learner's Dictionary. University Press, New York, 2000.

Okumbe, Joshua Abong'o. *Human Resources Management an Educational Perspective.* Educational Development and Research Bureau. Nairobi, Kenya; 2001.

Ordóñez Ordóñez, Miguel. *La nueva gestión de los recursos humanos.* Gestión 2000, Barcelona, 1995.

Orpen, Christopher. *Patterned behavior description interviews versus unstructured interviews: A comparative validity study.* Journal of Applied Psychology, 70(4), 774:6.

Orr, John M.; Sackett, Paul R.; Mercer, Michael. *The role of prescribed and nonprescribed behaviors in estimating the dollar value of performance.* Journal of Applied Psychology, 1989, 74(1), 34:40.

Pascale, Richard Tanner; Millermann, Mark; Gioja, Linda. "Cambiar la forma en que cambiamos". En: Dave Ulrich (comp.), *Evaluación de resultados,* Ediciones Granica, Barcelona, 2000.

Peretti, Jean-Marie. *Gestion des ressources humaines.* Librairie Vuibert, Paris, 1998.

Realin, Joseph A. *From generic to organic competencies.* Human Resource Planning, 1996, Spring, 24:33.

Renckly, Richard G. *Human Resources,* Barron's Educational Series, Nueva York, Estados Unidos, 1997.

Rothwell, William J. *Effective Succession Planning.* Amacom, New York, 2005.

———; Jackson, Robert D.; Knight, Shaun C.; Lindholm, John E. *Career Planning and Succession Management.* Praeger Publishers, Westport, 2005.

Schein, Edgar H. *Psicología de la Organización.* Prentice-Hall Hispanoamericana, México, 1982.

———. *Organizational Culture and Leadership.* Jossey-Bass Publishers, San Francisco, 1992.

Seco Reymundo, Manuel; Andrés Puente, Olimpia; Ramos González, Gabino. *Diccionario del Español Actual.* Aguilar - Grupo Santillana de Ediciones, Madrid, 1999.

———. *Diccionario de dudas de la Real Academia Española.* Espasa Plus, Editorial Espasa, Madrid, 1998.

Sherman, Arthur; Bohlander, George; Snell, Scott. *Administración de Recursos Humanos.* Thomson Internacional, México, 1999.

Spangler, William D. *Validity of questionnaire and TAT Measures of need for achievement: two Meta-Analyses.* Psychological Bulletin, 1992, 112(1), 140:54.

Sparrow, John. *Knowledge in organizations.* Sage Publications, London, 1998.

Spencer, Lyle M.; Spencer, Signe M. *Competence at work, models for superior performance.* John Wiley & Sons, Inc., New York, 1993.

Stemmer, Paul; Brown, Bill; Smith, Catherine. *The employability skills portfolio.* Educational Leadership, 1992, March, 32:5.

Stewart, Thomas A. *La nueva riqueza de las organizaciones: el capital intelectual.* Ediciones Granica, Buenos Aires, 1998.

Teal, Tomas. *The human side of management.* Harvard Business Review, 1996, Nov-Dec, 35:44.

Tissen, René; Andriessen, Daniel; Lekanne Deprez, Frank. *El valor del conocimiento. Para aumentar el rendimiento en las empresas.* Prentice-Hall, Madrid, 2000.

Ulrich, Dave. *Recursos Humanos Champions.* Ediciones Granica, Buenos Aires, 1997.

———. *Evaluación de resultados.* Ediciones Granica, Barcelona, 2000.

———; Becker, Brian E.; Huselid, Mark A. *The HR Scorecard. Linking People, Strategy, and Performance.* Harvard Business School Press, USA, 2001.

———; Brockbank, Wayne. *The HR Value Proposition.* Harvard Business School Press, Boston, 2005.

Verna, Michele Angelo. *Fare la differenza con le risorse umane.* Franco Angeli, Milano, 2006.

Werner, Jon M.; DeSimone, Randy L. *Human Resource Development.* Thomson Higher Education, Mason, Ohio, 2006.

Winter, David. *The contributions of David McClelland to personality assessment.* Journal of Personality Assessment, 1998, 71(2), 129:45.

Anexo a la bibliografía

Instituciones que han estudiado la temática

El tema de competencias es abordado desde diferentes perspectivas; una de ellas, la de mayor desarrollo, es la impulsada desde la OIT para el desarrollo de habilidades y oficios. Numerosos organismos nacionales e internacionales, ONGs, estudian y trabajan sobre las competencias laborales; sólo por citar algunos:

- Organización Internacional del Trabajo. Cinterfor, Centro Interamericano de Investigación y Documentación sobre Formación profesional.

- Conocer, miembro de Cinterfor (México).

- SENA, Servicio Nacional de Aprendizaje (Colombia).

- INEM. Instituto de Empleo. Servicio Público de Empleo Estatal. Ministerio de Trabajo y Asuntos Sociales (España).

- Consejo Federal de Cultura y Educación (Argentina).

- National Qualifications Authority of Ireland (Reino Unido).

- Australian Qualification Framework (Australia).

- Compétences Québec (Canadá).

- OECD (Organisation for Economic Co-operation and Development; OCDE por su nombre en español). Países miembros de OECD: Alemania, Australia, Austria, Bélgica, Canadá, Corea, Dinamarca, España, Estados Unidos, Finlandia, Francia, Grecia, Hungría, Irlanda, Islandia, Italia, Japón, Luxemburgo, México, Noruega, Nueva Zelanda, Países Bajos, Polonia, Portugal, República Checa, República de Eslovaquia, Rumania, Suecia, Suiza y Turquía.

- General National Vocational Qualifications (Reino Unido).

- National Council for Vocational Qualifications (NCVQ). Inglaterra, Gales e Irlanda del Norte.

- Consejo Australiano de Sindicatos (ACTU).

- Organización de Estados Iberoamericanos para la Educación, la Ciencia y la Cultura.

Unas palabras sobre la autora

Martha Alicia Alles es Doctora por la Universidad de Buenos Aires, área Administración. Su tesis doctoral se presentó bajo el título *La incidencia de las competencias en la empleabilidad de profesionales*. Su primer título de grado es Contadora Pública Nacional (UBA). Posee una amplia experiencia como docente universitaria, en diversos posgrados tanto de la Argentina como del exterior.

Con más de cuarenta títulos publicados hasta el presente, es la autora argentina que ha escrito la mayor cantidad de obras sobre su especialidad. Cuenta con colecciones de libros de texto sobre Recursos Humanos, Liderazgo y Management personal, que se comercializan en toda Hispanoamérica.

De su colección sobre **Recursos Humanos** ha publicado:
* Temas generales de Recursos Humanos y Comportamiento Organizacional:
  – *Dirección Estratégica de Recursos Humanos. Gestión por competencias* (nueva edición revisada, 2015).
  – *Dirección Estratégica de Recursos Humanos. Gestión por competencias. Casos* (nueva edición revisada, 2015). (En preparación.)
  – *5 pasos para transformar una oficina de personal en un área de Recursos Humanos* (2005).
  – *Comportamiento organizacional* (2007).
* Específicos sobre modelos de competencias:
  – *Gestión por competencias. El diccionario* (2002, y 2ª edición revisada, 2005).
  – *Diccionario de comportamientos. Gestión por competencias* (2004).
  – *Diccionario de preguntas. Gestión por competencias* (2005).
* Nuevas obras preparadas sobre la base de un enfoque diferente de la metodología de Gestión por competencias:
  – *Diccionario de competencias. La trilogía. Tomo 1* (2015).
  – *Diccionario de comportamientos. La trilogía. Tomo 2* (2015).
  – *Diccionario de preguntas. La trilogía. Tomo 3* (2015).
* Sobre selección:
  – *Empleo: el proceso de selección* (1998, y nueva edición revisada, 2001).
  – *Empleo: discriminación, teletrabajo y otras temáticas* (1999).
  – *Elija al mejor. Cómo entrevistar por competencias* (1999, y nueva edición revisada y ampliada, 2005).
  – *Selección por competencias* (2006).
* Sobre desempeño:
  – *Desempeño por competencias. Evaluación de 360°* (2004, y nueva edición revisada y ampliada, 2008).
* Sobre desarrollo de personas:
  – *Desarrollo del talento humano. Basado en competencias* (2005, y nueva edición revisada y ampliada, 2008).
  – *Codesarrollo. Una nueva forma de aprendizaje* (2009).
  – *Construyendo talento* (2009).
* Sobre Recursos Humanos, liderazgo y management:
  – *Diccionario de términos de Recursos Humanos* (2011).
  – *Las 50 herramientas de Recursos Humanos que todo profesional debe conocer* (2012).
  – *Social media y Recursos Humanos* (2012).
  – *La Marca Recursos Humanos* (2014).

De los siguientes títulos están disponibles solo en Internet (**www.marthaalles.com**, sección sala de profesores), materiales exclusivos para profesores, una edición de *Casos* y otra edición de *Clases: Comportamiento organizacional, Codesarrollo, Construyendo talento, Dirección estratégica de Recursos Humanos* (nueva edición 2015), *Desempeño por competencias, Desarrollo del talento humano. Selección por competencias, La trilogía (Diccionario de competencias. La trilogía. Tomo 1; Diccionario de comportamientos. La trilogía. Tomo 2* y *Diccionario de preguntas. La Trilogía. Tomo 3), 200 modelos de currículum* y *Mitos y verdades en la búsqueda laboral.*

- De la serie **Liderazgo** podemos mencionar:
  - *Rol del jefe* (2008).
  - *12 pasos para ser un buen jefe* (2008).
  - *Conciliar vida profesional y personal* (2010).
  - *Cómo transformarse en jefe entrenador en 12 pasos* (2010).
  - *Cómo delegar efectivamente en 12 pasos* (2010).
  - *12 pasos para conciliar vida profesional y personal* (2013).
- Su colección de libros destinados al **Management Personal** está compuesta por:
  - *Las puertas del trabajo* (1995).
  - *Mitos y verdades en la búsqueda laboral* (1997, y nueva edición revisada y ampliada, 2008).
  - *200 modelos de currículum* (1997, y nueva edición revisada y ampliada, 2008).
  - *Su primer currículum* (1997).
  - *Cómo manejar su carrera* (1998).
  - *La entrevista laboral* (1999).
  - *Mujeres, trabajo y autoempleo* (2000).
- En la colección de **Bolsillo** se publicaron:
  - *La entrevista exitosa* (2005 y 2009).
  - *La mujer y el trabajo* (2005).
  - *Mi carrera* (2005 y 2009).
  - *Autoempleo* (2005).
  - *Mi búsqueda laboral* (2009).
  - *Mi currículum* (2009).
  - *Cómo llevarme bien con mi jefe y con mis compañeros de trabajo* (2009).
  - *Cómo buscar trabajo a través de Internet* (2009).

Martha Alles es habitual colaboradora en revistas y periódicos de negocios, programas radiales y televisivos de la Argentina y de otros países hispanoparlantes, y conferencista invitada por diferentes organizaciones empresariales y educativas, tanto locales como internacionales. En los últimos dos años ha dictado conferencias y seminarios en Bolivia, Colombia, Costa Rica, Chile, Ecuador, El Salvador, Estados Unidos, Guatemala, México, Nicaragua, Panamá, Paraguay, Perú, República Dominicana, Uruguay, Venezuela, entre otros, además de numerosos seminarios en su país, Argentina.

Es consultora internacional en Gestión por competencias y presidenta de Martha Alles International, firma regional que opera en toda Latinoamérica y USA, lo que le permite unir sus amplios conocimientos técnicos con su práctica profesional diaria. Cuenta con una experiencia profesional de más de veinticinco años en su especialidad.

Es casada, tiene tres hijos, dos nietas y un nieto.

Martha Alles SA
Talcahuano 833 (Talcahuano Plaza), piso 2
Buenos Aires, Argentina
Teléfono: (54-11) 4815 4852
@marthaalles

Libros de Martha Alles de la serie Recursos Humanos, publicados por Ediciones Granica

Guía de lecturas: secuencia sugerida

- Comportamiento organizacional

- 5 pasos para transformar una oficina de personal en un área de Recursos Humanos

- Dirección estratégica de Recursos Humanos. Gestión por competencias.
- Dirección estratégica de Recursos Humanos. Gestión por competencias. CASOS

Trilogía:

- Diccionario de competencias. Tomo 1
- Diccionario de comportamientos. Tomo 2
- Diccionario de preguntas. Tomo 3

Libros complementarios de la **Serie Management Personal**

- Mitos y verdades en la búsqueda laboral
- 200 modelos de currículum

- Selección por competencias
- Elija al mejor. Cómo entrevistar por competencias

- Desempeño por competencias. Evaluación 360°

- Desarrollo del talento humano. Basado en competencias

- Construyendo talento
- Codesarrollo: una nueva forma de aprendizaje

Libros de Martha Alles publicados por Ediciones Granica relacionados con ambas series:

Recursos Humanos y Liderazgo

- Diccionario de términos de Recursos Humanos
- Las 50 herramientas de Recursos Humanos que todo profesional debe conocer
- Social media y Recursos Humanos
- La Marca Recursos Humanos

Libros de Martha Alles de la serie Liderazgo publicados por Ediciones Granica

Guía de lecturas: secuencia sugerida

- Rol del jefe. Cómo ser un buen jefe

- 12 pasos para ser un buen jefe

- Cómo llevarme bien con mi jefe y con mis compañeros de trabajo. (Serie Bolsillo)

- Conciliar vida profesional y personal

- Cómo transformarse en un jefe entrenador en 12 pasos

- Cómo delegar efectivamente en 12 pasos

- 12 pasos para conciliar vida profesional y personal

Este libro se terminó de imprimir en el mes de noviembre de 2015
en los Talleres Gráficos Color Efe, Paso 192, Avellaneda,
Buenos Aires, Argentina